三|国|职|场|探|迹

孙吴落花

❖

冯立鳌

——— 著

中国书籍出版社
China Book Press

图书在版编目（CIP）数据

孙吴落花/冯立鳌著. --北京：中国书籍出版社，2023.1
（三国职场探迹）
ISBN 978-7-5068-9144-8

Ⅰ.①孙… Ⅱ.①冯… Ⅲ.①中国历史—研究—三国时代 Ⅳ.①K236.07

中国版本图书馆 CIP 数据核字（2022）第 155059 号

孙吴落花

冯立鳌　著

责任编辑	李　新
责任印制	孙马飞　马　芝
封面设计	中联华文
出版发行	中国书籍出版社
地　　址	北京市丰台区三路居路 97 号（邮编：100073）
电　　话	（010）52257143（总编室）　（010）52257140（发行部）
电子邮箱	eo@chinabp.com.cn
经　　销	全国新华书店
印　　刷	三河市华东印刷有限公司
开　　本	710 毫米×1000 毫米　1/16
字　　数	255 千字
印　　张	17
版　　次	2023 年 1 月第 1 版
印　　次	2023 年 1 月第 1 次印刷
书　　号	ISBN 978-7-5068-9144-8
定　　价	78.00 元

版权所有　翻印必究

前　言

2018年年底，我结束了近37年的在职工作正常退休，进入到人生另一新的阶段，面临着生活状态的自由选择。考虑到以前想做而没有来得及做的某些事情可以尝试完成，于是辞绝了教育机构的约聘，也退出了原有一些学会的职位，给自己准备了更为充足和大块的松散活动空间，想从事一些和自己几十年的职业职务活动没有直接关系的事情。经过半年时间的休整和思考，从2019年5月中旬起，我开始系统地阅读理解与三国历史有关的资料，主要有《三国志》全本，包括晋朝陈寿的原著与南朝裴松之的引注，还有《资治通鉴》以及《后汉书》《晋书》的相关部分。在阅读史书的同时，我围绕三国人物的职场活动作出应有的回味思考，书写出自己的看法与见解，同时表达个人相应的生活观、历史观乃至价值观，我自称这是对三国历史资料的系统"解读"。本人手头有一个与职场体会相关的公众号，每天写出二三千字的文稿，发到该公众号上，供几十亲友在小范围内选阅交流并作矫正。持续近两年半的时间，到2021年9月中旬，三国史料所能涉及的人物活动已全部搜阅回味完毕，结束了这一特定的解读。其后翻阅统计，共撰写了整七百篇文论，计176万多字，内容大体涉及叙述、议论与论理三个方面，即关于人物职场事迹的白话叙述、对人物职场行为方式的得失议论，以及针对相关社会问题的剖析说理。这些文字表达实际上相当于围绕三国史志全部人物职场事迹所做的"解读笔记"，其中涉及的时段从东汉末年184年黄巾起义开始，到280年晋朝统一约一百年的历史。

孙吴落花　>>>

　　三国人物在历史上乃至当世都产生过重要影响，对人物活动事迹的重述与评议总是灌注着不同的社会生活观与人生价值观，至今已衍生出了大量体现于文学、艺术、教育、游戏等多个领域、表现纷杂的三国文化现象，而三国人物的真实事迹及其形象反而被湮没。事实上，对后世人们最有深刻教益作用的应该是发生过的历史，而不是演绎虚构出的东西。在世人特别看重三国文化教益的背景下，如能返璞归真，回归历史人物的本来面目作出体味反思，可能会成为三国文化和当代文化建设中更有意义的事情。出于这样的本心，我宁愿把自己对三国职场的解读拿出来，与有心的朋友和读者共享。现在呈现在读者面前的，就是对自己近三年解读文论的修订整理。整理后形成互相衔接的八本撰述：其中从汉末到三国的过渡《三国前奏》一本，《曹魏兴衰》四本，《蜀汉浮沉》一本，《孙吴起伏》两本，共合成一部成系列的"《三国志》解读笔记"，希望以此丰富当代历史文化的内容，并为三国文化增添新的枝叶。

　　叙述人物活动事迹占许多篇章中的重要分量，这里首先需要对资料的详尽占有。《三国志》全本既指陈寿"文辞简约"的原著，也包括裴松之"搜采广博"的引注，被称"本志简略，引注繁芜"。引注资料来源庞杂，文字远超原著，且有人物事迹相抵牾的情况；同时，史书中关于某一人物的事迹未必全部在关于该人的本传中，许多可能是在另一人物的本传及引注中出现，有些还在《晋书》相关的人物记述中。要弄清全部人物活动的事迹，需要资料的搜集辨析、穿插编排，以及必要的揣测推理。另一方面，人物事迹叙述还需要不可缺少的白话翻译。史书均为古文表达，其中有许多当代人不易理解的字词和文句，作者对许多人物的事迹也是初次涉猎，撰写叙述中参考过一些资料中对个别字词的译注解释，而对裴氏引注资料的翻译大体上都是从头做起，自认是在此做了些补阙的工作。

　　因为本书想要避免资料选用的片面性、随意性，追求对所涉人物事迹的全面把握，所以撰写中实际上需要对史志全部人物活动作出地毯式、不留死角的翻译叙述。当然，并非所有人物的事迹都有典型性，有些人物的活动可以说是记载不多且乏善可陈，但为保证人物出场的完整性，因而不能放弃对这些人物职场活动的叙述与评析，以尽力实现对三国职场活动作出全景式的扫描。本人在全部所涉人物事迹的叙述中力求扣紧原文，作出准确、精练的翻译，同时尽量少地舍弃个别极不合乎情理的资料，以保证内容的完整与协调。阅读本书，至少能够获得三国人物最原初的历史记录，了解到历史人物最接近真实的言论行为；能观瞻三国职场活动全面完整的场景，对当时职场活动的背景及各种因素的相互影响形成整体把握；由此也可对历史小说的剪裁虚构以及后来人们的各种演绎想象增强应有的识辨力。阅读该书的青年学生，不仅对三国人物活动可以形成初步印象，也会增进自身的古文翻译能力。

整个书系的绝大多篇章在叙述之后都有相应的评说议论，这种议论是结合人物活动的特定环境并观照其所引起的长远效果，针对指出其行为在职场的利害得失。在做这些议论时，会尽量探寻社会运动内含的底层逻辑，参照某种客观活动前后相继的内在因果，尽可能地指出相关人物思想理念的端正或偏失，也会关注其思维方式的特征及其正误。近代卢弼的《三国志集解》中辑录了不少前代学人对三国诸多人物事迹的评议，有时论及某一议题，会罗列多人发表的不同观点。本人参阅过这些观点，必要时把主要观点介绍出来，略加评议；有时仅介绍一种观点，当是作者基本认可的看法。从七百篇文论标题所涉及的对象看，全书粗略统计做出评说议论的共410多个人物，因为每个人物都有不同的人生路程和职场经历，也有不同的思想追求和行为方式，全书的评说议论因而是多角度、多侧面的，有时采取引而不发的态度，没有固定的格式，属随事而发，灵活展现，且与人物事迹的叙述相糅杂，总之是史论结合，以史带论，达到观史明理即可。"往者不可谏，来者犹可追。"本人探寻三国职场活动，实际是对一段社会历史演变过程的咀嚼和体认，不能保证全部认识深刻和到位，但却是尽量拓展观察社会的视角，激发人们看透现象世界的敏锐性。读者朋友一定能从中发现新的问题，再作反思，得出对自我人生和职场活动更多的经验教训，尤能助益养成优良的思想理念和上佳的思维方式。

全书在评说议论中试图逐步提升出关于社会人生不同层面的认识，而这种提升需要在人物活动与社会生活的相互观照前后联系中才得实现，也才能述说清楚。为建立这种联系，全书首先从结构形式上做了一些努力：

孙吴落花　>>>

　　在七百篇章的小标题上，有两到三位数的序号，其中第一位数1、2、3，分别代表曹魏、蜀汉、孙吴三家人物，0则代表东汉末到三国的过渡人物；第二位数字是分类的，与前一数字用"."相分隔；第三位数字是同一类别中对不同人物或相异问题的更细划分，外带括号以示区别，如果内容较多，对其需作多篇论述，则各篇顺次按"上""下"或其他中文序号标注在小标题之后。如"1.5（18）曹叡的用人和处事（中）"，这一小标题即代表：针对曹魏集团中第五个解读人物曹叡，该题目下要叙述议论他的第18个论题，内容是关于他治国理政的中间一部分。全书对各家的类别划分并不严格，而标号却是严谨的；标题的序号数字越相靠近，文论间的联系就越紧密。全书有统有分，逐次开散，七百文论覆盖了本书所涉三国人物历史活动的全部场景，希望这些篇章间能产生聚散为一的整体系统。

　　同时还有与完善史料覆盖系统相配合的叙写方式。因为某一人物活动的事迹中总是有其他一到多位相关涉事人，因而书中的叙事往往是对涉事多人活动事迹的共同叙述。为此全书于某人解读篇章之外，在叙述其他涉事人活动的篇章中，对共同参与的活动事实，就只简单提及事情的根由，同时标明"参见"之处，尽量省略掉可能引起重复的表述。比如在曹魏部分关于《司马懿的为人（中）》，及《名士管宁的坚定心志》等篇章，行文中就有"（参见1.5.18《曹叡的用人和处事》中）"的夹注式提示。全书中的这种标注提示是极多的，为减少文中括号的重叠，第三位数字的外括号变成了前面的分隔号。这里是要尽量避免事情叙述和某些议论的重复，又要保持对涉事人解读的全面性。总之建立对一段历史过程全覆盖的解读系统，既要基本上无所遗漏，又要减少叙事的重复，也增加读者观瞻的联想感。

　　本书的解读立足人物，看重细节，并且力求把三国社会的微观细节与宏观历史运动过程无缝化衔接起来，这是该书系在表达形式上的一大特点。阅读本书的读者，如果能观照人物活动前后进展的线索，把握某些不同事件间的人物关系及其相互影响，对文中的各种评说议论就会有更深刻的体认，并能形成自己独立的思想与判断；读完全书，把握了三国社会运动的整体态势，不仅有助于对当时社会状况，包括各层职场的运作特征和

4

不同人物的复杂心性产生更多的联想与认识，而且能对人生奋争、集团兴衰和整个社会运动形成应有的见解。

全书在各处评说议论的同时还有针对具体情景的剖析说理，这是在复杂事态和各种混沌理念中论证其中评说议论的合理性，希望把自己的认识观点明确地展现出来。一般说来，作者的思想观点及其对社会历史活动的认识，是倾注在或明或隐的各处评说议论中，寓含在资料排比和叙事之外的各类文字表达中。无论是关于人物活动的具体点评，关于个别领导人格特征的综合议论，还是某些政治集团沉浮兴衰的总体评说，全书都始终持有某些不变的理念，包括对历史及其人物的尊重态度，对英雄人物的尊崇心理，对为数不多女性人物的敬重之情；对公平、正义、善良、美好的崇尚，以及对丑恶的鞭笞；对历史主义、唯物主义、民族优秀传统思想、当代先进科学理念以及思维辩证法在学理上的推崇等。对本人难以把握的卜筮、相术等现象则尽量作出客观介绍，并表达出对史志记载的基本看法。而全书所持有的历史进步观、主体有为观，以及对职场活动中某些共通性、规律性的认识、某些方式方法的主张，都有多种灵活多样的表达，希望能对读者提供观察社会生活的有益方法与思考。总之，讲故事、发议论、明事理，是整个书系的三重内涵。

关注本人公众号的许多友人和读者数年间对上述文论曾表达了不少鼓励，多年从事文化工作和图书经营的诸位朋友也都高度赞赏和充分肯定了该书系的社会价值，并做出了如何奉献给更多读者的设想与策划。吸收他们的有益建议，也出于不负时代的衷心，本人自完成书系撰写的半年多来，对全部叙述做了检查、梳理与某些意境的提升，整理形成了既相互独立，又紧密关联着的"解读笔记"系列——《三国职场探迹》，并以《三国前奏》《曹家龙兴》《魏天风雷》《虎啸中原》《北国毓秀》《蜀汉浮沉》《江东激荡》《孙吴落花》八本图书呈现给广大读者，书名仅表征该书的论及对象与人物层级，具体内容尽在各篇章的微观解读中。希望这一书系对三国文化、职场文化、历史文化的认识发掘都能发挥独特作用。

1988 年本人在西安读研的暑假期间撰写过分析《三国演义》中领导活动的单本论著《谋略与制胜》，为本人系统探索历史文化题目的初步尝试，到 2006 年的十多年间有多家出版社改变书名出版过四次，发行数量不小，中国书籍出版社现今以《争胜谋略》为名，将其与《三国职场探迹》同时出版发行。《争胜谋略》属于多年后的再版，这次恢复保持了初始内容。该书的分析对象限于历史小说，而八本新著《三国职场探迹》则完全摒弃了文学小说的描写，纯粹以历史资料为据，两书各自属于不同的论述系统，希望有心的读者能够在比较中发现两者的区别，从中体味出对真实历史过程分析认识的意趣和深邃。

作者

2022 年 5 月 8 日

于广州燕塘轩

目 录
CONTENTS

前 言 ·· 1

3.6 开业定基的重臣 ·· 1

   3.6（1） 辅佐两位君主的张昭（上） ································· 1

   3.6（1） 辅佐两位君主的张昭（下） ································· 4

   3.6（2） 东吴出色丞相顾雍（上） ···································· 7

   3.6（2） 东吴出色丞相顾雍（下） ·································· 10

   3.6（3） 顾氏族亲的不凡才俊 ·· 13

   3.6（4） 诸葛瑾的处人风格（上） ·································· 16

   3.6（4） 诸葛瑾的处人风格（下） ·································· 18

   3.6（5） 才不世出的诸葛恪 ·· 22

   3.6（6） 诸葛瑾的两个儿子 ·· 24

   3.6（7） 步骘的功绩与家族败落 ····································· 28

   3.6（8） 张纮在江东的作为（上） ·································· 31

   3.6（8） 张纮在江东的作为（下） ·································· 34

   3.6（9） 学者官员严畯与程秉 ··· 38

   3.6（10） 阚泽的修学与从政 ··· 40

   3.6（11） 孟尝君的后裔薛综父子 ···································· 42

3.6 (12) 雄姿英发的江南才俊（上） ……………………… 46

3.6 (12) 雄姿英发的江南才俊（中） ……………………… 49

3.6 (12) 雄姿英发的江南才俊（下） ……………………… 52

3.6 (13) 鲁肃的功过（上） …………………………………… 55

3.6 (13) 鲁肃的功过（下） …………………………………… 58

3.6 (14) 勇而增谋的吕蒙（上） …………………………… 62

3.6 (14) 勇而增谋的吕蒙（中） …………………………… 65

3.6 (14) 勇而增谋的吕蒙（下） …………………………… 68

3.7 斩敌守疆的战将 …………………………………… 72

3.7 (1) 名将程普的战功 ……………………………………… 72

3.7 (2) 赤壁出奇的黄盖 ……………………………………… 74

3.7 (3) 韩当和他投敌坑爹的儿子 ………………………… 77

3.7 (4) 护卫过主君的蒋钦与周泰 ………………………… 79

3.7 (5) 陈武与他的两个儿子 ……………………………… 83

3.7 (6) 从贼寇到将军（上） ……………………………… 86

3.7 (6) 从贼寇到将军（下） ……………………………… 89

3.7 (7) 水战有功的董袭和徐盛 …………………………… 92

3.7 (8) 年轻气盛的凌统 ……………………………………… 95

3.7 (9) 擒获关羽的潘璋 ……………………………………… 98

3.7 (10) 后起之秀丁奉 ………………………………………… 100

3.7 (11) 老资格的臣僚朱治 ………………………………… 103

3.7 (12) 征战多功的朱然 …………………………………… 107

3.7 (13) 朱家后裔的功业 …………………………………… 110

3.7 (14) 心忧公事的吕范 …………………………………… 113

3.7（15）晚年癫狂的良将朱桓 …………………………………… 116

3.7（16）时运不济的驸马朱据 …………………………………… 119

3.7（17）死于非命的吕据与朱异 ………………………………… 121

3.8 功名昭著的江东才士 ……………………………………… **125**

3.8（1）名士虞翻的艰难人生（上）……………………………… 125

3.8（1）名士虞翻的艰难人生（中）……………………………… 128

3.8（1）名士虞翻的艰难人生（下）……………………………… 131

3.8（2）才士陆绩与吾粲 …………………………………………… 135

3.8（3）张温受惩的隐秘原因 ……………………………………… 138

3.8（4）善于上表谏君的骆统 ……………………………………… 141

3.8（5）东吴柱石之臣陆逊（上）………………………………… 145

3.8（5）东吴柱石之臣陆逊（中）………………………………… 148

3.8（5）东吴柱石之臣陆逊（下）………………………………… 152

3.8（5）东吴柱石之臣陆逊（末）………………………………… 156

3.8（6）承继父亲遗业的陆抗（上）……………………………… 159

3.8（6）承继父亲遗业的陆抗（下）……………………………… 163

3.8（7）陆抗几位儿子的不幸 ……………………………………… 166

3.8（8）逆鳞谏君的陆凯（上）…………………………………… 170

3.8（8）逆鳞谏君的陆凯（中）…………………………………… 173

3.8（8）逆鳞谏君的陆凯（下）…………………………………… 177

3.8（9）陆氏二相的两位弟弟 ……………………………………… 180

3.9 守成时期的功臣与术士 ……………………………………… **185**

3.9（1）境内平叛的不败将军贺齐（上）………………………… 185

3.9（1）境内平叛的不败将军贺齐（下）………………………… 188

3.9（2）君主信任的"驸马"全琮 ………………………… 191
   3.9（3）平乱靖邦的长寿名将吕岱（上）………………… 195
   3.9（3）平乱靖邦的长寿名将吕岱（下）………………… 198
   3.9（4）诈降诱敌的周鲂 ………………………………… 201
   3.9（5）钟离牧的功业与苦闷 …………………………… 204
   3.9（6）自蜀归吴的干才潘濬 …………………………… 208
   3.9（7）诚实做人的是仪 ………………………………… 211
   3.9（8）孙权的亲信之臣胡综 …………………………… 215
   3.9（9）孙权身边的"神算"吴范 ……………………… 218
   3.9（10）赵达与刘惇的占卜人生 ………………………… 222
   3.9（11）术士引起的神异话题 …………………………… 224

3.10 衰落国度中的臣僚 ……………………………………… **228**
   3.10（1）与权臣孙綝抗争的滕胤 ………………………… 228
   3.10（2）把吴国推向灭亡之路的濮阳兴 ………………… 231
   3.10（3）孙皓迫害致死的王蕃与楼玄 …………………… 234
   3.10（4）上疏谏言而遭忌杀的贺邵 ……………………… 237
   3.10（5）"东吴司马迁"的人生遭际（上）……………… 241
   3.10（5）"东吴司马迁"的人生遭际（下）……………… 244
   3.10（6）数献良规而免祸的华覈 ………………………… 247

结语：关于孙吴衰亡的议论 ……………………………… **251**

参考文献 ……………………………………………………… **255**

后　记 ………………………………………………………… **257**

3.6 开业定基的重臣

孙吴事业的开拓和兴盛主要是在孙策孙权手中实现的，其间一批谋臣才士对孙氏兄弟鼎力辅助，协助他们确定方向，制定战略，筹划方案，组织力量，引进资源，应对险难，他们合力把孙吴事业一步步推向强盛，属于开业定基的重臣。

3.6（1） 辅佐两位君主的张昭（上）

孙吴摆脱袁术后的独立创业实际上从孙策开始，后来的孙权继承并发扬光大了这一事业，这其中有一位连续辅佐两位君主的老臣张昭，他是在士人中很有影响、在江东群臣中极有威信的人物。《三国志·吴书·张昭传》及其引注、《资治通鉴·汉纪五十七》等处记述了张昭跟随孙策创业以来的事迹，尤其是接受孙策遗嘱而辅佐孙权治理政务的长期经历，表现了他们君臣相处的复杂情形，其中有不少耐人寻味之处。

张昭，字子布，彭城（今江苏徐州）人，少年时跟随侯子安学习《左氏春秋》，博览群书，与琅邪人赵昱、东海人王朗一同出名，相互都很友好。张昭二十岁被察孝廉，举荐为官，但他推辞没有接受，与王朗一起讨论为以往君王避讳的事，当地才士陈琳等人对他颇为称赏。徐州刺史陶谦察举他为茂才，也被他拒绝。陶谦认为张昭轻视他，因此将张昭监禁，经好友赵昱尽力营救才被释放。

汉末天下大乱，徐州士民大多到扬州避难，张昭随其他人逃到江南，当时孙策正开始创业，他见到张昭后非常高兴地说："我正好要征讨四方，需要有才能的读书人，将来一定会看重你。"开始任其为校尉，以师友的礼节相对待；不久任用张昭为掌管署府内各种事务的长史，并任抚军中郎将，还同他一道登堂拜见母亲，就像同辈的密友一样。孙策把自己身边的文武事务一概托付张昭处理。

  张昭来自北方，可能与那边的士人更熟悉吧，他每次收到来自北方士大夫的书信，信中都把东吴事业的成功归功张昭，对他有不少赞美。张昭想把这些书信秘而不宣，则担心人们误以为内有私情；想把书信告诉别人，又怕别人认为是自我夸耀，他为此左右为难，进退不安。孙策知道了这一情况后欢笑着说："春秋时管仲作齐相，齐国有事情，开口是仲父，闭口是仲父，而齐桓公为第一霸主。现在你张子布贤能，而我能任用你，这功名不是都在我身上吗！"在他们君臣两人的威望比较上，孙策展现了更宽广的胸怀，完全解除了张昭内心的担忧，他们两人互相信任，的确是心灵相通、配合极好的君臣。

  孙策临终将弟弟孙权托付给张昭，张昭率领群臣拥立孙权，并表示要尽心辅佐。张昭向朝廷上表，又给各属县发公文，发令让江东的内外将校们各守其职。当时孙权悲伤得不能理事，张昭对孙权说："作为继承人，重要的是能继承前人的遗业，使事业兴隆广大，以成就硕大的功业。现在天下动荡不安，群盗满山都有，你怎么能躺在床上哀伤，放纵普通人的个人感情呢？"（参见 3.2.1《承父兄之业》）张昭亲自扶孙权上马，列兵而出，然后众人才心有归属，服从了孙权。张昭继续做孙权的长史，承担的事情与此前相同。

  《吴书》中说，当时天下分裂，擅自称天命的人不少，孙策夺权掌政的时间不长，他对百姓的恩惠并未体现出来，建立的江东政权其实还不是非常巩固。到了张昭辅助孙权时，他多方面安抚百姓，也使来到江东的宾客商旅感到安心。孙权每次出征，都留下张昭镇守后方，主持幕府事务，后来黄巾军再起，张昭率领军队将其平定。孙权出征合肥时，派遣张昭另外统军讨伐匡琦，其后督领诸将前往南城（治今江西南城东南二十公里），攻破了豫章叛匪周凤的部众，自此以后张昭就很少领兵，常在孙权身边做谋臣，因为张昭是很早的臣僚，孙权一直对他待遇优厚。

3.6 开业定基的重臣

208年八月，曹操占领荆州后意欲向江南进攻，他写信给孙权进行威胁，孙权把书信给部属们看，众人无不惊惶失色。张昭等人说："曹操是豺狼虎豹，挟持天子以征讨四方，动辄以朝廷的名义发布命令，我们如果进行抗拒，就更显得名不正言不顺。况且将军可以抵抗曹操的，是依靠长江天险，现在曹操占有荆州，长江天险已与我们共有，而双方势力的众寡非常悬殊，因此我们最好是迎接曹操，投降朝廷。"（参见3.2.4《联刘以抗曹》）但在主战的周瑜、鲁肃等人的劝说下，孙权与刘备联合，反倒在赤壁击退了曹操大军。

赤壁交战后的209年，刘备表奏孙权为车骑将军，张昭为军师。孙权每次打猎，经常骑马射虎，老虎常常往前扑到马鞍上。张昭脸色大变上前说道："您要做什么？作为人君，应该能驾驭英雄，驱使群贤，岂能驰逐于原野，骁勇于猛兽吗？如果万一有个好歹，难道不怕被天下耻笑！"孙权向张昭致歉说："年少人虑事不远，此事有愧于您。"但是仍然不能控制自己，于是制作射虎车，车不设盖，有一人驾驭，他独自在车内射兽，当时有脱群的野兽扑向他的车，但孙权每次都亲手搏斗以此为乐，张昭尽管苦谏，孙权却常笑而不答。

魏文帝曹丕221年派使者邢贞前来授予孙权吴王爵号，邢贞进城门时不下车，张昭对邢贞说："凡礼没有不体现恭敬的，现在您来到江东妄自尊大，难道觉得江南人少力弱，没有几寸长的利刃来使用吗！"邢贞很快下了车。张昭不久被拜为绥远将军，封由拳侯。孙权在武昌时于钓台上饮酒大醉，让人用水洒向群臣说："今日酣饮，只有醉酒后从钓台掉下去才能停止。"张昭正色不言，外出坐于车中，孙权派人呼张昭返还，说："大家一起高兴，您又何必发怒？"张昭回答："以前纣王作糟丘酒池长夜宴饮，当时也只是追求快乐，并不认为是在作恶。"孙权默然无言，显出了惭愧之色，于是停止了喝酒。由此可见张昭说话的真诚直率。

当初孙权准备设置丞相，很多人提名张昭担任，孙权说："现在事务繁多，丞相的责任重大，所以让谁担任绝不是对他的优待。"于是任命孙邵为丞相。孙邵去世后，群臣又推举张昭任相，孙权说："我怎么能对子布吝啬职位呢，只是丞相的事务繁杂，而张公性情刚烈，他的话若没有被听从，就会生出怨忿，这对他没有好处。"于是任命顾雍为丞相。在群臣推荐张昭为丞相的情况下，孙权以爱护和优待张昭为借口，两次拒绝让其担任丞相职务。这里的问题是：难道群臣推荐张昭任相，是对张昭本人的伤害吗？究竟有哪个国家的丞相职位，反而是对任职人的作践呢？应该说，一定是有某种另外的原因使孙权不愿意把最重要的丞相职位交给张昭，以不任相位来显示对张昭的爱护和优待，只不过是一种巧妙的措辞而已。

据《吴历》中所记，孙策临终时也曾嘱咐张昭说："若我弟仲谋不堪其任，您可自己取代他。"后世有史家认为："张昭最终不能担任丞相，正是孙策的这句话所导致。孙权心狭而多忌，因为张昭身为老臣熟悉政务，创业过程中功劳又多，想把他废弃不用，又怕群臣不服，所以只能将他在原职位上维持到底。观察孙权后期对张昭的态度，以及他自己做了皇帝后，对孙策不过谥号为桓王，对待孙策的子孙也很刻薄，这都是由孙策说给张昭的那句话所引起。"应该说，张昭侍奉和辅佐了孙策孙权两位君主，孙权对张昭开始非常客气，但没有内心的交流和感情上的共鸣，他们兄弟俩人对待张昭的态度的确是有所不同的。

3.6（1）辅佐两位君主的张昭（下）

张昭是最早跟随孙策征战创业的故旧老臣，孙策去世后又长期辅佐孙权守业治政，他为人忠诚，说话坦直，受到群臣拥戴。《三国志·吴书·张昭传》及其引注记述了张昭在孙权属下多年的个人经历，应该尝到了其中辅政活动的酸甜苦辣。包括儿子张承张休的参政活动在内，他们父子的人生起伏中表现了君臣关系的另一侧面。

作为东吴集团中的首辅大臣，张昭有两次出任丞相的机会，当时他也受到群臣的推举，而孙权都以关心身体、爱护名誉的名义没有授予他丞相职位。清代学人周寿昌认为此事源于孙策临终曾对张昭交代的一句话："若我弟仲谋不堪其任，您可自己取代他。"孙权于是对张昭产生了内心的嫉恨。近人卢弼则认为，在孙策病危将逝时，张昭等人认为孙策会把兵权交给与自己性格非常相似的三弟孙翊（参见3.4.3《孙翊和他的寡妻孤子》），而孙策则坚持叫来孙权传给他统军的印绶，可见张昭当时看好的孙策接班人是孙翊而不是孙权，这难免引起孙权对张昭的不满。大概这两个原因共同作用，使孙权始终对张昭心存芥蒂。

孙权在229年称帝后，他在群臣百官的祝贺宴会上发表议论，把以前的成就都归功于周瑜，并不提及张昭的贡献，当张昭举杯敬酒，想要赞颂孙权的功德时，没等其开口，孙权就说："如果当初听了张公的建议，现在已经讨饭吃了。"这是把赤壁交战前张昭关于归顺朝廷的旧话重提，发泄自己的情绪，使张昭满面羞愧。张昭大概是感觉到了一些不利的情况吧，不久他借口年老多病而辞职，孙权遂改任他为辅吴将军，地位和待遇都有降低。

张昭在家里无事，于是就钻研撰写《春秋左氏传解》和《论语注》，对他年轻时学过的经典做注解。正好孙权有一次询问担任卫尉的严畯说："你还能背诵小时候所学的启蒙书吗？"田畯于是背诵了《孝经》中的"仲尼居"一段篇章，该篇是本书的第一章，其中孔子对学生曾子讲述有关人生理念。不知是张昭当时在场，还是他听到了这件事情，张昭对孙权说："严畯只是乡野儒生，我请求为陛下背诵。"于是他背诵了"君子之事上"的篇章。这是该书的第十七章，孔子讲述一个人应该怎样侍奉君主，强调为臣的在朝时对主尽忠，退官后为君补过，以求君臣关系亲近融洽。事后大家都觉得张昭确实是抓住了应该背诵的篇章。然而从张昭主动要求给孙权背诵的情况看，他虽然在家撰写论著，似乎要过一种远离政治的清静生活，但他依然心在朝廷，他还是希望把自己的出众才学和忠贞之节显示给孙权。尽管孙权不时地打压和排挤他，但他的内心始终是不甘寂寞的。

张昭与孙权的君臣关系总是时好时坏。张昭有才学，做事有主见，孙权在国家治理中时常需要得到他的支持，但他经常直言逆旨，加上早年那些难以谅解的事情，孙权又常常不想见到他，致使他们君臣间始终建立不起一种互相信任和十分贴心的关系。当蜀国使臣称赞蜀汉之美，吴国群臣都不能辩倒对方时，孙权会想到缺席的张昭；而当孙权要远交北方公孙渊，受到张昭反复劝谏阻止时，孙权又不能忍受张昭对他最高权威的伤害，表现出了厌恶与痛恨的态度；而当孙权的专断决策行为受到公孙渊的坑骗，吴国遭到重大损失时，孙权又不禁想念张昭（参见 3.2.19《与辽东的远交》），派人前去慰问他。无论如何，孙权摆脱了早期权位不稳的状态后，在他心目中，张昭仅仅成了自己治国的工具。

张昭的功名意识是显而易见的，他受到打压排挤回到家中，内心却念想着朝廷的政务与君主的青睐；当他到了朝廷并按照自己的认识与风格做事情，却总是难称心意，会吃下一肚子的龌龊气。能与君主缓和关系的方式仅仅是多次陈述吴太后和桓王孙策临终拉着手托付年轻君主的场景，但处事方式与个性心理上的不断冲突终究无法解脱君臣两人间的不相适应，最终发展到了为臣的以土封门、拒命不出，为君的烧门恐吓仍无济于事的程度，只好由张家的儿子出面圆转，发生了荒唐可笑的事情（参见 3.2.21《中年孙权与臣属的交往》）。

236 年，八十一岁的张昭走完了自己的人生之路，自此结束了与君主孙权爱恨交加的情缘。他临终吩咐用普通的服饰与棺材安葬。当时孙权身穿丧服亲临吊祭，谥其为文侯，也算是给了很好的评价。张昭的长子张承已经自己获得了侯爵，少子张休继承了父亲的爵位。

张承字仲嗣，年少时以才学出名，与诸葛瑾、步骘、严畯交好。孙权任骠骑将军时，征辟张承为将军府署西曹掾，出任长沙西部都尉。他曾率军讨平山越，得精兵一万五千人，后来担任濡须都督、奋威将军，被封为都乡侯。张承为人勇壮刚毅、忠诚正直，能甄识人物。诸葛恪年轻时，众人都因他的才智而惊叹，但张承断言诸葛恪必会使诸葛家衰败，后来的事实证实了张承的判断。张承勤于提携后进之士，为人厚道，吴国的贤能之人没有不上门拜访他的。

张承中年丧妻，父亲张昭准备给他续娶诸葛瑾的女儿，张承比诸葛瑾小四岁，他觉得自己与诸葛瑾是好友，想拒绝此事，孙权知道后劝慰他，最终促成了这一婚姻。他与后妻诸葛氏生有一女，孙权为他的儿子孙和娉娶了该女，即太子孙和的张妃（参见 3.3.3《孙峻孙綝的专权》上），孙权还让孙和对张承执子婿之礼。244 年，张承病逝，享年六十七岁。张承前妻所生儿子张震，在诸葛恪 253 年受诛时也被处死。

张休字叔嗣,他刚成年时与诸葛恪、顾谭等人同为太子孙登的僚友,并以《汉书》传授太子,从中庶子转为右弼都尉。孙权当时经常狩猎,每到黄昏才回来,张休上疏劝谏,孙权对张休的上疏很满意,并向张昭展示张休的上疏。孙登死后,张休被加为侍中,不久任羽林都尉,又升任为扬武将军。

后来,张休与顾谭卷入了太子孙和与鲁王孙霸的夺嫡之争中,他们受到了孙霸党羽的谗言诋毁,两人于245年被一起发配交州。中书令孙弘一向与张休不相和睦,他见张休被处罚,便趁机再进谗言,张休遂被赐死,时年四十一岁。张家父子三人各自走着不凡的人生道路,吴国事业的发展中包含着他们的奉献。

3.6（2）东吴出色丞相顾雍（上）

孙权在主政东吴军政期间与张昭并没有建立起相互信任的融洽关系,而他有意识地把丞相职位交给了江东才士顾雍,顾雍应是东吴政权前期极有处政经验、最得君主认可的高级官员。《三国志·吴书·顾雍传》及其引注记述了顾雍在东吴政坛上勤恳做事、升迁任相的一生,介绍了他处政与为人上不同凡常的优良品行,并且缀合了几位子孙在职场上的出众风格与不俗成就,把传统社会中一种近乎完美的治政方式及人格形象留给了后世,供人们作长久膜拜。

顾雍,字元叹,吴郡吴县(治今江苏苏州)人,约生于168年,他的曾祖父顾奉曾任东汉颍川郡太守,在《后汉书》几个篇章上有所提及。汉末名士蔡邕从朔方(治今内蒙杭锦旗北)受赦返回后来到吴地避难,正值少年的顾雍跟随他学习弹琴和书法,他在学习中心志专一清静,反应机敏,容易施教,蔡邕感到惊异并很看重他,于是对这位年轻学生说:"你必定有所成就,现在把我的名子送给你吧。"所以他们师生两人是相同的名子("雍"与"邕"同音)。《吴录》上说,顾雍字元叹,就是指他为蔡邕所惊叹。无论怎么说,年少的顾雍非常聪明,当时博得老师蔡邕喜爱是毋庸置疑的。

顾雍后来被州郡上表推荐,刚成年时就出任合肥县长,相继担任娄

（治今江苏昆山东北）、曲阿（治今江苏丹阳）、上虞（治今浙江上虞）县长，所在之地都有治理政绩。200年孙权被许都朝廷授予讨虏将军，兼任会稽太守，孙权受命后并没有到郡就职，而是以顾雍为会稽郡丞。当时各郡都设太守一人，设郡丞一人，郡丞是太守的助手，顾雍在太守没有到职的情况下代行太守事务。顾雍在会稽治理中讨除寇贼，使郡内得到安静，官吏和百姓人心归服。由于治政成绩显著，几年之后他进入孙权幕府担任左司马，这是职位次于军师、长史的军府官职。221年，孙权被魏文帝曹丕封为吴王，顾雍先后升任为掌管司法的大理、掌管宗庙祭祀礼仪的奉常（即九卿之一的太常），又兼任尚书台长官尚书令，封阳遂乡侯。顾雍的任职与受封，家人都不知道，听说后才大吃一惊。

　　225年，顾雍把吴县居住的母亲迎接到武昌，抵达武昌后，孙权亲临贺喜，在庭上亲拜其母，公卿大臣都聚会欢迎，其后太子孙登又前来祝福。顾雍不饮酒，沉默寡言，举动得当，孙权曾经感叹："顾君不说话，只要说就能说准要害。"这是孔子赞扬自己学生的话语句式，孙权将原话搬用来赞扬顾雍，既是表达了对顾雍的评价，同时也表现了对他的亲切感情。在群臣饮宴欢乐之际，大家都唯恐自己酒后失态被顾雍看见，所以不敢尽情。孙权也说："顾公在座上，让人们无法开怀。"孙权在这里似乎表达着对顾雍的埋怨，但实际上是一种相知颇深的反映，是对顾雍一身正气的肯定。这一年，顾雍被改任太常，这属于职位名称的改变，同时晋封他为醴陵侯，不久代孙邵为丞相、平尚书事，即评核尚书令奏呈皇帝的文书。

　　顾雍在相位上特别看重对人的任用。他选择文臣武将时必选称职的，依照他们各自的才能任命职务，从不以个人爱好为依据。在决策和做事上，他常常访问民间，让民众说出政府应该做什么，这正是一种体察民情、关注民众呼声的处政方式。他把自己形成的做事方案秘密上奏孙权，如果被采纳，就归功于孙权；如果不被采纳，则始终不泄露出去。在顾雍看来，自己要争取的献策之功无论对个人多么重要，都不能影响和伤害到君主的权威，维护君主的权力与威信是保持良好君臣关系的前提条件，他是用各种场合的实际行动真正来落实和坚守这一深沉的理念，孙权为此很看重他。另一方面，顾雍在朝廷上对有所陈述的建议，言辞表情虽然恭顺，但却坚持不屈，这即是把原则的坚定性和表达方式的灵活性圆满结合起来，表现为一种外圆内方的行事风格。

孙权曾向大臣们咨询朝政得失，辅吴将军张昭陈述自己收集到的意见，认为现行法令太多，刑罚过重，应该有所减损。孙权听了不作声，他回头问顾雍："您认为怎样？"顾雍回答说："我听到的，就是张昭所陈述的。"于是孙权才讨论减轻讼狱刑罚事宜。这里进一步展现了顾雍处政为人的个性风格，同时也反映出孙权对顾雍所提意见的特别看重，这是他们君臣间相互信任关系的明确反映。

《江表传》中说，孙权常派中书郎去顾雍那里咨询事情的行动计划，如果计划合于顾雍的想法，事情可以实行，顾雍就会把问题反复推论透彻，给中书郎准备下酒食，吃饭后再将其送走；如果顾雍不赞成孙权的意见，那么他就不会准备酒食，也不多说话，中书郎只好自己返回报告。孙权说："顾公如果显得高兴，就是事情应该做；如果他不说话，就是事情有不恰当的地方，我则应该对计划作重新思考。"君臣两人间应是互相理解颇深，因而才配合得非常默契。当时驻守前线的各位将领纷纷进献讨敌之策，但其中也有掩饰之处，孙权就此询问顾雍，顾雍回答说："我听兵法上说，用兵要戒除微小利益的获得，这些将领的陈述都是为了获取功名，是为了他们自身考虑，而不是为了国家，陛下您应该做出禁止。如果不能宣扬国家威势并损伤敌人，这样的计策方案一概不用。"孙权接受了他的意见，此后凡是国家的军事行动，事情应该怎样去做，都必须见面作出详细陈述。

孙权晚年宠信吕壹、秦博，任命他们为中书，主要审核各官府及州郡上报的文书。吕壹等因此逐渐作威作福，他们禁止民间酿酒，实行酒业专营，并在关隘征税以牟取利益；另外他们还检举他人过失，细微的错失也上报朝廷，然后再加重案情进行诬陷，毁谤大臣，陷害无辜之人，顾雍等人也都受到他们的举报告发而遭到谴责（参见 3.2.22《吕壹惹起的是非》）。后来吕壹邪恶罪行暴露，收押在廷尉府中，由顾雍审理该案。吕壹以囚犯身份见顾雍，顾雍和颜悦色，问他诉讼中的言辞。临走时他对吕

9

壹说："你心里还有什么想说的吗？"吕壹只是叩头，无话可说。当时尚书郎怀叙当面斥骂羞辱吕壹，顾雍批评怀叙说："官府有公正的法令，何必这样呢！"

顾雍曾经受到过吕壹的伤害，但他在审讯对方时并不公报私仇，而是秉持公正客观的态度，始终不把个人情感带进对公共事务的处置中。古人没有关于罪犯的权利意识，而顾雍在对吕壹的审讯中坚持留给被审人话语表达的机会，并尽力维护他的人身不受侮辱伤害，其中体现出的不仅是高尚纯洁的道德品格，而且有一种超越时代的文明理念。

3.6（2）东吴出色丞相顾雍（下）

在孙权称王之后的群臣僚属中，顾雍应是极有处政经验并深得君主欣赏的高级官员，他225年接替孙邵为丞相，在任职处政中展现了异于凡常的行事风格。《三国志·吴书·顾雍传》及其引注中还记述了顾雍家庭生活方面的事迹，表现了他处家处政的一致性原则；同时记述了他儿子顾邵等数人的职场成就，把一位德性才具完美、善于齐家治国并达到了人生圆满成功的先贤形象展现了出来。

顾雍的家教如何，史书上没有做过多叙述，只是记录了一些点滴事实：有次孙权出嫁侄女，该女是顾氏的外甥，所以请顾雍父子及孙子顾谭参加婚宴。当时顾谭担任朝廷选曹尚书，掌管官吏选拔事务，职位贵重。当天君臣们非常高兴，孙权极欢，顾谭也喝醉了，他连续起舞，竟停不下来，顾雍心中很愤怒。第二天他在家中叫来顾谭，严厉斥责说："君王以包含容人为德，臣下以恭敬谨慎为节。当年萧何、吴汉都立有大功，但萧何每次见到高帝刘邦时都像不会说话一样；吴汉侍奉光武皇帝刘秀也是谨慎勤恳。你对国家有什么汗马功劳可言吗？只不过是靠着门第的资格受宠用而已，如何舞得得意忘形？虽说是酒醉之后，其实还是恃恩忘敬、谦虚不足，看来败毁家族的人必是你了。"说罢转身向壁而卧，不再理会，顾谭站立一旁超过一个时辰才被打发离开。这里能看到顾雍家庭教育的内容、重点及其渗透着的价值观，能够看到他施教中毫无情面的严厉与态度的严肃性，也能看到顾雍在特殊场合的忍耐以及他对家教方式的选择。

《世说新语·雅量篇》记有一事：顾雍的长子顾邵在豫章太守任上去世，顾雍当时正邀请同僚下围棋，外面禀报说豫章有信送到，却没有他儿子的书信。顾雍虽然神态不变，心里已明白其中的缘故，他用指甲紧掐手掌，以致血流出来，沾湿了座褥。直到宾客散去以后，顾雍才叹气说："我没有延陵季子那样的高尚，难道要哭瞎眼睛受责备吗！"于是放开胸怀，驱散哀痛之情，表现得神色自若。这里表达出的信息是：身任豫章太守的顾邵是一位敬爱父亲、尊崇孝道的儿子，没有按时致信父亲属于一种极不正常的情况，以致顾雍由此推断出了儿子已经病逝；顾雍深沉地爱着自己的儿子，一定场合下的情绪掩饰是必要的，而失子的巨大悲痛甚至需要辅助以最特殊的自伤手段作忍耐。春秋时吴国的延陵季子在出使齐国的途中长子病逝，他就地薄葬，哭祭了三天，事后孔子称赞他知礼；当时孔子的学生子夏因丧子哭瞎了眼睛，曾子看见后认为因哭子而失明是子夏的罪过。顾雍的感叹和采取的行为，表明了他在复杂问题上始终坚守着对传统儒家价值观的理解，并乐于选取更加切合自身实际的积极态度。从对家人的态度上能够看到顾雍治家与治政的一致性风格。

顾雍任相十九年时患病，孙权令太医赵泉诊断，又拜顾雍的小儿子顾济为骑都尉。顾雍听说后悲伤地说："赵泉善于鉴别人的死生，我一定起不来了，所以陛下想要我活着见到顾济任职啊！"他的猜测是正确的。顾雍始终感受着君主的信任，理解了这是君主要给他以临终的关爱，因而做出了正确判断。243年十一月，顾雍去世，享年七十六岁。孙权身着孝服前往祭吊，谥他为肃侯。顾雍的长子顾邵已经去世，次子顾裕重病在身，少子顾济承袭了父爵。顾济无后，所以在他去世后国嗣断绝。258年吴景帝孙休下诏，以顾裕嗣爵醴陵侯。

顾雍的长子顾邵，字孝则，约生于184年，他博览群书，善于评鉴人物，少年时与舅舅陆绩齐名，而陆逊、张敦、卜静等人都赶不上。从本州郡或各地前来吴郡的人都慕名拜见他，有的甚至结为朋友才告别。他交友只看各人的品德与才情，并不计较对方的出身，所结识的人中，有役武出身的钱塘人丁谞，生于平民的阳羡（治今江苏宜兴南）人张秉，也有出身卑贱的乌程人吴粲和云阳（治今江苏丹阳）人殷礼等。顾邵当时因识人和交友而名声传扬,远近闻名,孙权把孙策的女儿许配给他。

顾邵二十七岁时离开家乡前往豫章郡(治今江西南昌)担任太守。他一到豫章后,先祭祀当地文化名人徐孺子之墓,优待其后人,禁止不正当的祭祀。而发现低等吏员中有才能的,就安排令其就读学习;他选择优秀的人提拔到高位,选择学识良好人的从事教育,于是当地社会风气发生很大改善。年轻郡守顾邵上任后,把主要精力放在当地社会风尚的治理与选拔培养年轻人才两个方面,这与他的学识特长是相一致的,他以地方政府的力量为有才气的年轻吏员提供学习提高的机会,这在古代的地方职场上更是很少见到的新颖举措。从长远的意义上看,这都是地方治理中应该始终予以重视的根本方面。

当初,张秉家中遭遇大丧,顾邵穿戴着丧服参加。后来顾邵要去豫章赴任时,送别他的有一百多人,而张秉正好生病了。顾邵对宾客说:"张仲节生病了,苦于无法前来相送,我也遗憾没见到他,我先回去同他告别,诸君请稍等片刻。"他留心善待人物,就是这样诚挚的态度。他交往的朋友后来多位有不凡成就,丁谞任典军中郎;张秉为云阳太守;吴粲担任太子少傅;殷礼为尚书户曹郎,升任零陵太守。这些人物后期的发展都表明了顾邵识人辨才的鉴赏能力,而这一点也得到了当世人的认可。

《三国志·庞统传》引注西晋人张勃所著《吴录》中有一段记录:210年庞统送周瑜灵柩至吴,吴国陆绩、全琮与顾邵等人都来会面,他们朋友间互相议论人物。顾邵晚上与庞统一块休息,其间询问庞统说:"您以知人而出名,那么我与您谁更强一些?"庞统回答说:"改变世俗,甄别人物,我不如您;识用帝王的秘策,抓住事情变化的要害,我似乎更有特长。"顾邵觉得庞统说的合乎实情,于是与庞统更加亲近。《世说新语·品藻篇》也有几乎如上相同的记述。庞统在这里所指顾邵的所长,看来极合于顾邵本人在豫章的治理实际。214年,顾邵在豫章郡任职五年后不幸去世,年仅三十一岁。

顾邵的个人才具及其治政成就,是他个人长期修养和努力的结果,也从一个侧面表现了顾雍家庭教育的某种成功。顾雍的家族人物尚多,还有孙子顾谭、顾承,以及弟弟顾徽、族人顾悌等,了解认识了史书上其他后续的相关记录，就更能看到东吴丞相顾雍齐家治国上很难企及的出色之处。

3.6（3）顾氏族亲的不凡才俊

顾雍的家族是江南有名望的大姓，《吴录·士林》中称"吴郡有顾、陆、朱、张四姓，三国之间，四姓盛焉"。由于家庭教育、社会背景和出色人物引领激励的作用，丞相顾雍的族亲中涌现出不少东吴政治舞台上的才俊人物。《三国志·吴书·顾雍传》及其引注在顾雍及儿子顾邵之外，还记述了顾雍的孙子顾谭、顾承，及顾雍的同母弟顾徽等人的政治作为和个人境遇，表现了顾雍族亲对吴国发展的更多贡献及其家族的兴盛，同时反映了国家政局变化中顾氏人物的不同遭际。

——*出使北方的顾徽*　顾徽，字子叹，顾雍的同母弟，引注资料《吴书》上记录着他的出众事迹。顾徽年轻时四方游学，有口才，孙权在200年刚统事时，听说顾徽很有才干，将他召进幕府做主簿。顾徽常常跟着孙权出行，有一次他看见军营将官拖着一男子到市上准备行刑处死，就问是什么罪，对方说这人偷了一百钱，顾徽让他们暂停行刑，他赶快骑马回孙权身边启奏说："现在正需要蓄养将士以对付北方敌人，我看这人身材健壮，而且偷盗的不多，向您乞求予以原谅。"孙权答应了他的请求并很赞赏，不久顾徽升为东曹掾。

约205年时，有消息说曹操想要出兵东南，孙权对顾徽说："你是我的心腹之臣，现在传说曹操不怀好意，因为揣测不清楚，你为我去北方一趟吧。"于是任命顾徽为辅义都尉，派他到北方去见曹操。见面后曹操询问江东的消息，顾徽对答如流，并且告诉曹操说江东大丰收，多年的山越盗贼都改邪从善，愿意为国从军。曹操笑着说："我和孙将军已结姻亲，现在一起辅佐汉室，就像一家人一样，你为什么要说这些呢？"顾徽说："正因为明公和我们君主的情义像磐石一样坚固，休戚与共，想要知道江南的消息，我才说到这些。"顾徽向曹操谈论江东情况时，有意在强调粮食充足、境内人心团结和兵员充足，实际是在突出东吴的坚强防守能力。

这些话说给准备进攻东吴的国家，正是一张很好的心理作战牌，顾徽的心意正在于此；但曹操兵出东南只是他内心的想法，并没有显示出来，更不想让东吴人提前知晓，所以他反问顾徽为什么要向他说到这些情况，难道要把他曹操当作侵扰之敌吗？顾徽在二次回答中非常圆顺地实现了语意和话题的转变，强调了魏吴双方的友好情谊，这里足见他的机敏反应与论辩之才。曹操热情招待后顾徽返回。

孙权询问他去北方后了解到的情况，顾徽说："敌国的隐秘事情，终究难以探查清楚，但是我私下打听了解，知道曹操目前正与袁谭相争，没有别的打算。"孙权由此知道了曹操当时的军事动向，应该是解除了一时的忧虑，他任命顾徽为巴东（治今重庆奉节东）太守。其时巴东郡在益州刘璋治下，顾徽的太守只属一种遥领职务，其实际意义在于本人职务的提升。孙权打算对顾徽作出大用，顾徽却不幸去世了。如果没有这一不幸，想必借助于孙权执政前期的政治清明环境，吴国政坛上也许会同时升起两颗光亮交映的顾家双子星。

——**孙权赏识的顾谭** 顾谭，字子默，约生于205年，是顾邵的长子，祖父顾雍对他有过严格的引导教育。顾谭刚成年时就和诸葛恪、张休、陈表一同被朝廷安排做太子孙登的学友，为其在身边讲学议论。顾谭先任中庶子，后转为辅正都尉，均为五品六百石的太子属官，具体分工事务有些调整。据说顾谭因为见识超群而特别受太子看重，范慎、谢景、羊衜等太子宾客因为优秀而出名，但都在顾谭之下。

顾谭大约在241年孙登去世后替代诸葛恪为左节度，每次审阅账簿时，不用下筹计算，只靠屈指心算，就能找出其中的错谬之处，手下官员们对此非常佩服，后来加任他为奉车都尉。顾谭刚刚进入官府时，上书陈述事情，孙权会停下膳食作出赞赏，认为他超过了徐详。他性格清雅高亮，做事不掩饰自己的意气，因此会引起一些人的怨望，但孙权识鉴他的才能，对他极为厚待，多次受到赏赐和特别召见。薛综担任选用官员的选曹尚书时，坚持让位给顾谭，说："顾谭思虑精细行事缜密，能把道义贯通于具体选用事务中，才华照人，德孚众望，这些不是我赶得上的。"后来顾谭替代了薛综。他在参加了孙权侄女的婚宴后接受顾雍的严厉斥责，事情就发生在这个阶段。祖父顾雍去世几个月后，顾谭被任为太常，为掌管宗庙祭祀事物的九卿之一，接替顾雍兼理尚书事。

当时鲁王孙霸深受孙权恩宠，与太子孙和待遇相同，顾谭上疏要求应该保持嫡庶之分，为此而与孙霸及其党羽交恶。当时长公主孙鲁班的丈夫卫将军全琮之子全寄正为孙霸的宾客，因此和顾谭产生嫌隙。后来因为241年芍陂之战时的军功之争，全琮父子对顾谭非常嫉恨，多次诬陷张休和顾谭顾承兄弟。孙权后期国家政治局势的恶化使顾谭兄弟陷入了非常不利的个人境遇。

当时受诬陷的张休被关进牢狱，孙权意欲保护顾谭，始终没有做出决定，他想让顾谭道歉后将其释放。但顾谭拒不道歉，回答说对他的构陷完全属于谗言。有关官吏奏称顾谭诬陷毁谤，对国君大不敬，依法应该处死，孙权因丞相顾雍的关系而没有同意，最终把他流放到交州。顾谭在交州幽居发愤，撰作《新言》二十篇，其中《知难篇》即是表达自我哀伤。他被流放两年，于四十二岁时在交趾去世。

——**疆场建功的顾承** 顾承，字子直，顾邵的少子。232年与舅舅陆瑁一起被吴国朝廷礼请至建业任职。孙权在致丞相顾雍的信中说："你的孙子顾承，名声极好，等到我见了他，发现他比传闻的还要出色，我为你有这样的孙子高兴。"于是授给顾承骑都尉官职，让他统领一支羽林军。顾承后来任吴郡西部都尉，和诸葛恪一起平定山越，又从俘获的山越人中挑选出精锐兵士八千人，回师驻扎章阮（又称章坑，今浙江西与安徽交界处），被任命为昭义中郎将，后入朝任侍中。

241年，顾承与张休都跟随大都督全琮北征寿春，与魏国将领王凌大战于芍陂，战事不利，魏兵乘胜消灭了五营将秦晃的部队，张休、顾承奋力抗击，终于制止住魏军的进攻。当时全琮的儿子全绪、全端同为军中将领，他们乘敌军被阻止后就出兵攻击，王凌军队因此退却。战后论功行赏，认为使敌军停止进攻的功劳大，使敌军撤退的功劳小，所以张休被升扬武将军，顾承被升奋威将军，出任镇守京口的京下督。而全绪、全端只升为偏将。

但全琮父子多次说在芍陂之役中张休、顾承与典军陈恂串通一气，因而陈恂故意夸大了顾承两人的功劳。三年之后，芍陂论功之事发生了舆论转变，顾承和哥哥顾谭、张休一起被流放到交州，顾承三十七岁去世。在险恶的政治环境中，顾雍两位孙子的不幸遭遇似乎也在情理之中。

3.6（4）诸葛瑾的处人风格（上）

诸葛瑾是东吴前期的重臣，他跟随孙权较早，对东吴事业的发展做出了应有的贡献。由于他对君主的忠诚和其独特的处人方式，诸葛瑾深得君主的信任，被孙权称为与自己有"神交"之人。《三国志·诸葛瑾传》及其引注记述了诸葛瑾从琅邪漂泊江东，在孙权集团谨慎做事、忠诚为人的一生，展现了他在职场上显示出的独特风格以及良好效应。

诸葛瑾，字子瑜，约生于174年，琅邪郡阳都（治今山东沂水南）人，蜀汉丞相诸葛亮的兄长，比诸葛亮年长七岁。诸葛瑾年轻时曾游览洛阳，又钻研《诗经》《尚书》《左氏春秋》。后来他的生母去世，遂回家守孝，侍奉继母恭敬谨慎，他对孝道的遵守甚得人们称赞。

汉朝末年徐州各郡县战事频繁，诸葛瑾从家乡琅邪前往江东避乱，200年孙策去世时，孙权的姊婿弘咨遇见诸葛瑾，对他的才华感到惊奇，于是将诸葛瑾推荐给孙权，他与鲁肃一起被尊为宾客相待。诸葛瑾曾与步骘、严畯一起游历吴中各地，逐渐取得了声名，被认为是当世的英俊之才。后来他作了孙权的长史，转中司马，其间跟随孙权经历了赤壁抗曹及战后与刘备集团的妥协合作等军政事务（参见3.2.6《战后对江东的治理》）。

刘备214年取得益州后，孙权次年遣诸葛瑾前往蜀地与刘备通好，双方划定了分界。诸葛瑾在益州公馆见到弟弟诸葛亮，在公事之外没有私人会面。他在双方有矛盾分歧的时候受命出使，坚持在公务活动中不夹杂兄弟个人的私下交往，是在努力避免双方工作人员可能引起的误会。

诸葛瑾在与孙权的交往中也有自己的独特风格。他同孙权谈话或议论劝谏，从来不急迫直切，只是略微表示出倾向，粗略地陈述自己的意图。如果与孙权心意不合，则放弃正在进行的内容而转向其他话题，渐渐地再借其他事情开始；他会以对同类事情的看法求得孙权的赞同，于是孙权的

3.6 开业定基的重臣

想法也往往得到开通。史书上列举了以下两件事情：吴郡太守朱治，是举荐孙权为孝廉的将领，孙权曾对他有些怨望，只因平时对他很敬重，所以不好亲自责备他，但心中怨忿无法排解。诸葛瑾揣摩到其中的缘故，他不敢明白地说出，于是主动请求给朱治写信。他当着孙权的面给朱治写信，信中首先原则性地阐明事情的常理，然后以自己的心思忖度推测孙权的内心活动，使书信内容切合孙权的心意。写完后，他将信呈交孙权，孙权看后高兴地笑着说："我的心结让你解开了。颜渊的德行，是要人更为亲爱，应该就是这个意思吧！"诸葛瑾是以揣测试探的方式，把孙权对朱治不便说出的意见用自己的书信语言表达出来，主动浇开了君主心中的块垒，也促进了集团内部君臣之间的和睦。

另一件事情是：孙权责备过校尉殷模，所定罪名出乎人们的想象。很多大臣为殷模求情，孙权更加愤怒，与求情的人们反复论争，只有诸葛瑾默不作声。孙权说："子瑜怎么不说话？"诸葛瑾离开座席说："我诸葛瑾与殷模等人因遭受故土战乱，生灵灭绝，大家离弃祖坟，携带着老幼家口，艰辛跋涉前来归顺圣化之地。现在我们在流亡中蒙受到生身养命之福，而不能互相督责砥砺，以报答万分之一的恩德，致使殷模辜负恩惠，陷入罪恶之中。为臣认罪尚来不及，实在不敢说什么。"殷模也是从外地流亡江东而受任用的，诸葛瑾在回答中首先向孙权肯定了他们在江东受到的恩惠，继而表达了对个别人犯有罪错的巨大愧疚，他是主动为殷模的过错承担了责任，也提到离开故土的艰辛与不易，这使孙权听后很为伤感，于是说："我特为你而赦免他。"诸葛瑾这里以情动人，他没有主动劝谏论争，却达到了其他人没有做到的成功援救。

219 年底诸葛瑾跟从吕蒙出击荆州征讨关羽，事后被封宣城侯，不久以绥南将军身份代替吕蒙任南郡太守，驻守公安。两年后刘备出兵东伐，孙权意欲求和，诸葛瑾给刘备写信说："听闻蜀军出兵来至白帝，恐怕是身边群臣认为吴王侵取荆州，危害关羽，因而生出很深的怨念，以至认为不应该讲和。其实这是把心思放在小处，没有在大处着眼。我试为陛下论其轻重大小：陛下觉得与关羽的亲密，比得上与汉朝先帝吗？荆州大小比得了海内各州吗？这些怨仇，究竟应当谁先谁后？想清楚这些问题，其实是非常简单的。陛下若想通了我诸葛瑾所说的话，事情就可以马上决定下来，不用再咨询各位将领。"作为吴国臣僚的诸葛瑾，似乎要站在蜀汉的立场上，替刘备在东征孙吴与北伐曹操两者之间做出正确的选择，但他并没有把握准刘备的情感和心思，说到底还是没有摆脱掉东吴的利益需求和自己的本有立场，刘备自然不屑理会和听从。

《江表传》中记录，刘备讨吴时诸葛瑾身在南郡，当时有人进谗言诋毁诸葛瑾，称其与刘备互通信息，流言在外面传播盛广。陆逊上表力保诸葛瑾绝无此意，并建议想法消除这一影响。孙权给陆逊回复说："子瑜与我在一起很多年了，情同骨肉，内心都看得很清楚。他为人上不守道义的事不做，不合大义的话不说。刘备当年派孔明到东吴，我给子瑜说：'你与孔明是一母所生，况且为弟的跟随兄长，这也顺乎大义，为什么不劝孔明留下呢？孔明若跟随你留下，我会写信给刘备，说明这是他自己的选择。'子瑜回答我说：'弟弟已经失身他人，人身的名分已经确定，义无二心。弟弟不会留下，就像我不会离去一样。'这样的话足以打动神明，现在怎么能发生流言中所说的事情呢？我前面已经得到了有流言的文疏，当时就已封好送给了子瑜，并亲笔给他写了书信，很快得到了他的回复，其中说到天下君臣大节及个人的定分。我和子瑜，可以说得上是'神交'了，不是外间流言可以离间的。我已知你的心意，表函会再递交给子瑜，让他也知道你的心意。"

诸葛瑾的弟弟诸葛亮是蜀汉丞相，在吴蜀双方走向军事对峙时，这种关系足以引起东吴群臣的不良想象，也难免会引起东吴君主的疑心。但在相关流言盛行之时，孙权反而是对诸葛瑾最坚定的信任人，陆逊等重臣也尽力保护，他是在平时的工作活动中通过做事为人的特殊气质展现出了不可移易的道义精神，赢得了圈内人的信赖。

3.6（4）诸葛瑾的处人风格（下）

东吴重臣诸葛瑾以忠诚而谨慎的态度处事为人，促进了集团内部君臣关系的融洽和睦，赢得了君主孙权和其他同僚的高度信赖。《三国志·诸葛瑾传》及其引注还记述了诸葛瑾在职场活动与个人生活中的其他事迹，

<<< 3.6 开业定基的重臣

表现了吴国君臣对他的充分信赖，体现了诸葛瑾恭谦忠勤的不俗人生。

东吴在119年夺取了关羽驻守的荆州后，诸葛瑾一直担任南郡太守，驻军公安。222年，孙权受封吴王，诸葛瑾被封左将军、督公安，假节，封宛陵侯。这一年，曹丕组织三路大军伐吴，曹真、夏侯尚一路军队进击江陵，包围了朱然之军，诸葛瑾受命领兵前往救援（参见1.4.17《三路伐吴》）。诸葛瑾做事迟缓，擅长的是推论道理、执行计划，缺乏在战场上应对敌情变化的策略，这次出兵交战很久不能击退敌军，孙权因此对他很有怨望。直到后来春水涨潮，潘璋领着军队在上游设置水城，水军制好芦苇筏子，准备烧掉魏军浮桥，诸葛瑾配合进攻，魏军方才退走。诸葛瑾的军队在战场没有大功，仅仅保全人马顺利回师而已。后来诸葛瑾在234年参加了孙权统军亲征的合肥之战，大军撤退时他随同陆逊在襄阳一带略有小胜（参见3.2.18《配合诸葛亮的一次作战》）。241年四月诸葛瑾还与全琮、朱然等将领相配合，率军向曹魏的柤中进攻（参见3.2.25《与魏军的再较量》），但各路都败绩而还。诸葛瑾在军事上的确没有可以值得称道的战绩

吴国名臣虞翻因为狂放直率而被流放，只有诸葛瑾多次替他说情。虞翻在给亲友的信中说："诸葛瑾敦仁厚义，效法上天救活生灵，近来承蒙他仗义执言，为我保全名分，只是我积怨过多犯罪已深，陛下忌恨颇重，虽有祁奚一样的人相救，而我却无羊舌氏那样的德行，解救是没有什么希望了。"虞翻曾多次对孙权犯颜谏争，生性又不合俗，惹得孙权很不高兴，也有同僚不断谤毁，孙权后来将他贬到了交州之地。在人生即将陷入低谷之时，虞翻得到了诸葛瑾的友好扶助，虽然不能完全解脱面临的困境，但他仍然把诸葛瑾比作春秋时晋国善于舒困救难、德服众臣的老者祁奚，给了诸葛瑾极好的评价，这从另一侧面反映了诸葛瑾本性良善的行事与为人风格。

诸葛瑾相貌雍容，善于思考，人们都佩服他的高雅风度。孙权一直对他很看重，有大事总要征询他的意见。他有次咨询诸葛瑾说："最近收到陆伯言（陆逊）的呈表，他认为'曹丕已死，深陷苦难的北方之民，本应见到吴国的旗帜到来就会瓦解，但却更加平静。听说魏国新主（指曹叡）

19

孙吴落花 >>>

选用忠良之臣，宽刑罚，施恩惠，减轻赋税徭役，以取悦民心，其祸患比曹操时更为严重'。我认为不是这样。曹操的行为，杀戮攻伐算是小罪；他离间人的骨肉，只是残酷而已，至于御将用人，则自古少有，曹丕与曹操比，是万万不及的。如今曹叡比不上曹丕，正像曹丕比不上曹操一样。之所以布施小惠，是因为他父亲刚死，自度能力衰弱，害怕苦难的百姓有一天会起来掀翻魏国，故此自我委屈来换取民心，想以此保持自安，这哪里是走向兴隆呢？"这是226年魏明帝曹叡上台执政不久的事情，吴臣陆逊根据自己的观察，对曹叡做出了较高的评价，而孙权则以自己的思考方式，对陆逊提到的问题力图作出另外的分析判断，他是仅仅从御将用人的单方面对曹操、曹丕和曹叡三位君主作出评价，想要得出其一代不如一代的结论。因为孙权对自己的分析结论并不自信，弄不清他和陆逊的分析结论谁更客观正确，于是征询诸葛瑾的意见。

孙权继续介绍陆逊呈表中的内容说："又听闻他（指曹叡）任用陈群、曹真，这些人有的是文弱书生，有的是皇亲国戚，怎么能驾驭雄才虎将以制服天下呢！国家权力不集中，事情就会错乱不协调，就像过去张耳、陈余，他们并非不想和睦，但一涉及权势，就自相残害，这是情理如此。而且陈群这类人，过去所以恪守善道，是曹操箍住了他们，他们畏惧曹操，所以能竭心尽意而不敢为非作歹。曹丕继承父位，年岁已经较大，他继承曹操之位，以恩情笼络，所以他们还能感恩戴德。现在曹叡年幼力薄，任人摆布，因而陈群这类人一定会弄巧作态，结党营私，各有自己的依附势力。这样一来，奸邪谗佞定然并起，互相陷害仇视，彼此憎恶对立。长此以往，群臣在下面争利，年幼的君主无力控御，他们的失败还能长久吗？我所以知道他们必定如此，是因自古至今，哪有四五人把持国政而不离心并引起相互撕咬呢？强者欺凌弱者，弱者寻求外援，这是国家乱亡的常规！子瑜（诸葛瑾），你只管用心听着，伯言平时擅长于分析比较，恐怕这事上他的认识错了。"

东吴君主孙权此时已经掌政20多年，他根据自己的治政经验指出了权力集中于君主一人的必要性，进而估计出了魏国少主在位、权力分散的弊端，由此推论出了魏国大权旁落、群臣分裂以及国政衰落的必然结局，这

>>> 3.6 开业定基的重臣

在思路上似乎没有多大问题。但孙权推论错误的地方在于：魏国年轻君主曹叡并不是一个毫无主见、任人摆布的偶像，他执掌国政十三年，大权从未落入他人之手。由于分析推论的前提后来并没有真实存在，因而所拿出来的似乎非常自信的结论，其实没有经得起历史事实的考验。史书上没有记述诸葛瑾这次对孙权的回复，但从孙权的长信中，能够看到孙权对国家治理的内心思考，看到他对"神交"对象诸葛瑾朋友般的信任，这种交心和交往是吴国其他臣属都不可能得到的。

孙权 229 年登基称帝后，任命诸葛瑾为大将军、左都护，兼职豫州牧。及至吕壹被诛杀，孙权还发诏书责备诸葛瑾等人，包括步骘、朱然、吕岱（参见 3.2.22《吕壹惹起的是非》），认为几位朋友一样的老臣，在自己犯错时并没有做出应有的提醒。诸葛瑾立即根据具体情况做了答复，史书上只是介绍说，他的回复中话语恭顺而说理明确。

诸葛瑾之子诸葛恪名盛当世，孙权对他深为器重，然而诸葛瑾却总是嫌弃他，认为他不是保全家业之子，并为此经常担忧。241 年闰六月，诸葛瑾在柤中作战返回后数月去世，时年六十八岁，遗嘱中提出用不上漆色的棺材，穿上平时的衣服装殓他，丧事节省俭约。诸葛瑾的次子诸葛乔早先已经过继给了弟弟诸葛亮（参见 2.3.14《诸葛亮的家庭》），他的长子诸葛恪在父亲去世时已经封侯，少子诸葛融承袭了爵位，并统领父亲的部队驻军公安。诸葛瑾的女儿嫁给了张昭的儿子张承为后妻（参见 3.6.1《辅佐两主的张昭》下）。

在吴国群臣中，诸葛瑾的军政才能并非非常突出，但他却是君主常可交心、最为信任的大臣，也是深得同僚赞赏的人物，这都由于他极其朴素但又独特的行事方式与处人风格。《吴书》中说：诸葛瑾为大将军时，他的弟弟诸葛亮为蜀国丞相，两个儿子诸葛恪、诸葛融都主管军马、督领将帅，他的族弟诸葛诞同时显名于魏国。同一家族中在三个国家人物出众，荣耀天下。诸葛瑾的才略虽然不及弟弟，但他的德行尤为纯粹，为人做事都诚实谨慎。"《世说新语·品藻篇》中称：诸葛兄弟三人均有盛名，各在一国，"蜀国得其龙，吴国得其虎，魏国得其狗。"又说："诸葛瑾在吴国，吴国满朝人都佩服他的弘大度量。"世人在相互比较中对忠厚长者诸葛瑾

21

始终都有很好的评价。

3.6（5）才不世出的诸葛恪

吴国名臣诸葛瑾在241年去世时，他的长子诸葛恪已经自己取得了爵位，因而由少子诸葛融继承了爵位与官职。诸葛恪在吴国是一度比父亲诸葛瑾更为出名的人物，在252年孙权去世后一度辅佐少主执掌国政。《三国志·诸葛恪传》及其引注介绍了诸葛恪不凡的一生，其中有大量篇幅记述了他年轻时与君臣交往中，在论辩和应对方面世人难以企及的机智敏捷，从中能看到他与父亲迥然不同的人生态度与处人风格。

诸葛恪，字元逊，生于203年，他少年早慧，小时候就已出名。与人论辩非常机敏，没有人是他的对手。孙权见过后感到很奇异，对诸葛瑾说："蓝田（治今陕西蓝田西）产玉，真的不是虚言。"是说诸葛家族出人才的必然性。诸葛恪身长七尺六寸，约一米七五的个子，胡须眉毛比常人少，额头广鼻梁弯，说话大口高声。成年后任骑都尉，222年与顾谭、张休等"官二代"中的出众人物向孙权宠爱的太子孙登讲学论道，并为宾客朋友，当时诸葛恪由中庶子转为左辅都尉，为太子东宫属官。

诸葛瑾的面颊长得像驴，孙权有一次大会群臣，让人牵着一头驴进来，给其面部题写着"诸葛子瑜"。诸葛恪看见后跪着向孙权说："请给我笔增加两字。"后来拿到了笔，诸葛恪在题字下面加上"之驴"两字，满座欢笑，孙权将这驴赐给了诸葛恪。另有一次，孙权见到诸葛恪，问他："你父亲和你叔父（指诸葛亮）谁更优秀？"诸葛恪回答："我的父亲更优秀。"孙权问他原因，诸葛恪说："我的父亲知道应该跟随谁，而叔父不知，所以我父亲更优秀。"孙权听罢大笑。孙权在宴会间让诸葛恪向大家敬酒，到了张昭跟前，因为张昭已喝了些酒，于是不肯再饮，说："这不是对待老人的礼节。"孙权在旁边说："你让张公无话可说，然后把酒喝下去。"诸葛恪责问张召说："过去姜子牙九十岁时持旗执钺，尚且没有自称为老；现在行军打仗时将军您在后面，吃饭饮酒时将军您在前面，怎能说不是养老的做法？"张昭无辞以对，于是饮完了爵中之酒。后来蜀国有使者到来，群臣集会，孙权对蜀国使者说："这个诸葛恪很喜欢骑马，回去告诉诸葛丞相，为他的侄子选一匹好马送来。"诸葛恪当即跪在孙权面前拜谢，孙权问他："马还没有到，为何就称谢呢？"诸葛恪说："蜀国就如陛下在外面的马厩。如今有了旨意，好马就一定能送到，我如何能不谢呢？"上面四件事情表现了诸葛恪的才思敏捷，这类善于应对的事情还有很多。

《恪别传》中也记录了相关的事情：孙权曾招待蜀国使者费祎，事先故意告诉群臣说："蜀使进来时，你们伏案吃饭，不要起来。"费祎到后，孙权停下了饮食，而群臣没有站起，这实在是不恭敬的态度。费祎学着鸟叫说："凤凰来翔，麒麟吐哺；驴骡无知，伏食如故。"这明显是对吴国群臣不恭敬行为的针对性回敬，其中含有莫大的贬义。诸葛恪对答说："爰植梧桐，以待凤凰；有何燕雀，自称来翔？何不弹射，使还故乡！"诸葛恪的回答针锋相对，并且在后两句包含有适当的语意进攻性。其后，费祎停下饮食面饼，要来笔作《麦赋》，大概是针对所食面饼的原料借题发挥，诸葛恪也拿来笔作了《磨赋》，麦子是需要磨后才可食用的，两人的赋作之题有着内在的相关性，而磨更有主动施压性。资料中没有出现他们所写两赋的内容，只是说大家看后都很称赞。

诸葛恪长得肥胖，孙权有次问他说："你是怎么自娱的，长得更肥胖丰润？"诸葛恪回答说："我听说富润屋，德润身，我非敢自娱，只是修己而已。"这里的"润"，是滋润、施惠，提供能量支持之意，是说富裕支持着房屋的不同，德行支持着人身的变化。诸葛恪解释自己人身肥胖的原因，借用谚语中对人身完美的模糊所指，偷换了概念，把自己身材健壮说成是加强了自我修养的结果。虽然有逻辑上的不大畅顺，但也反映了他的急智和敏捷。孙权又问："你比起滕胤如何？"滕胤是与诸葛恪相友好的另一臣子，诸葛恪回答说："登台阶提鞋子，我不如滕胤；定筹划变策略，滕胤不如我。"这里虽是一种玩笑话，却能看到诸葛恪在同事中事事争先、绝无谦逊的为人态度，他与父亲诸葛瑾有着截然不同的处人风格。

诸葛恪曾给孙权送了一匹马，送前刺了马耳，这是对马修饰驯养的必要环节。当时同僚范慎在座，他对诸葛恪开玩笑说："马虽然是畜牲，但也是禀气于天，现在你残损了它的耳朵，岂不是伤害了仁德？"诸葛恪回答说:"母亲对于女儿,恩爱达到了顶点,但也为女儿刺穿耳朵附上珠宝,这怎么能是伤害了仁德呢?"太子孙登曾对诸葛恪开玩笑说:"诸葛元逊可吃马矢(屎)。"诸葛恪回应说:"但愿太子吃鸡卵。"孙权在一旁听到了,说:"他让你吃马矢,你让他吃鸡卵(鸡蛋),这有什么说法?"诸葛恪回答:"都是从同一地方出来。"诸葛恪是太子孙登的属官,他在孙登面前说话不能过于放肆,所以他以"鸡卵"对"马矢",也算是一种机智而不失分寸的回应,孙权听罢大笑。

《江表传》中记录,曾经有次白头鸟聚集在朝殿前面,孙权问:"这是什么鸟?"诸葛恪回答说:"这是白头翁。"当时在座的人中张昭最老,他疑心诸葛恪用鸟名嘲笑自己,故此说:"诸葛恪欺骗陛下,没有听说有叫'白头翁'的鸟,请让诸葛恪再找个叫'白头母'的鸟。"诸葛恪说:"鸟有叫'鹦母'的,未必一定有对,请让辅吴将军(指张昭)另找个叫'鹦父'的鸟看看。"张昭无法回答,坐中人一齐欢笑。

孙权对诸葛恪的才气非常惊异,想用具体的事务考验他,安排他代理节度,这是掌管部队粮食供应的官职,这个工作往来文书烦琐,诸葛恪并不喜欢。他的叔父诸葛亮在蜀国听说诸葛恪代替徐详主管军粮事务,遂写信给陆逊说:"家兄(指诸葛瑾)年纪大了,而诸葛恪性情疏漏,现在让他主管军粮供应,粮谷是军中最要紧的东西,我虽然在远处,也私下感到不安。请您特别为我转告至尊(指吴帝孙权)。"陆逊即告诉了孙权,孙权立即调任诸葛恪领兵。

诸葛恪是三国时代少有的早慧聪明、反应机敏的才子,作为名臣诸葛瑾的子嗣,他在吴国的出名是合乎情理的,得到吴国君臣的一致称赞也毫不奇怪。然而,也许对一位官二代子弟过分和过多的夸赞,逐步塑定了他的处人心态,喜欢强势压人、毫不谦逊,喜欢自我表现,听到不断的喝彩声成了他生活的必有要素。一生谨慎的诸葛瑾家中成长出了一位性格迥异、才不世出的人物。

3.6(6)诸葛瑾的两个儿子

诸葛瑾的长子诸葛恪年少时就是吴国出名的人物,他在252年孙权去

<<< 3.6 开业定基的重臣

世后一度辅佐少主执掌国政，次子诸葛乔早年过继给了弟弟诸葛亮，在228年25岁时死于汉中（参见2.3.14《诸葛亮的家庭》），他的少子诸葛融继承了父亲的爵位与官职。《三国志·诸葛恪传》及其引注与《三国志·诸葛瑾传》附记中记述了诸葛恪、诸葛融两人在吴国的职场活动及其个人结局，从中能看到两个儿子与父亲迥然不同的生活态度与处人风格，能在相互比较中看到他们各自心性特点的优劣，也能理解诸葛瑾虽能预料到但却无法阻止的家庭悲剧。

诸葛恪为人聪明，反应敏捷，孙权对他的才气非常惊异，安排他为掌管部队粮食供应的代理节度，因为此事文书往来烦琐，诸葛恪并不喜欢，孙权后来调任他领兵。当时丹阳郡山民僻远而好武，他们不时寻找机会出山抢掠，虽然以前出军征讨，但不能全部擒获。234年末，吴国诸葛恪多次请求到当地做官，提出要让山民出山，并保证三年获得四万士兵。诸葛瑾与众臣都认为事情办不到，诸葛恪一再请求，孙权遂任命他为抚越将军，兼丹阳太守，让他按自己的计划行事。诸葛恪到任后将山外粮食屯聚严守，对流窜的山民以饿相困，又用优惠政策吸引他们归降，最终使山民迫于饥饿而出山，归附了政府，收到了预期的效果（参见3.2.20《称帝后的内政治理》上），孙权嘉奖他的功劳，任命诸葛恪为威北将军、封都乡侯。

诸葛恪请求率兵在庐江皖口屯田。他到皖口后，派轻兵袭击舒县，俘获该县百姓，然后回军；诸葛恪还向远处派遣侦察人员，察看道路和险要关隘的形势，想要攻取寿春，孙权认为时机不成熟，没有同意。243年，魏将司马懿欲攻诸葛恪，孙权想发兵接应，望气者说出兵不利，于是让诸葛恪移守柴桑（治今江西九江）。245年，诸葛恪大概是得知丞相陆逊对自己有些不同的看法吧，他写了一封长信给陆逊，大意是讲述对人不能求全责备，应以大局为重等。不久，丞相陆逊去世，诸葛恪升为大将军，假节，驻武昌，并兼领荆州事务。

孙权执政晚年出现了群臣不和、太子年少和政治局势不稳定的状态，252年，孙权卧病在床，他征询了几位大臣的意见，最后决定让诸葛恪与中书令孙弘、太常滕胤、将军吕据以及侍中孙峻辅佐少主孙亮。孙权从武昌召回诸葛恪，安排他以大将军身份兼任太子太傅，将杀生大权以外的所有事情都托付给诸葛恪。诸葛恪在孙权逝后不久因故杀死了孙弘，同时他向百姓广施德政，取消监视官民情事的制度，罢免耳目之官，免掉拖欠的赋税，取消关税，以此赢得了广泛的民心（参见3.2.27《孙权之死》），吴国自此进入了诸葛恪掌政的时期。

诸葛恪掌政之后，连续与魏国进行了两次规模较大的战争，252年十一月，魏国司马师组织三路军队伐吴，其中有七万大军进攻东兴，诸葛恪率四万军队前往救援，当时由于丁奉等将士的拼死努力和各部队间的良好配合，吴国取得了东兴战役的胜利，部队在253年二月返回，诸葛恪和将士们都得到了奖赏。但两个月不到，诸葛恪又要继续出军，他不听群臣们的劝谏，也不考虑将士们的厌战情绪，出动二十多万大军深入魏境进攻淮南（参见3.3.1《诸葛恪穷兵黩武》），双方军队在新城对峙了九十多天，因为战术失误，加之天气暑热，士兵疲劳，饮水不洁引起了腹泻、浮肿和各种疾病，最终兵败而还。

新城战败后，诸葛恪大概是想要挽回自己战场失败的面子，又想进攻青州、徐州，为此进行新的军事准备；另一方面，他对朝中有不同意见的臣僚大施淫威，引发了他与君臣吏民间的各种矛盾。253年十月，侍中孙峻暗中联络孙亮配合，以宫中置酒聚宴为名，在宴席间杀死了诸葛恪（参见3.3.2《诸葛恪之死》）。诸葛恪在孙权死后掌政两年，因为穷兵黩武、刚愎自用、一意孤行，最终落了个自取灭亡、身败名裂的下场。

诸葛恪的长子诸葛绰，曾任骑都尉，当年与鲁王孙霸关系密切，在孙霸与太子孙和的政治纠纷中受到牵连，孙权没有处分诸葛绰，让诸葛恪作出教诲，诸葛恪仿效西汉大臣金日磾处置儿子的事迹，将诸葛绰鸩杀。中子诸葛竦任长水校尉，少子诸葛建任步兵校尉。他们在家听说父亲诸葛恪被诛，立即用车拉着母亲出走，准备渡过长江北投魏国，逃离了几十里路程后，被孙峻所派的骑兵追上抓获，被斩杀于白都山（今南京西南）。

诸葛融，字叔长，诸葛瑾的少子。他生于宠贵之家，年轻时骄纵戏乐，稍长学习章句，博而不精。他性格宽宏容人，多才多艺，在没有任职时就多次受到朝请，其后被拜为骑都尉。东吴各郡当时都组织地方军队，

3.6 开业定基的重臣

称谓部伍，新都都尉陈表和吴郡都尉顾承领着本郡部伍在毗邻（今江苏常州）相会，各有男女部众数万人。当时陈表病逝，孙权就指派诸葛融代替陈表统领其部伍。241年父亲诸葛瑾去世后他继承了其军队和爵位，为公安督，摄兵驻公安，部曲吏士都亲附他。

因为当时没有战事，诸葛融秋冬就射猎讲武，春夏时节就延宾高会，有时他还会不远千里去造访休假病故的吏员之家。每次相会，他都会问候前来的宾客，如果情投意合，会并起床同席而卧。有时候找对手下棋，有时候玩投壶弓弹的游戏。他在游戏谈话时，不断有干果送进，也不断有美酒品尝，诸葛融周流观览，终日乐此不倦。诸葛融的父亲和兄长质性朴素，他们在军队中做事，身上的服装并无色彩和修饰，而诸葛融则讲究锦绣华彩，生活奢靡，孙权死后诸葛融升任奋威将军。诸葛恪再次出兵，进军淮南时，让诸葛融领军队进入沔水地区进击西部敌人。诸葛恪被诛杀后，孙峻派担任无难督的施宽统领将军施绩、孙壹、全熙去擒拿诸葛融。诸葛融听说几路军队到来，惶惧犹豫，不能决计，兵到围城，最终饮药而死，三个儿子被诛杀。

诸葛恪当时在吴国被诛灭三族，他的父亲诸葛瑾生前叹息说："诸葛恪不能使我家兴旺，终将使家门败灭！"不幸一言成谶。诸葛恪死后，临淮人臧均上表请求收拾尸骨予以安葬，得到孙亮和孙峻的同意后，臧均将其安葬在了石子冈（江苏江宁南）。258年孙休上台为帝，朝臣中有人提出为诸葛恪立碑以铭刻他的功劳，博士盛冲不赞同此议。孙休说："诸葛恪盛夏时节带着军队出征，士卒伤损严重，没有任何功劳可言，不能说他完成了接受托孤的辅政之任；他本人死于小人之手，也算不上有智慧。盛冲的意见是对的。"这应该属于吴国官方对他的定论。因为吴国诸葛氏被灭族，后来把过继给诸葛亮的次子诸葛乔所遗留的儿子诸葛攀回复为诸葛瑾的后裔，但也不幸早逝。

少年早慧，才不世出的诸葛恪生活了五十一岁，除了出征淮南之后受到人们厌恶的一年时段外，几乎一生受到人们的赞赏和追捧，得到的夸赞和掌声不计其数，而唯独缺少父亲那样谦逊恭敬和诚实谨慎的处人风格。他权力在手就狂妄自大，在最有权势的时候犯了政治人物的大忌，以至于有史家因此称说：凡是反应敏捷的人都不可为大器之用。从这一意义上说来，传统文化所追求的大器晚成、大智若愚、厚积薄发可能更有生活价值，这样的人物更应该引起人们的看重。

3.6（7）步骘的功绩与家族败落

步氏是在吴国影响不小的家族，他们在东吴的政治活动主要发生在步骘及其儿子步阐两代人中间，尤其步骘在孙权执政时代为东吴事业的发展作出了多方面的贡献。《三国志·步骘传》及其引注中记述了步骘在江南一生活动的事迹，展现了他的处事特征及其在东吴创业中的重要功绩，也介绍了长期驻守西陵的步氏家族在吴国政治局势变化后的不幸遭遇。

步骘字子山，临淮淮阴（治今江苏清江西南）人。他的祖先为周代晋国大夫杨食，因其采邑在步（今山东南部与江苏北部交界地一带）这个地方，遂以步为氏。后来氏族中有步叔乘，字子车，是孔子七十弟子之一。秦汉之际族人有做将军的，因功封淮阴侯，步骘是淮阴士族步氏的后人，孙权的宠妃步夫人与其同族。汉末天下大乱，步骘避难进入江东，他单身穷困，与同龄的广陵人卫旌相交好，他们以种瓜维持生活，白天辛勤劳作，晚上诵读经传。步骘广泛地钻研道艺，凡是涉猎到的知识没有不掌握贯通的，他生性宽厚优雅，虑事深沉，能够降低身份，忍受耻辱。

会稽人焦征羌，是郡里的豪门大族，他的门客放纵行事。步骘与卫旌在他的地方上谋生，怕受到他们侵扰，于是一道写下名帖并带着所种的瓜，来献给焦征羌。当时征羌正在内屋睡觉，他们两人在外立等多时，卫旌想离开，步骘阻止说："我们所以来这里，就是畏惧他的强横；如果这样离开，想以此表示清高，只会与他结下怨仇。"过了很久，焦征羌开窗看到他们，就倚靠着茶几坐在帷帐内，叫人在地上设席，让步骘和卫旌坐在窗外，卫旌更加感到耻辱，步骘则神色自若。焦征羌安排吃饭，自己坐在大食案前，上面堆满了美味佳肴，却用小盘盛饭给步骘和卫旌，且只供给野菜，卫旌吃不下去，步骘却吃到很饱才告辞出来。卫旌对步骘发怒说："怎能忍受这般侮辱！"步骘说："我们是贫贱人，所以主人用贫贱礼节对待我们，这本来就是合适的，有什么耻辱呢？"这里的记载是通过两

3.6 开业定基的重臣

人间的比较表明步骘能够忍受委屈和羞辱的特殊心性。

孙权200年任讨虏将军时，征召步骘为主记，这是专管记事、簿记的亲近属吏，一年多后因为生病而离职，与诸葛瑾、严畯一同在吴郡游历，在当地赢得了很大的名声，被称为当世英俊。孙权任命他为海盐（治今浙江平湖东南乍浦镇）县长，209年刘备表奏孙权为车骑将军，兼徐州牧，步骘被征召为车骑将军府东曹掾，兼任徐州治中从事，主持孙权幕府的内部事务，其间他被举茂才。步骘两度在孙权身边工作，应该是赢得了孙权的赏识和其他同僚的认可，其后他被安排到诸多重要的岗位上，为东吴事业的发展做出了积极贡献。

——**镇抚岭南交州**　210年，步骘出京兼任鄱阳太守，一年内，又改任交州刺史、立武中郎将，他带着武射吏员一千人，即刻取道进入岭南。第二年补任征南中郎将，持节，授予他更高的职权，是想让他逐步收纳交州之地。当时交州的归属并不明确，多方力量在争夺该州的治理权，荆州刘表安置的苍梧太守吴巨暗中怀有异心，外表归附而内心背离。步骘放低身段引诱吴巨，邀请吴巨前来相见，趁机将其斩杀示众，步骘由此在当地威名大震。朝廷前任刺史张津故将夷廖、钱博之徒仍然在几处割据称雄，步骘逐一将其讨伐消灭；交趾太守士燮及其兄弟率众前来归附（参见3.5.3《交趾士燮家族的兴衰》），交州的秩序才渐渐趋于稳定，法令得到执行。后来益州郡大姓雍闿杀害了刘备任命的益州郡（治今云南晋宁东）太守正昂，想通过士燮归附东吴，步骘对其接纳安抚。孙权为此加任步骘为平戎将军，封广信侯。步骘为东吴夺取岭南交州的广大地盘作出了重大贡献。

——**平定荆州界内叛乱**　220年，孙权派遣吕岱替代步骘，步骘率领交州义士一万人出兵长沙。正逢不久刘备东下伐吴，武陵的少数民族也蠢蠢欲动，孙权命令步骘北上攻打益阳。刘备夷陵兵败后，零陵、桂阳等郡仍然互相争斗，处处行军遇阻，步骘辗转征讨，平定了这些地区。223年职位升迁，改封临湘侯，三年后屯军沤口（约今湖南资兴东），镇抚一方。

——**代替陆逊驻守西陵**　孙权称帝后，步骘被任为骠骑将军，兼任冀州牧，属于遥领职务。当年，步骘任西陵（夷陵的改名，今湖北宜昌东南）都督，接替陆逊镇抚南北边境。蜀汉派遣卫尉陈震出使吴国，吴蜀两国约定战胜魏国后平分天下，条约将冀州的归属划给了蜀汉（参见 3.2.16《与蜀汉的盟约》），因此解除了步骘遥领冀州牧职务。步骘性格宽厚颇得人心，喜怒不形于声色，但内外人士都对他肃然起敬。步骘驻守西陵二十年，邻近的敌人都敬畏他的威严信义。

——**向太子荐举贤良** 当时太子孙登驻军武昌，他写信给步骘探讨任用贤良和爱人向善之道，步骘于是列出了当时在荆州界内担任重要职务的诸葛瑾、陆逊、朱然等十一位官员，对他们的品行才能进行逐一介绍分析，上疏请孙登信任和重用这些杰出人才。他为吴国储君推荐了不少人物，只可惜后来孙登没有继任。

——**解救受陷同僚** 孙权信任的中书吕壹在他负责的纠察工作上诬陷了许多官员，步骘为解救无辜多次向孙权上疏劝谏。后来吕壹制造冤案的真相逐渐暴露，孙权在事实面前终于觉悟，吕壹被诛杀后，孙权派中书郎袁礼前往安抚步骘等人（参见 3.2.22《吕壹惹起的是非》）。早先为吕壹陷害官员的事情步骘先后上疏数十次，他举荐被屈滞下位的贤能，为遭受陷害的官员开脱，孙权当时虽不能全部采纳，但还是采纳了他的谏言，使被诬陷者受到周济。

史书的各种记述中反映了步骘为吴国事业作出的多项功绩，但还有性质不同的其他两件事情：一是，孙权所立第二位太子孙和与鲁王孙霸在 242 年产生政治纷争，丞相陆逊、太常顾谭、左将军朱据、威北将军诸葛恪、会稽太守滕胤、大都督施绩、尚书丁密等支持太子孙和，镇南将军吕岱、卫将军全琮、越骑校尉吕据、中书令孙弘等依附鲁王孙霸。两派势力明争暗斗，而步骘当时支持了鲁王孙霸的一方，他并没有站在客观的立场上抑制这种纷争。二是，244 年魏国太傅司马懿率军南征至舒城，当时蜀汉大司马蒋琬并没有趁司马懿南征之际出兵攻魏，反而以身患疾病为由回到成都附近的涪县；步骘又听说蜀国在汉江上游多作舟船，于是他与朱然一起上表认为蜀汉可能会背弃同盟而攻打吴国，只是孙权坚信蜀汉不可能有此意图，才避免了双方边界上可能发生的误会（参见 3.2.16《与蜀汉的盟约》）。

246 年，步骘接替陆逊做丞相，他仍然教诲门生，手不释书，穿着住处仍像儒生一般。然而他家的妻妾服饰则极为奢侈华丽，因此颇受人讥诮。247 年，步骘接任丞相一年后去世，其长子步协继承了爵位，继续统领步骘的军队，加抚军将军，后来其子步玑嗣位；步骘的次子步阐继业为西陵督，受封西亭侯。

272 年，步氏两代驻守西陵已约四十年之久，当年吴帝孙皓征召步阐进建业担任守卫宫廷的绕帐督，步阐被调离时心里惶恐不安，担心这是受到诬陷而将要被孙皓处置，于是举城投降了晋国，并派侄儿步玑与其弟步璿到洛阳做人质，步氏受到了晋帝司马炎的优厚封赏（参见 3.3.13《对晋国的战争》）。不久吴国镇军大将军陆抗率军前来征讨，最终击败晋国援军，攻陷西陵，斩杀了步阐，在吴国的步氏族人全被诛杀。吴国政治局势的演变，以及步氏与国家执政人物的关系生疏，使一方军权在握的步氏家族陷入了一场巨大的政治劫难。

3.6（8）张纮在江东的作为（上）

东吴集团中有一位与张昭齐名的文学才士张纮，他是孙策创业之初邀请到的军政谋臣，曾被派往许都出使而被朝廷留任若干年。孙权掌政后，曹操又将他以汉朝廷的名义派回江东任职。《三国志·张纮传》及其引注记述了张纮在东吴事业发展中忠诚奉献的一生，介绍了他作出筹谋策划的重要事迹，也表现了他在孙策孙权两君治政时期的不同地位。

张纮，字子纲，153 年出生，广陵（治今江苏扬州）人。他早年去京城洛阳游学，进入太学，跟随博士韩宗攻习京氏《易》和欧阳《尚书》，又在外黄（治今河南兰考东南二十里）师从濮阳闿学习《韩诗》《礼记》《左氏春秋》，返回本郡后被举荐为茂才。当时大将军何进、太尉朱儁、司空荀爽三府都征召他准备任用，张纮全部予以推辞。

后来张纮避难去了江东。当时正值孙策创业之初，张纮在江都（治江苏扬州西南二十五公里的长江北岸）为母守丧，孙策多次前往拜访并咨询时事世务，并对张纮诉说了自己想要聚合父亲流散余部，向东占领吴郡、会稽，以及做朝廷外藩的志向，为此征询张纮的意见。张纮一番推辞后最终被孙策的心志和真诚所感动，回答他说："当年周室衰弱，齐、晋霸业兴起，现在你想推进先世的未竟事业，又有勇猛威武的名声，如果用兵于吴、会，则荆州、扬州可一并拿下。这样雄踞长江，再施行武威和德治，消灭那些不从君命的丑恶势力，辅助汉室，功业可以和齐桓、晋文相并列，岂是做个外藩而已。"（参见3.1.1《"将二代"重整旗鼓》）张纮对孙策的谋划，指明了孙策在江东发展的战略目标、用兵方向及其实施步骤，尤其是确定了江东在天下大局中的应有定位，即做霸主而不是外藩，对孙吴集团后来的发展有树标定向的作用。

在孙策的诚意邀请下，张纮委身投靠了孙策，孙策上表荐张纮担任正议校尉。张纮与张昭同时担任孙策的参谋，他们两人时常一人居守，一人跟随孙策征讨。195年吕布袭取了刘备占有的徐州，做了徐州牧，成了张纮家乡的父母官，他不想让张纮跟随孙策做事，为此追举张纮为茂才，发公文召还张纮。张纮内心讨厌吕布，以在他手下做事为耻；而孙策也看重张纮之才，想留下他辅助自己，所以答复吕布不予遣还，书信中说："明珠产于海中，谁拿到就是谁的宝贝；楚国人才，大多为晋国使用。杰出的英俊君子，被他游历之地视为珍宝，何必非在本州呢！"实际是拒绝了吕布的要求，这里也表达了张纮在孙策心目中的地位。

张纮后来跟随孙策征讨丹阳，孙策经常亲临战场厮杀，张纮劝谏说："主将是作筹谋划策的，寄托着三军命运，不宜轻率出击，亲身与小敌相斗。希望您能珍重上天授予的身体，顺应天下人的愿望，不要让全国上下为此担惊受怕。"这体现着张纮对君主孙策的忠心爱护，孙策认同张纮的劝谏，但事到临头总不能真正做到，后来他被刺客伤害而早逝，正是由这样的原因引起的。

199年，孙策派张纮带着奏章与拜表前往许都皇宫，张纮被朝廷留下来担任侍御史，少府孔融等人都与他亲近友好。张纮对在朝廷的公卿和相知旧友称述孙策材略绝异，说他平定江东三郡后，百姓顺从，风行草偃，又说他对朝廷忠敬，行为诚实，心向王室。张纮在许都朝廷为孙策创业做了很好的舆论宣传。当时曹操为朝廷司空，准备对孙策施加厚恩，以取悦江东远方百姓，于是就对孙策加以褒奖，改号加封，并任用张纮为司空掾，推举为考绩优等，补用为侍御史，其后任张纮为九江太守。张纮心恋孙策旧恩，心里想着如何返回江东回复使命，所以借口有病坚决辞绝了太守之任。

200年曹操听说孙策去世，想要趁东吴举丧讨伐。张纮劝谏说，乘人举丧而进攻，不合传统道义，如果不能攻克，也会抛弃友好而结下仇怨，不如趁此机会厚待东吴。曹操当时正与袁绍在官渡决战，他听从了张纮的意见，当即上表任孙权为讨虏将军，兼会稽太守。张纮的建议为刚刚接任掌政的孙权争取到了稳定政局的时机，避免了东吴权力交接时期难以承受的战争压力。其后曹操想要让张纮辅佐东吴新君孙权依附中原，遂安排张纮出任会稽东部都尉。张纮到任时，有人认为他是受中原朝廷派遣而任职，觉得他的心志不在东吴，而孙权并不介意。

当初琅邪人赵昱担任广陵太守，将张纮察举为孝廉，赵昱后来被笮融杀害，张纮非常悲愤，但没有能力讨伐笮融。赵昱门户灭绝，等到张纮担任东部都尉时，派自己府中的主簿到琅邪设置祭礼，并寻找赵昱的亲戚做他的后代，同时还把这事专门写信嘱托琅邪相臧宣，臧宣让赵昱宗族中一个五岁男孩为赵昱的后嗣，孙权听说后非常赞赏张纮的做法。孙权对众位大臣大多都直呼其字，只有称呼张昭为张公，称呼张纮为东部，这是孙权看重他们两个人的表现。

后来孙权讨伐江夏，因为会稽东部事务很少，即命张纮驻守江夏，而让他遥领会稽东部都尉的职务。因为张纮镇守江夏的功劳，孙权想要对他论功加赏，张纮谦逊地减损功劳，表示不敢承受恩宠，孙权不夺其志，尊重他的心意。《吴书》上在此接着称述说："而每次在宴饮间从容相会，总要用委婉的语言暗示，对其行为作出规讽。"这里指的是谁对谁作出暗喻和规讽，有两种不同的理解：有些人认为是张纮对孙权从容作出劝谏，反映了他们君臣关系的相互信任与和睦；也有些人认为这里是指孙权对张纮作出的劝诫行为，清代学人王懋竑就明确持有这种看法，认为这里实际表现了孙权对待张纮，就像对待张昭一样"外尊礼而内疎（疏）之"的管束态度。从原文的语句承接关系看，后一种理解应该更为合理些。

后来孙权让张纮担任长史，跟随自己征讨合肥。合肥城久攻不下，张纮进献计策说:"古代围城,开启包围圈的一面,造成敌军内心疑惑。现在包围得紧密,进攻又急迫,敌人内心恐惧就会合力拼命抵抗,这样的敌人难以很快攻取,现在趁着他们救兵未至,可以稍微放松包围,以观察形势的变化。"参与商议的人不赞同。恰逢敌人增援的骑兵到达,多次来到包围圈外,骑马来回奔驰挑战,孙权想率轻骑兵突击敌人,张纮进谏说:"兵器是凶险的东西,作战是危险的事情,现在将军您自恃盛壮之气,忽视强暴的敌人,全军将士莫不为此担心,即便能够斩将夺旗,威震疆场,但这也只是一个偏将的责任,不是主将应该做的事情。"孙权采纳张纮的建议退下了战场。这次回军以后,第二年准备再次出兵,张纮又进谏说:"现在您正值困难重重之时,有匡扶危难的功劳,应该广开土地,注重农业生产。任用贤能,推崇宽缓惠民,顺应天命以惩治邪恶,可不劳而平定天下。"于是孙权停止了出兵。

　　王懋竑考察了几个事件与张纮任职变化的时间关系,指出:当时孙权刚执政时,太夫人(孙权母亲)让张昭和张纮在孙权身边辅助政务,经常让两人起草文书,张纮并没有一开始就到会稽东部都尉的职任上就职。曹操派张纮担任会稽东部都尉是200年的事,到了202年太夫人逝世,张纮才被派到会稽东部任职。孙权207年出兵征讨江夏黄祖,让张纮离开会稽驻守江夏;曹操208年九月占有荆州后准备进攻江东,而张纮当时并没有参与是和是战的讨论,可见在攻破江夏后又打发张纮到会稽东部去任职了。这年十二月孙权进攻合肥,以张纮为长史,这是已罢免了张昭的长史职务。如果再联系前面孙权对张纮时常作出规讽和劝诫,以及张纮会主动减损自我功劳的行为,能够看到孙权对张纮外示尊崇而内中约束的态度。张纮和张昭一样,他们是孙策的挚友和师长,但和孙权都没有相互信任的知心之交。

3.6（8）张纮在江东的作为（下）

　　张纮是深受孙策信任的大臣,孙策为强化与朝廷的关系,派遣他去许都奉送表章,被朝廷留任为侍御史。孙权在200年接政后,朝廷任命他为会稽东部都尉,又派他返回江东任职,曹操想以此促进和强化孙吴政权的内附，张纮的北去和南来都曾肩负着派出政权所期待的使命。《三国志·张纮传》及其引注记述了张纮返回江东后十一年间，在会稽东部都尉职任上为东吴事业的发展竭诚尽职的事迹，也展现了他与吴主孙权的特殊关系。

会稽郡治所在吴县（治今江苏苏州），都尉是郡中辅助太守掌军的武职，为二千石五品官员，一般在大郡设置东西两都尉。《吴书》中说：孙权刚执政时年龄尚轻，太夫人（孙权母亲）觉得境外战事较多，为此深怀忧虑，对张纮多次表达致谢之意，托付他辅助之义，张纮总有书信答谢，表示自己将竭诚补察。他多次提出政务治理中新的事情和机密计划，也与四方人物交结。太夫人经常让张纮与张昭草创撰作有关公文。张纮刚返回江东时，他其实是在太夫人的安排下在孙权身边辅助政务工作，并没有立即去会稽东部都尉任上就职。

张纮觉得破虏将军孙坚有击败董卓军队、扶持汉室的大功；讨逆将军孙策有平定江南、建立大业的功劳，认为对他们应该有纪颂之文来彰显公义。他自己把文章写成后送给孙权观看，孙权读罢悲痛伤感，他说："张君的确熟知我们家族的经历事迹。"于是打发张纮到会稽东部任职。原文中介绍，当时有的人认为张纮是接受北方许都方面的任命而任职的，觉得他的心意志趣不在东吴方面，而孙权并不为此介意。应该说，张纮所写的对孙坚孙策的纪颂之文，相当于呈送给孙权的投名状，他是借此表明了自己的政治态度，以此换取了孙权的信任，才得以前往东部就职。他在职任上对赵昱继立后嗣、知恩图报的行为，孙权给予了正面的肯定和赞赏，而在每次酒宴相逢时，还不时要给他做出暗喻和规讽，这即是一种变相的劝诫方式。孙权无法取缔朝廷对张纮的职位任命，但他对张纮这样特殊身份的人物还不是完全放任的态度。

张纮在208年底跟随孙权征讨合肥时，建议敌人救兵未到时应该缓其包围，提议孙权不要亲上战场；孙权次年二次出兵时又劝谏应首先垦地耕殖、任用贤能，最终打消了孙权的用兵计划。他的这些战术与用兵上的提议其实都兼顾了南北双方的利益，缓解了东吴与北方的战争关系。朝廷命官的特殊身份决定了他在南北战争纷争中几乎没有另外的态度选择。

孙吴落花 >>>

张纮在211年向孙权建议应该以秣陵（今江苏江宁南秣陵关）为都城，他说："秣陵是春秋时楚武王所置，名为金陵。地处山丘，连接着石头城（今南京清凉山），访问当地老人，他们说过去秦始皇东巡会稽经过此县，因为望气者称金陵地形有王者都邑的气势，所以秦始皇下令掘断连冈，改名秣陵。现在的遗址都还存在。地表有这样的气势，这是天之所命，应该作为我们的都邑。"孙权赞成他的建议，但未能立即实行。后来刘备来到江东，他在秣陵住宿，观察了周围的地形，到了京都（今江苏省镇江）后与孙权谈论此事，劝孙权在秣陵建都。孙权说："聪明的人都意见相同。"于是212年在此建都，改名为建业。

孙权听从了张纮等人的建议，决定在秣陵建都，他让张纮回到吴郡迎接家眷，不料张纮在半路上生病去世。临终，张纮交给儿子张靖一封信笺让带给孙权，其中写道："自古以来拥有国家的人，都想修治德政以实现盛世，而他们的治理多不理想。这并非没有忠臣良将的辅佐，也不是他们不明白治国的根本所在，而是由于君主不能战胜自己的好恶情感，不善于听取意见。人之常情是畏难而趋易，喜好相同而讨厌不同，这与治世法则正好相反。《易传》中说'从善如登，从恶如崩'，是说从善学好不容易。君主继承数代相传的基业，凭借自然的趋势，掌握着驾驭群臣的八柄权威，他们追求趋同黜异的快乐，无须向他人索求；而忠臣心怀难于进用的治国之术，说出逆耳的忠言，与君主不能相互合意，也是理所当然的！如果双方产生隔阂，各种花言巧语便会乘虚离间，君主被虚假忠诚所迷惑，贪恋小人的恩爱，于是贤愚混杂，长幼失序，这些说到底是被情欲所迷乱。所以明君清楚这一点，他会如饥似渴地寻求贤才，毫不厌倦地接受忠谏，抑情损欲，以义割恩，在上者没有错误的授命，在下者也没有非分之望。君主对此应当多加思考，掩藏个人欲望，以泽被天下。"张纮时年六十岁，孙权看了他的遗书涕泣交流。

张纮在提了迁都建议后一直沉寂无闻，不排除其中受到了孙权冷遇的情况，临终他写了一封长信，表达了对吴主孙权的真诚期望，其中谈到君主实际会面对的个人情欲与治国法则的矛盾冲突，认为难以克服个人好恶情欲的君主，就会在国家治理中发生种种问题。张纮在信中提及君主驾驭群臣的八柄,这出自《周礼》太宰职:"一曰爵,以驭其贵。二曰禄,以驭其富。三曰予,以驭其幸。四曰置,以驭其行。五曰生,以驭其福。六曰夺,以驭其贫。七曰废,以驭其罪。八曰诛,以驭其过。"这里列举了君主对群臣在奖赏和惩罚两种意义上可以采用的多种手段,认为掌控了这些资源和手段,君主就取得了在双方关系中的支配地位。在张纮看来,一个具有抱负和雄心的君主,只要能够真正克服个人情欲的干扰,他依靠"八柄"权威认真做事,就一定能够把国家推向兴隆的盛世。人之将死,其言也直。临终时的张纮毫无保留地向孙权袒露治理东吴应该具有的方式,其实他何尝不是毫无顾忌地陈述长久以来压抑于自己心中的块垒。

张纮著有诗、赋、铭、诔十多篇,陈琳对他的赋作给予高度赞赏,谦称自己这方面比起张纮是"小巫见大巫"。张纮还擅长楷篆书法,他给孔融曾用篆书写信,孔融回信称:"拿起书信看见字,不禁欣然独笑,就像看见了写字的人一样。"张纮在文学和书法上都有很高的造诣。

张纮的儿子张玄曾担任南郡太守、尚书。张玄的儿子张尚,在孙皓执政时担任侍郎,因言谈敏捷善辩而受到赏识,被提升为侍中、中书令。孙皓让张尚弹琴,张尚回答说:"我从来就不会弹。"孙皓下令要他学。后来在宴会上言谈之间谈到弹琴之精妙时,张尚不经意地说:"晋平公让师旷弹奏清幽的角音,师旷说:'我的国君德行浅薄,没有资格享受这种琴音。'"孙皓以为张尚是借此事来指喻自己,很不高兴,后来因其他事情的积恨,孙皓将张尚关进监狱,遣送他到建安(治今福建建瓯)去造船,过了一段时间将其杀掉。

在北方接受了良好学术教育的张纮于四十岁出头开始辅佐孙策创业,人到中年的张纮跟随孙吴两任君主,为东吴事业的发展做出了积极的贡献。他是孙策和太夫人极其依赖的人物,曾在许都朝臣中为孙策兼并江东做出了正面的舆论宣传。由于后期受朝廷的委派而来江东任职,在孙权掌政时则受到了江东君臣一定程度的疑忌。张纮是本着追求南北关系和缓、两不相伤的态度履行自己职责的,他对时任讨虏将军、会稽太守的孙权也保持了最后的真诚,在辅佐东吴政务的近二十年间坚守了自己做人做事的原则。

3.6（9）学者官员严畯与程秉

孙权属下有许多志在道德学问的官员，他们与拥有知识而任职做官的人物有所不同，其个人的生活兴致不在时事政务方面而在学问术业的探究上，对许多具体问题的分析思考也是从道义学理出发而较少考虑现实的需要，以至于世人将他们视为不谙事务的书生，其实他们有着自己坚定的信仰和不曾移易的原则。《三国志·严畯程秉传》用不长篇幅记述了他们各人在东吴政治活动中的主要事迹，表现了他们做人处事不同于其他官员的个人风格，也展现了学者官员的某些共有特征。

严畯，字曼才，彭城（治今江苏徐州）人，生于164年。他年少时热爱学习，通晓《诗》《书》和三《礼》，喜好《说文解字》。避难来到江东，与诸葛瑾、步骘游历吴郡，三人声名相当且相互友好（参见3.6.4《诸葛瑾的处人风格》上）。严畯生性直率淳厚，他对于人才，总是忠诚地说给良好的道义，意在使其更有增益。张昭将他推荐给孙权，孙权任他为骑都尉、从事中郎。及至217年横江将军鲁肃去世，孙权任命严畯接替鲁肃职务，督领一万兵士镇守陆口（今湖北嘉鱼西南）。众人都为严畯感到高兴，而他却一再坚辞不受，说："我向来只是个书生，不熟悉军事，没有这种才能而据其位，罪过与悔恨终究会随之到来。"说时激昂慷慨，以至于流下泪来。《志林》中说孙权试探着让严畯骑马，结果人上去后马鞍掉下来了，于是相信他真的不习军事阵战。孙权于是接受了严畯的意见，改任吕蒙镇守陆口，时人都赞扬严畯能根据自己的实际才能而辞让权位（参见3.2.9《联盟的破裂》上）。

后世有史家仔细分析了严畯辞让陆口任职的事情，认为孙权所任用的人都是智谋和勇力之士，陆口是重要的军事基地，本来就不会交给严畯镇守，其中必定是鲁肃临终时荐举严畯代替，因为鲁肃是主张搞好吴、蜀两家关系以共同抗拒曹操的，他与吕蒙一直想要夺取荆州的政治主张有所不同。孙权虽然采纳了鲁肃的人事建议，但他的心意实际不在严畯；严畯也料到孙权的心意，所以力辞陆口的任职，而孙权最终将这一职位交给了吕蒙。当时东吴群臣都称赞严畯能够出让这一职务，实际上是不认可鲁肃推荐严畯的人事建议，只是避讳对鲁肃的非议而不公开讲出罢了。所以也有人认为，严畯在孙权面前骑马时"上马坠鞍"，他以此表示自己根本不熟悉军事阵战，这很可能是对孙权的欺瞒行为。

孙权220年做了吴王，229年称帝，严畯曾为卫尉，出使西蜀，蜀国丞相诸葛亮对他深为欣赏。他平生不积蓄俸禄、赏赐，财物都分送亲友故旧，家里经常拮据。其中因为一件对朋友义气救援的事情而触怒了孙权，事情是：他与广陵人刘颖早年就有交情，刘颖精研学问在家，孙权听说后便欲征召任用，不料刘颖称病不应。既然身体有病，孙权也不好多加勉强。刘颖的弟弟刘略为零陵太守，不久在职任上去世，而刘颖很快从广陵前往零陵奔丧。孙权由此知道刘颖并无重病，前面称自己有病，只是不应征召的借口，实际上是欺骗了自己，于是急忙传令将刘颖收捕关押。严畯知道了孙权的决定后，也赶忙派人疾驰去告知刘颖，让他马上回来向孙权认罪。孙权为严畯的行为非常气愤，罢免了严畯，而刘颖却得以免罪。很久之后严畯又被孙权任命为尚书令，他七十八岁去世，时为243年。

严畯平生著有《孝经传》《潮水论》，又与裴玄、张承论管仲、季路，这些文字都留传于世。他为孙权背诵《孝经》，还曾受到张昭的非议（参见3.6.1《辅佐两主的张昭》下）。严畯看来真是一位心在学问而并不关心世事政务的书生型官员，无论"上马坠鞍"是否是他刻意而为，他对复杂而劳人的政务活动没有过多的兴致，不愿在政务活动上投入像学问探究那样过多的精力，这却是他的真实心理。

程秉，字德枢，汝南郡南顿（治今河南项城西南）人。他曾追随侍奉大学问家郑玄，后来避乱到了交州，与刘熙考究讨论经典要旨，于是博通五经，交趾太守士燮任命他为长史。孙权听说他是名儒，以礼征召，程秉到了东吴，被任为太子太傅。

225年，孙权为太子孙登聘娶周瑜的女儿，程秉兼职太常，到吴郡迎接太子妃，孙权亲临程秉的船上，对他极尽优厚的礼遇。从吴郡返回后，程秉从容地向太子孙登进言说："婚姻是人伦的开端，是施行王教的基础，所以圣明的君主都很重视，以此作民众的表率来教化天下，是故《诗经》赞美《关雎》，将它列作首篇。希望太子能在闺房中尊崇礼教，保持《周南》中所咏唱的美德，如此则道义教化兴隆于上，颂扬之声就会产生于下。"孙登笑着说："我将顺从《诗经》的优美，匡救我的不足，这方面确实有赖于太傅。"程秉后来逝于职任上。程秉平生著有《周易摘》《尚书驳》《论语弼》，计三万多字。

程秉为太子太傅时，当时在太子孙登身边道德学问出色的不止陈秉一人，在太子孙登属下的征崇也专心好学，并真诚地修养品行。《吴录》中记述，征崇字子和，河南郡（治今河南洛阳东北）人，他喜欢钻研《易》《春秋左氏传》。他本姓李，因为天下大乱而更姓，此后隐居于会稽，想必更姓隐居是有一些隐秘的原因吧，而资料中对此并没有作出任何说明。征崇在会稽亲自耕作，并有自己的理想，有相同追求的人跟随他从学，他教习的人只限定寥寥数人即止，是要让这些人学业必定有成。征崇后来在太子孙登属下担任率更令，负责安排值更事务，他所交结的人如丞相步骘等，都很亲近。严畯曾推荐征崇，说他"行为足以引导风俗，学业足以成为师长"。征崇开初与太子孙登相见时，因为身患疾病而受赐免于拜礼，太子东宫的官员都曾向他咨询请教，孙登多次访问并从他那里获悉从未听说的新鲜事，征崇年七十而逝。

这些学者官员对东吴的政治活动也许没有产生过多的影响，但他们的存在不仅传播了学术思想，而且他们的理念、行为和一些主张可能标示了传统道义的所在，给纷繁交错的政治生活带来了清新的风气，也会影响到现世的社会风尚和人们的思维方式。

3.6（10）阚泽的修学与从政

东吴孙权的朝廷曾任用过学业有成的阚泽，他似乎是一位主要依靠自身勤奋努力而自学出身的不凡之人，与文学作品中的人物形象显然不同，阚泽在生命晚年担任太子太傅后方才进入朝廷，一时成为孙权身边极其活跃的人物。《三国志·阚泽传》用不多的篇幅文字记述了阚泽极为不易的修学之路以及他在东吴政坛上二十多年间的职场经历，重点介绍了他在朝中处事为人上持有的理性精神与平和方式，展现了文人学士对传统政治生活的特殊影响。

<<< 3.6 开业定基的重臣

阚泽，字德润，会稽郡山阴（治今浙江绍兴）人。他家世代务农，至阚泽喜爱学习，家贫无钱，便常为人雇用抄书，以此换取纸笔。抄完书后，也就将那部书诵读完毕。他追忆思考书中所论，探究博览各种书籍，兼通历法术数，由此声名显扬。后来被察举为孝廉，出任钱塘县长，升为郴县（治今湖南郴县）县令。

孙权119年被曹操荐举为骠骑将军，他征召阚泽补将军府西曹掾。及至孙权229年称帝后，任命阚泽为尚书。几年后阚泽升任为中书令，加授侍中。242年，孙权立三子孙和为太子后，阚泽被任为太子太傅，同时继续兼任中书令。

阚泽考虑到经传文章太多，很难得以全部应用。于是斟酌各家之说，节选三《礼》文字及各家注解，以此教授两宫。因为孙权将太子孙和与鲁王孙霸同等看待，所以这里的"两宫"应指太子东宫和孙霸的鲁王宫。阚泽选定了各类经传及诸家学说中的"节本"和"摘要"汇编起来，作为两宫的学习资料，并为他们拟定了出入及与宾客会见的礼仪。阚泽又著《乾象历注》以纠正历法时日的误差。每逢朝廷有重大事情讨论，对经典理解有疑难之处，总是征询咨问他的意见。

阚泽因为对儒学的勤奋钻研，被封为都乡侯。他生性谦逊恭谨、笃实慎重，宫中官府的小吏员招呼他提问对答，他都以礼相应。有人非议他的短处，他口中从不谈及，表情上显出自己确实不足，然而听到的非议也逐渐减少。孙权曾问他："书传诗赋，哪篇最美？"阚泽想借机譬喻使孙权明白国家治乱的道理，因而回答说："贾谊的《过秦论》最好。"孙权便览阅这篇文章。

当时因为吕壹的奸邪罪行被揭露，有关部门彻底追究（参见3.2.22《吕壹惹起的是非》），奏请对他处以极刑，有的还认为应加以火烧车裂，使首恶昭彰。孙权为此征询阚泽的意见，阚泽说："盛明时代，不应有这种极刑。"孙权听从他的意见。当时各官署都存在一些弊端，孙权打算增添律令，以约束控制臣下，阚泽每次都说："应当依照礼仪、法律。"他是坚持依照规章办事，力求以理性的态度处置各类事务，阚泽平和并且正直，对待事情都是这样的态度方式。虞翻就曾称赞阚泽说："阚生正直而出众，就像蜀地的扬雄。"又说："阚君的儒术与德行，称得上是今天的董仲。"虞翻本人就是一位文学才士，为人颇有点桀骜不驯，但他把阚泽比作两汉时代的杰出学者，表明他对阚泽的学问和人品还是极其折服的。

《吴录》中记录说，220年魏文帝曹丕即位时，孙权曾从容地对东吴群臣说："曹丕正值盛年时即位称帝，恐怕我赶不上他在位时间长了，各位对这事怎么看？"众人还未回答，阚泽说道："不到十年，曹丕就不在位了，大王不用忧虑。"孙权问："你怎么知道的？"阚泽回答："以他的名子来说，'不到十'为'丕'，这就是他的命数啊！"古代丕字的隶书为"丕"，《说文解字》上注释为"不十"，从解字的意义上阚泽的说法是有根据的。曹丕称帝时34岁，他在位七年后果然去世，阚泽的命数之说似乎也得到了验证。其实孙权仅仅比曹丕大了五岁，他们的年龄差距并不悬殊，孙权在治国时间的长短上本来不应该在曹丕面前有过分悲观的情绪，而阚泽的解字说命方式的确给孙权一时送上了宽慰。

阚泽119年被孙权征召任用，开始参与东吴的发展事业，史书上所记录他的政治活动主要发生在242年被任命为太子太傅之后，他为两宫制定学习规划并负责实施，解答朝廷群臣和孙权本人需要咨询的许多具体问题，当时成了朝廷非常活跃的人物。在这期间他工作的时间极其短暂，243年冬就不幸去世，而从现有资料中推不出他临终时的年龄。孙权为阚泽的去世痛惜感悼，几天吃不下饭，他的去世应该是吴国不小的损失。

阚泽的同州先辈丹杨人唐固，字子正，其人也修身好学，被时人称为儒者。传统上所说的"先辈"一般是同试而先得第者之称。唐固应比阚泽学业出身较早，他著有《国语》《公羊传》《谷梁传》等书的注释，常有几十人听他的讲授。孙权220年为吴王时，任命唐固为议郎，从陆逊、张温、骆统等人以下都拜他为师。225年，唐固在担任尚书仆射的职位上去世，时已七十多岁。唐固与阚泽参加东吴集团的时间大体相当，但他比阚泽早逝近二十年，其对东吴政治生活的影响显然要更小些。

3.6（11）孟尝君的后裔薛综父子

江南原本是地广人稀、人物匮乏之地，汉朝末年的中原战乱促使内地

3.6 开业定基的重臣

不少人物避乱来到此处，他们推动和繁荣了地方的文化教育，也为孙吴集团的发展补充了优秀人才。《三国志·薛综传》及其引注记述了东吴名臣薛综的家世背景，以及在南方活动的一生，介绍了这位战国孟尝君的后裔对东吴事业的自觉投入和所作出的积极贡献，也展现了他的两位儿子不同的文武才质及其相异的人生结局。

薛综，字敬文，沛郡竹邑（治今安徽宿县北十公里）人，生于176年。他的先祖是战国时的孟尝君田文，当时在齐国被封于薛（今山东滕州南）。秦灭六国，田氏失去了家园，子孙分散；汉高祖刘邦平定天下后，经过齐地，想见孟尝君的后裔，得到了他的孙子田陵、田国二人，准备给他们恢复原封地。田陵、田国两人互相推让，致使无人受封，他们于是去了竹邑安家，在此以薛为氏。自田国到薛综，田氏历世掌管州郡的典籍，为当地大姓。

薛综年轻时明于经典，善写文章，有出众之才，他后来跟从族人到交州避难，师从刘熙学习。交趾（治今越南河内东北）太守士燮家族在210年归附了孙权（参见3.5.3《交趾士燮家族的兴衰》），其后征召薛综为五官中郎将，出任合浦（治今广西合浦东北三十五公里）太守。当时交州（治今广东广州）刚刚开发，刺史吕岱率领大军前往讨伐，薛综随吕岱一同渡海南征，直到九真（治今越南清化），完成任务后返回京城，兼谒者仆射。

西蜀使者张奉来到东吴，在孙权面前用拆字方式对尚书阚泽姓名作了嘲弄，阚泽不能回应。史书上没有介绍张奉采用的具体方式与说法，薛综起座巡行斟酒，劝酒时对张奉说："蜀是什么？有犬为独，无犬为蜀，横目苟身，虫入其腹。"这是用拆字法把"獨（独）"字与"蜀"字做比较，对"蜀"的解释中渗入了贬义，以回敬蜀国使者前面对阚泽的嘲弄。张奉说："不再拆一下你们的吴字吗？"薛综应声回答："无口为天，有口为吴，君临万邦，天子之都。"在座众人欢笑起来，而张奉无话可说。这里表现了薛综不同寻常的思维敏捷。

吕岱后来被调出交州，薛综担心接替吕岱的人不是合适的人选，就写了一篇较长的上疏，其中回顾了交州归化内地的悠久历史，指出了当地至今存在着与中原不同的迥异风俗，说明了地方治理的不易，并介绍了步骘、吕岱治交州的成功之处，最后强调说：镇守交州的必须是精明能干、具有方略智计的人，这样才可借着前任治理的良好势头，作出较好的成效。"如果只是中等人才，谨守常法成规，而无奇计异术，那邪恶势力就会日盛一日，日久必成大患。所以国家的安危，就在于所任之人，不可不明察。"这对孙权在交州的任人起到了警示作用。

231年，建昌侯孙虑为镇军大将军（参见 3.4.8《太子的三位兄弟》），驻守半州（今江西九江西），任命薛综为长史，对外职掌各项政事，对内传授典籍。孙虑次年去世后，薛综入朝任贼曹尚书，主掌灾害和治安事务，不久升为尚书仆射。当时公孙渊归降东吴而复叛，孙权十分愤怒，想亲自出军征讨。薛综上表劝谏，说明帝王是天下人的寄托，他的使命不在于战场上取胜；又说到进军辽东的实际困难，以及与他们交战毫无意义，并且向孙权指出："中原一旦平定，辽东必然自行灭亡，只需拱手以待而已。"（参见 3.2.19《与辽东的远交》上）当时还有其他朝臣的劝谏，于是孙权放弃了出征辽东。

232年正月，孙权谕令薛综撰写祭祖赞辞时不得用一般文体。薛综领诏，他很快草就文辞，语意诚信文采灿然。孙权说："再添头加尾，使赞辞满三个部分。"薛综又添加文辞，辞意都很新颖，众人一致称赞。240年，薛综转任选曹尚书，负责官员的考核选拔。242年，孙权立孙和为太子后，薛综被选任为太子少傅，同时继续兼任选曹尚书的职务。《吴书》中说，孙权赐给薛综紫色的绶囊，所赐之物特意选用了一种极其尊贵的颜色，薛综陈述说紫色对自己是不合适的，孙权说："现在太子年少，经历的事情不多，您做少傅，在辅导中应教给他广博的文化知识，并用礼对他作出约束，如果这样，爵位和土地的封赏，不是你还能有谁？"这时薛综以名儒身居师傅之位，仍兼朝廷选举事务，受到君臣们的特别看重。243年春，薛综去世。他平生撰作诗、赋、难论计数万字，名为《私载》，又考订《五宗图述》《二京解》，都流传于世。

薛综的儿子薛珝，在吴景帝孙休时担任五官中郎将。《汉晋春秋》中说，公元261年，薛珝受吴主之托出使蜀国求马，回国后，孙休询问蜀政得失情况，薛珝回答说："君主昏聩不知道自己的过失，大臣只求无过错来保全地位。进入蜀汉朝堂，听不见正直言论；路过其郊野，百姓因饥饿而显出菜色。我听说燕雀处在高堂上，子母相乐，自以为过得安逸。建筑物被焚毁时，燕雀仍怡然自得，不知道祸患就要到来，说的就是蜀国的情况吧！"蜀汉果然不到三年后亡国，可见薛珝的观察判断力之强。

薛珝后来担任威南将军，269 年被孙皓派遣统领苍梧太守陶璜等人征讨交趾，由于陶璜在战场上的精心部署和前线将士的奋勇努力，战争持续几年后取得了胜利，整个交州在叛离了七八年之后又重新归属了吴国（参见 3.3.14《夺取交趾的战争》），而薛珝在率军返回途中病逝。薛氏父子都为吴国的事业奉献了自己的一生。

薛珝的弟弟薛莹，字道言，入职之初为秘府中书郎，258 年孙休即位后，为散骑中常侍，数年后因病离职。264 年孙皓执政后任左执法，为御史台平决纠纷的官职，后升任选曹尚书，孙皓 269 年立儿子孙瑾为太子后，薛莹兼任太子少傅。271 年，孙皓追叹薛莹之父薛综的遗文，且命薛莹继作，薛莹献了一首四言长诗，表述了薛家两代人在吴国的功绩，以及他们对国家的忠诚，文辞优美。这一年，孙皓的宠臣何定建议凿圣溪（在今江苏江宁东北，玄武湖至秦淮河之间的河渠）以通江淮，孙皓令薛莹督领万人前往参与，后来因为磐石过多难以施功而停工返回，薛莹出任为武昌左部督。次年何定罪责暴露而被诛杀（参见 3.3.15《忠奸不分的混乱作为》），孙皓追究圣溪之事，关押薛莹入狱，又贬徙至广州。

280 年晋军攻陷了建业，孙皓奉书向晋军请降，他拿的投降文书就是薛莹所撰。薛莹不久到了洛阳，晋帝司马炎特意会见薛莹叙谈。《晋纪》中记录，司马炎询问说："孙皓为什么亡国？"薛莹回答说："归命侯孙皓治理吴国时，亲近小人，又妄加刑罚，对属下的大臣大将无所信任，人人忧虑恐惧，各不自保，他的亡国实在是由此引起。"司马炎还问起吴国士人各自的贤愚情况，薛莹都做了如实回答。薛莹的答问和处事，皆恰当而有条理。这次会谈表明了司马炎对薛莹的看重和信任，后来他被任命为散骑常侍。282 年薛莹离世，时年七十五岁。生前整理著述八篇，名为《新议》。薛莹与兄长薛珝有所不同，他更多继承了父亲文才的方面，且由于吴国政局的变化，他配合支持了孙皓的投降，最终成了晋朝的官员。

3.6（12）雄姿英发的江南才俊（上）

宋人苏轼曾用"雄姿英发"来形容赤壁交战时大展个人才华的东吴指挥官周瑜，表现了这位江南才士在迎战北方强敌时胸有成竹、威武雄壮的姿容神态，塑造了周瑜极好的战场风格。其实这一描述不仅是针对周瑜一时的战场表现，而是对周瑜一生人格形象的评价和塑定。《三国志·周瑜传》及其引注记述了周瑜跟随孙策、孙权而建功立业的短暂一生，着重介绍了他在与曹军赤壁水战中展现出来的不凡才华，把三国前期东吴的杰出才俊展现在了世人面前。

周瑜字公瑾，庐江郡舒县（治今安徽庐江西南）人。他的堂祖父周景，以及周景的儿子周忠都任汉朝太尉，《后汉书》上有传。他的父亲周异，曾任洛阳县令，周瑜是出生在家世背景不同寻常的大姓家族中。周瑜长得高大健壮，容貌俊美。当初孙坚组织义军讨伐董卓时，把家眷迁到舒县。孙坚的儿子孙策和周瑜同岁，他独与周瑜友好，周瑜让出路南的一座大宅院给孙策居住，并在堂厅拜见孙策的母亲，私人物品两人互相通用。他们两人在少年时就非常友好，情投意合，几年后孙策起兵创业，周瑜于是也开始追随并参与其中。

支持孙策创业　周瑜的叔父周尚任丹杨（治今安徽宜城）太守，周瑜前去探望，恰巧孙策准备东渡长江创业，到达历阳（治今安徽和县）时，他发急信通知周瑜，周瑜带兵迎接孙策。孙策非常高兴地说："我得到您，一切事情就顺遂了。"周瑜跟随孙策进攻横江（今安徽和县东南的津渡）、当利（今安徽和县东南），战场上非常顺利（参见3.1.1《"将二代"重整旗鼓》）。于是就渡江攻打秣陵（治今江苏江宁秣陵关），打败笮融、薛礼，转而攻下湖孰（治今江苏江宁东南之湖熟镇）、江乘（治今江苏南京东北二十五公里），进入曲阿（治今江苏丹阳）县，刘繇逃走，而孙策的人马已有几万人（参见3.1.2《攻取扬州及事后的自辩》）。孙策于是对周瑜说："我用这些人马攻取吴郡和会稽，平定山越，已经足够了。你回去镇守丹杨吧。"周瑜于是回到丹杨。

不久，袁术派堂弟袁胤接替周尚担任丹杨太守，周瑜和周尚就一起返回寿春。袁术想任用周瑜为将领，周瑜看出袁术终究不会有什么成就，所以请求担任居巢（治今安徽桐城南）县长，想借路东归。袁术听从了他，周瑜于是在198年从居巢回到了吴郡，当时孙策亲自前来迎接周瑜，授任他为建威中郎将，当即拨给军队二千人，战马五十匹。《江表传》中记录说，孙策当时还给周瑜送了仪仗，为他修建了馆舍，赏赐给的东西没有人能与之相比。孙策对人说："周公瑾为英俊异才，与我少年时就相交好，有亲骨肉的情分。前次在丹杨，他带来兵众和船只粮食，当时解决了大问题，论德行并酬谢功劳，现在赏赐的这些东西并不能完全报答他。"在这里，周瑜何以能从担任太守的叔父周尚那里带出军队并拿出粮食，周尚何以能把太守职位轻易让给袁胤，后世史家对此曾发出过疑问，而都未能解决这些问题。但从中能看到周瑜对孙策的全力支持，以及孙策对周瑜的极度信任。

娶桥公次女小桥为妻　周瑜当时二十四岁，吴郡的人都称他周郎。因周瑜的恩信威德在庐江很出名，孙策就派他出去防卫牛渚（今安徽当涂西北十公里的长江边），后来兼春谷（治今安徽繁昌西北长江南岸）县长。不久，孙策想要夺取荆州，任命周瑜做中护军，兼江夏太守，让他跟随去攻打皖县（治今安徽潜山），出军后将其一举攻克。当时在该地得到了桥公的两个女儿，都是天姿国色。孙策娶了大桥，周瑜娶了小桥。孙策后来曾开玩笑对周瑜说："桥公两位女儿虽然长得风流出众，但得到我们两人做女婿，也足以让他高兴。"（参见3.1.11《小霸王孙策的英雄悲情》）

后世有人认为二桥的父亲桥公，就是早年对曹操特别赏识的太尉乔玄（参见1.3.2《闯进成人世界》）。有史家对此做了认真考证指出：桥玄是梁国睢阳（治今河南商丘南）人，这里的桥公是庐江皖县人，两人根本互不相干；而且桥玄对曹操特别赏识看重，如果他有二桥那样漂亮的女儿，恐怕早就让曹操如愿以偿了，也就轮不到孙策和周瑜两人。另外，唐人杜牧曾有诗云："东风不与周郎便，铜雀春深锁二乔（桥）。"是说曹操如在赤壁水战中取胜，会把二桥置放在所建的铜雀台上以娱晚年。有史家指

47

出:周瑜娶小乔时是199年,时年他二十四岁,后来的赤壁水战在近十年之后的208年,其时小乔也已近三十岁,曹操纵然有好色之心,恐怕二桥也已失去了本有的倾城之色了,可见杜牧的诗句也非严谨之作。

继续支持孙权执政 周瑜199年跟随孙策进攻寻阳(治今湖北黄梅西南),打败刘勋,讨伐江夏(治今湖北鄂州),返回平定了豫章、庐陵,其后留下镇守巴丘(今湖南岳阳南)。200年四月孙策去世,孙权执掌政事,周瑜带兵前来奔丧,自此留在吴郡,以中护军身份和长史张昭共同掌管军政事务。206年,周瑜督率孙瑜等人征讨麻、保二屯(今湖北嘉鱼西的陆溪口),杀死其首领,俘虏一万多人,返回守卫宫亭(今江西星子东南鄱阳湖的一部分)。江夏太守黄祖派将领邓龙带兵几千人进入柴桑(治今江西九江西南六公里),周瑜追击攻打,活捉了邓龙送到吴郡。208年春,孙权征讨江夏,周瑜任前部大督,最终平定了江夏。

《江表传》中记录了一件事情:曹操在官渡之战中打败袁绍后兵威强盛,他在202年下文书责令孙权送儿子到许都做人质。孙权召集群臣商议,张昭、秦松等人犹豫不能决断,孙权心里不想遣送人质,于是独自领着周瑜去到母亲太夫人面前做最后的决定。周瑜说:"过去楚国早先被封于荆山之侧,不满百里之地,他们的后代贤能,广开土地,拓展国境,在郢地(今湖北江陵西北纪南城)立定基业,于是占据了荆州扬州,以至到达了南海,他们的国统延续了九百多年。现在将军您继承父兄的事业,统领六郡的民众,兵精粮多,将士用命,铸山有铜,煮海水有盐,境内富饶,人心思治,民风刚劲勇敢,作战所向无敌,有什么必要送人质给别人?"周瑜以江南的历史为鉴,他分析了东吴的有利条件,否定了给许都送人质的必要。

周瑜接着又分析了遣送人质后会给东吴政治造成的被动性,他说:"我们的人质到了许都,那就不得不与曹氏相联合,如果这样,他的命令就不得不听,我们就完全受制于人了。而最好的待遇不过封侯送印,有十多个仆从,也有车数乘,马数匹,这怎么能与南面称孤相比呢?不如不要送人质,再逐步观察事情的变化。如果曹氏最终能够以道义来端正天下,那时候再侍奉他也并不为迟;如果他图谋不轨,那玩兵就像玩火,他将会自焚而败亡。将军您可以奋发勇力以对抗，自己等待天命归顺，为什么还要送人质呢！"周瑜给孙权提出了徐观北方政治演变的策略，实是让孙权等待时机，成就自己的辉煌大业。太夫人对孙权说："公瑾所说是对的。公瑾与伯符（孙策）同年出生，只小一个月，我把他视为自己的儿子，你应该把他当作兄长看待。"事情就这样决定了。孙权并没有送人质到许都，他在周瑜的支持下对曹操表示了一种抗命的姿态。

3.6（12）雄姿英发的江南才俊（中）

周瑜活跃于东吴政治舞台上的时间不长，史家认为他的最大贡献一是支持了孙策开初的创业活动，二是在赤壁交战中击败了强大的北方曹军。《三国志·周瑜传》及其引注中其实对第一项活动描述不多，以至本传中大部分内容是关于赤壁水战的记述。历史演义小说对该此战争的描述极其详尽，个别地方有些夸张和虚构，而事件的大体情节基本是有史实根据的。

208年九月，曹操大军进入荆州，刘琮举众投降，曹操得到了荆州的水军和步兵几十万人，吴军将士听说后都很恐惧。孙权召集属下询问对策，参与议论的人都说："曹公就是一头豺虎，但他假托汉朝丞相，以天子的名义征讨四方，现在如果抵抗他，事情就显得不顺。况且我们用来抵御曹操的优势是长江，现在曹操得到了整个荆州，长江天险已经和我们共有了，他又占有了刘表训练的水军及数以千计的艨艟战舰，将其全部沿江摆开，水陆齐下；敌我兵力的众寡又非常悬殊，我们认为好的办法不如迎接他。"这里摆出了战争中双方兵力和地利的状况，又考虑到曹操征战在名义上的合理合法性，得出的结论是抗拒不如归顺。

当时鲁肃主张抗击曹军，他告诉孙权不要听从众人的意见，劝孙权从鄱阳召回周瑜再做商量。周瑜很快返回，他对孙权说："众人说的都不对。曹操虽然托名汉相，其实是汉朝奸贼。将军您以神武雄才，依仗父兄的功业割据江东，土地数千里，兵精粮足，英雄乐意报效，正应当横行天下，为汉朝除去奸贼才对。何况曹操亲自来送死，怎么能去迎接他呢？"周瑜在这里不是从表面的名义上，而是从实际关系上看待曹操与汉朝廷的关系，认为曹操并不能实质上代表汉朝廷，反而东吴能够利用抗御曹操的机会为汉朝廷清除国贼，协助汉室恢复。无论事情的真实逻辑如何，这样的认识打破了曹军在战争上的道义正当性，使东吴获得了抗御曹军的充足理由。

周瑜继续为孙权分析双方交战中曹军的劣势，他说："如今曹操的后方并不安定，马超、韩遂还在潼关以西，是曹操的后患；中原将士习惯骑马陆战，而曹操舍弃鞍马，依仗舟船，和吴越军队争斗较量，这并不是他们的长处；并且现在正是盛寒时节，战马没有草料，中原的士兵长途跋涉在江湖之间，不服水土，必定生出疾病。这四种情况，是用兵的禁忌，现在曹操贸然为之。将军您擒获曹操，应该就在今天。我请求得到精兵三万人，驻军在夏口，保证为将军您打败曹操。"周瑜从更细致的方面分析曹军的劣势，极大地增强了孙权抗御曹操的信心。孙权说："曹贼想废掉汉室自立为帝很久了，只是顾忌二袁、吕布、刘表和我。现在几位雄杰已经灭亡，只有我还在，我与老贼，势不两立。你说的话与我的心意非常相合，这是上天把你交给我啊。"

《江表传》中记录，孙权作出了决定后，拔刀砍面前的案桌说："各位将吏敢有再说应当迎奉曹操的，就与这案相同！"众人集会结束后的当天晚上，周瑜再去面见孙权说："众人只看曹操的书信，说他水步军八十万，为此而恐惧，其实并不知道曹军的虚实，便开口议论。现在实际计算，曹操带领的中原军队不过十五六万，而且军士已经长久疲惫；他所得刘表的部众最多七八万，况且这些人心中狐疑不定。曹操以疲惫生病的士卒，裹挟着狐疑的部队，人数虽然多些，并没有什么可畏惧的，我们有五万精兵，完全能够对付，请将军您不要顾虑。"孙权抚周瑜之背说："你的话很合我的心意。张昭、秦松他们考虑的是自己的妻子儿女，中间含有个人私情，使我大失所望，只有你与鲁肃和我同心啊，这是上天以你们二人来协助我。五万军队难于很快凑齐，已选定三万士兵，船粮战具一同准备了，你与鲁肃、程普在前面出发，我会继续组织兵力，多带粮食军资，做你们的后援。你能办到的事自己决策，万一出军不如意，就回到我这里，我再与曹操决战。"他们君臣在此商定了具体的行军计划。

<<< 3.6 开业定基的重臣

当时刘备被曹操打败，准备率军向南渡江，与鲁肃在当阳相遇，于是共同商议，刘备进驻夏口，派诸葛亮去见孙权。孙权让周瑜、程普与刘备合力迎击曹操，双方在赤壁相遇。这时曹操军中发生了疾病，刚一交战，曹军就失败后退，撤军驻扎在长江北岸。周瑜率军在南岸。吴将黄盖说："现在敌众我寡，虽然准备长久相持，但我发现曹操军队的船舰首尾相连，可以火烧而打败他们。"于是写信给曹操，诈言说要投降。信中说："我黄盖受孙氏厚恩，一直担任将帅，受到的待遇也不薄。然而考虑天下事情应当顾及大势，现在以江东六郡和山越之人来抵挡中原百万之众，众寡根本不相当，这点海内人都能看到。江东的将吏不论愚智，人人知道这是不可能的，只有周瑜、鲁肃怀着浅薄愚蠢的心理看不到这些，现在我归顺天命，是我真实的心意。周瑜督领的部队，其实很容易击破，交战的时候，我黄盖作为前头部队，会根据事情的变化，在临近处随机效命。"曹操特意面见送信的人，私下询问此事，对他说："只是怕你们是欺诈，黄盖如果真的归顺，对他授爵封赏一定会超过前后其他人。"

黄盖送走信后，又预备了快艇，分别系在大船后面。双方交战当日，黄盖先取轻利舰十舫，把枯柴干草堆放在其中，浇上鱼膏，用红色幔帐覆盖，在大舰前面插上旌旗龙幡。当时东南风很紧，所以让十艘战舰走在最前面，到了江中心后扬起风帆，黄盖举火告知各位将校，让士兵一齐高喊："投降的！"曹军将士都跑出营门伸长脖子观看，指着说黄盖来投降了。离曹军二里左右时，吴军一齐点火，火烈风猛，船行如箭，大火烧尽了北军战船，蔓延烧着了岸上的营寨。很快烟火冲天，人马烧死淹死的很多。周瑜等人率精锐在后面追杀，擂鼓大进，曹军溃败退走，返回南郡守御。刘备和周瑜等人又共同追击，曹操留下曹仁守江陵城，自己径直返回了北方。

这次水战中没有"周瑜打黄盖"和"借东风"的事情。《江表传》中记录了周瑜与蒋干的一段交往过程：当初曹操听说周瑜年少有才，认为可以用游说来说动他，于是私下安排扬州府实施，后来派遣九江人蒋干前去面见周瑜。蒋干字子翼，他容貌出众，以富有辩才而出名，江、淮之地没有人是他的对手。他受命后穿着普通的粗布衣服并戴着葛巾，自称私行出游来见周瑜。周瑜出来迎接,当即对蒋干说:"子翼很辛苦,你远涉江湖来此,是为曹氏充当说客吗?"蒋干回答:"我与您同州老乡,中间虽然隔远,但在远处就听到您的名声,所以前来叙谈,同时观赏你的风度,而您称我为说客,莫非是故意为诈?"周瑜说:"我虽不是出色的乐师夔、旷,但也能听弦而赏音,足以辨识优雅的乐曲。"他将蒋干请入帐中,为其设酒食。吃罢后对他说:"恰好我有机密事情,需要到外面去,事情结束后,我另外相请。"过了三天,周瑜请蒋干一同参观周围军营,也看过了仓库军资器仗,返还后再次宴饮,向他出示了身边侍者、服饰和珍玩之物,对蒋干说:"大丈夫活在世间,遇到知己的君主,外面称君臣之义,内中实具骨肉之恩,言听计从,祸福与共,假使苏秦张仪重新出生,老者郦生再来游说,尚且会摸着他的后背让他无话可说,岂是靠年轻的你能说动么?"蒋干只是笑,终究没有说什么话。蒋干返还后,称道周瑜雅量高致,不是言辞所能离间。中原之士,也因此而赞赏周瑜。

这次与曹军的对抗双方兵力悬殊,而占据弱势的吴军,其前敌指挥周瑜在战前就充满着必胜的信心。两军在赤壁相遇,作战准备时间并不长,而且很快就结束了,真正是"谈笑间,樯橹灰飞烟灭",东吴军队并没有付出多少代价就取得了极其干脆的胜利。这次交战的最大意义并不是消灭了曹军多少有生力量,而是从战略上抑制了曹操向南方扩张进攻的势头。

3.6(12) 雄姿英发的江南才俊(下)

周瑜率领的吴军在赤壁水战中以少量兵力打败了曹操的军队,刘备与周瑜率军追击,曹操败退后安排曹仁驻守江陵,他自己返回许都,周瑜因为这次战役而声名远扬。但曹操其实并不认可这次战役中自己的巨大失败,他对人说:"我撤走军队并不感到羞愧。"后来曾写信给孙权说:"赤壁之役,正碰上军中发生疾病,是我烧船自退,却意外地让周瑜获得了战胜的虚名。"这当然有狡辩的成分,但也反映了该战役的确歼敌不多的客观情况。《三国志·周瑜传》及其引注记述了战后两年时间内周瑜率军争战的活动事迹,进一步展现了这位江南才俊为人处事的风格气度。

周瑜与程普在曹军败退后奉命进军到南郡,与曹仁军队对峙,中间横隔着长江。刘备对周瑜说："曹仁守江陵城，城中粮多，足以与我们对抗。现在让张飞领一千士兵跟随你作战，你分二千人跟随我，我从夏水进军包抄曹仁之后，曹仁听说我进军必然退走。"周瑜于是给刘备增加了二千人。军队没有交锋，周瑜就派甘宁前去占据夷陵，曹仁分出兵马围攻甘宁。甘宁向周瑜告急，周瑜采用吕蒙的计策，留下凌统守后方，自己和吕蒙前往援救甘宁，甘宁解除了包围后即渡过长江驻扎在北岸，约定日期和曹仁大战。

周瑜亲自骑马督战，恰巧流箭射中他的右胁，伤势很重，随即撤回。曹仁听说周瑜卧床不起，就率兵出战，周瑜忍着伤痛起来巡视军营，激励将士。大概是刘备带领的包抄部队使曹军感到了威胁吧，曹仁于是退走。随后孙权提升周瑜为偏将军，兼南郡（治今湖北江陵）太守。把下隽（治今湖北通城西北五公里）、汉昌、刘阳（治今湖南浏阳东）、州陵（治今湖北嘉鱼北二十公里的长江北岸）给他作奉邑，驻军江陵。

周瑜与刘备两人是互有戒备的。刘备以左将军身份兼荆州牧，府署设在公安（治今湖北公安西北五公里）。因为感到自己的辖区太小，刘备到京城（今江苏镇江）拜见孙权，请求扩大些地盘，周瑜给孙权上疏说："刘备是勇猛雄杰之人，又有关羽、张飞这些熊虎一样的将领，一定不会长久屈居人下，我觉得最好把刘备迁置吴郡，给他修筑盛大的宫室，多送美女和珍奇玩物，让他享受声色之娱，再分开关羽、张飞，各置一方，让我这样的人与他们协力攻战，大事就可以定了。现在割地资助他们，把三个人聚集在边境战场，恐怕像蛟龙得到云雨，终究不会是池中之物了。"（参见 2.1.13《对战后成果的争取》）孙权因曹操在北方，觉得应广泛招揽英雄，又害怕刘备一时难以制服，所以没有采纳周瑜的建议。

而《江表传》中则记录，刘备自京城返还时，孙权乘飞云大船，与张昭、秦松、鲁肃等十多人一同相送，临别时设宴叙别，张昭、鲁肃等人先行出去后，孙权独自与刘备叙谈，说到一个话头，刘备感叹周瑜说："公瑾文武筹略，为稀世少有的英才，看他的器量非常广大，恐怕不会久为人臣的。"刘备对周瑜的夸赞，实在是对周瑜的谗言，是要让孙权心下提防周瑜。清代学人李安溪读史至此议论说："先主也深得谗人之术，可畏！"

这里能够看到，周瑜和刘备两人都把对方看得非常透彻，两位杰出的人才即便在互相合作时也不能真正相容，他们都想借助孙权的力量抑制对方。

当时刘璋任益州牧，外有张鲁入侵，周瑜到京城拜见孙权说："现在曹操遭受挫败，心中忧虑，不能与将军您交兵作战。我请求和奋威将军（指孙权的堂兄弟孙瑜）一同出兵夺取蜀地，占领蜀地而吞并张鲁，然后留下奋威将军固守，让他同马超结盟。我则返回来与您占据襄阳以进逼曹操，北方就能够谋取了。"孙权答应了他。周瑜回到江陵准备出征，路经巴丘（今湖南岳阳南洞庭湖口）时病死，时年三十六岁，史书上没有说明他突然病亡的原因。其时在南郡担任功曹的庞统还送周瑜灵柩到吴郡与顾邵、陆绩、全琮等人相见（参见 3.6.2《东吴出色丞相顾雍》下）。

周瑜在处置与同僚及君主的关系上有他的独特之处。他性情气度恢宏，大体上颇得人心。当时周瑜和程普领兵进军南郡，周瑜为主帅，程普觉得自己年龄长资格老，几次凌侮周瑜，而周瑜始终以折节下士的态度宽容程普，不与程普相计较。程普后来对周瑜非常敬服并看重，他对人说："与周公瑾交往，就像饮醇醪，不觉得就自醉。"他们的交往在众人中传为佳话。周瑜最初受到孙策友待，其后太夫人又让孙权对他待以兄长之礼。这时身为将军职位的孙权，众位将领对他的礼节还很简单，而周瑜首先致以恭敬，对孙权执守臣下礼节。周瑜发丧时，孙权穿丧服亲临参加，感动了左右的人。灵柩将回到吴县，孙权又到芜湖迎接，各项丧事费用一概供给。孙权流涕说："公瑾有王佐的才质，现在突然离世，我后面依靠谁呢！"后来又专门颁布命令说："已故将军周瑜、程普，他们家的佃客，都不再征收赋税徭役。"

周瑜年轻时精通音乐，即使在喝了三爵酒之后，乐曲如有缺误，周瑜一定能听出来，发觉后一定回头顾看，所以当时有谚谣说："曲有误，周郎顾。"这也表示了周瑜所具有并得到了人们认可的一种优雅风度。周瑜有两个儿子一个女儿。女儿嫁给太子孙登，儿子周循娶了孙权的女儿鲁班为妻，授任骑都尉，有周瑜的遗风，他早逝后鲁班改嫁全琮。次子周胤初任兴业都尉，娶宗室之女为妻，领亲兵一千驻守公安。229 年孙权称帝，追录功臣，周胤接替过世的周循被封都乡侯，在功臣后代里爵位最高，而周胤居父功而自傲，沉湎于酒色，后因犯罪而被免官为民，迁徙到了庐陵郡。239年，诸葛瑾、步骘联名上疏请求原谅周胤的过错（参见3.2.24《后期的国务处置》），但孙权准备任用时周胤病逝。

孙权曾经同陆逊谈论周瑜说："公瑾勇武刚烈，胆略过人，因而能打败曹孟德，开拓荆州，他的高远很难有人能为后继（参见3.2.10《与部属的和善关系》上）。229年孙权称帝后仍对群臣们说："我若没有周公瑾，就不会称帝。"孙权是始终没有忘记在曹操下江南的关键时刻，是周瑜为他制定了守御抗曹的战略决策，才使东吴开拓了一片新的天地，这也是周瑜短暂一生中所做出的扭转了历史进程的大事件。

3.6（13）鲁肃的功过（上）

鲁肃是早年跟随孙策并在孙权执政时建立了重大功绩的人物，也是东吴联刘抗曹策略的坚定维护者，因他这一主张在身后发生了偏转动摇，而东吴也因此获得了荆州之地，所以吴国君臣历来认定他功过参半。《三国志·鲁肃传》及其引注记述了鲁肃跟随周瑜而投奔东吴，并在孙权属下建功立业的重大事迹，展现了他个人理想与政治目标的坚定性，以及他深远的眼光和宽广的胸怀。

鲁肃字子敬，临淮郡东城（治今安徽定远东南二十五公里）县人，生于172年。他出生不久父亲去世，与祖母一同生活。鲁肃家中富有钱财，生性乐善好施。当时天下大乱，鲁肃不理产业，大散财物，出卖田地，以赈济穷苦人家和结交豪杰为业，深得乡间民众的欢心。周瑜担任居巢（治今安徽桐城南）县长时，带领几百人专程拜访鲁肃，并请求资助粮食。鲁肃家中有两仓米，各有三千斛，鲁肃便指着其中一仓米送给周瑜，周瑜知道鲁肃是个奇人，遂与他结为亲密好友，就像春秋时公孙侨和季札那样的情谊。

袁术听说了鲁肃的名声，派人前来任命他为东城县长。鲁肃看到袁术没有规则纲纪，认为不值得与他共建大业，于是扶老携幼带领一百多个有侠义心肠的青年人，向南到居巢投奔了周瑜。这时周瑜跟随孙策东渡长江，鲁肃也就过江与周瑜共同行动。

孙吴落花　>>>

　　《吴书》中有如下一段记录：鲁肃体貌魁伟，年龄轻却不乏雄心壮志，常有出奇的计策。他眼看东汉天下大乱，于是学习击剑骑射，并召集乡里的青少年，供给他们衣服食物，领着他们在南部山中射猎，暗地里把他们组织起来讲武练兵。乡间父老们说："鲁家衰落了，生下这个狂放的儿子。"后来天下雄杰并起，中原战乱，鲁肃对跟随他的众属们说："国家失去了纲纪，天下贼寇横行，淮河泗水间不是生存之地。我听说江东沃野万里，民富兵强，可以避免灾祸。大家愿意跟随我去到江东乐土，以等待天时转变吗？"众属们都愿意听从他的安排，于是鲁肃让力量弱小的人走在前面，强壮者跟随其后，领着男女三百多人一同出发。

　　当地州郡派出骑兵追赶，鲁肃等人缓慢前行，停下来搭箭持弓，对追赶的人说："你们都是男子汉大丈夫，应当看到天下大势。现在到处兵荒马乱，有功的得不到赏赐，你们不追赶也受不到惩罚，为什么要这样苦苦相逼呢！"他又自己竖起靶牌，然后拉弓相射，箭箭都射穿了靶子，这是故意向对方展示自己射箭的高超手段。那些追赶的骑士们认同鲁肃所说的话，而且思忖自家并不能制服鲁肃一伙，于是他们一起返回。鲁肃即带领部众渡过长江，前去见到了孙策，孙策也深感鲁肃是一位奇士，安排他留住在曲阿（治今江苏丹阳）。不久鲁肃的祖母去世，他返回东城安葬祖母。

　　刘子扬是鲁肃的好友，他写信给鲁肃说："现在天下豪杰并起，您的才干很适合当今时世，您应赶快接回老母亲，不要滞留在东城。近来有个叫郑宝的人，在巢湖拥有一万多人马，土地肥沃，庐江的人大多去依附他，更何况我们呢？观察他的趋势，还可以聚集人才，机不可失，您尽快去吧！"鲁肃认可刘子扬的看法并有回复，安葬了祖母后立即返回曲阿，准备北行投奔郑宝。

　　正好周瑜已把鲁肃的母亲接到了吴郡，鲁肃对周瑜说了刘子扬的建议和自己的打算。其时孙策已经去世，孙权住在吴郡，周瑜对鲁肃说："过去马援回答光武帝说：'现在世上不仅君主选择臣属，臣也选择君主'，现在我的君主亲近贤良，收纳奇士录用异才；而且我听到先哲曾密议说，继承天命代替刘氏的人将在东南方兴起。推算事势，我的君主正能够承担天运历数，建成帝业，这正是有志之士攀龙附凤、纵横驰骋的年代，我在这里已受重用,您不用因刘子扬的意见另生他意了。"鲁肃听从了好友周瑜的话,周瑜把鲁肃推荐给了孙权,赞扬了鲁肃的才能,称说应广求鲁肃这样的人才来成就功业,不要让他离开。孙权马上召见鲁肃,与他交谈后非常高兴,鲁肃至此成了孙权非常看重的臣属,他在不长时间内为东吴事业的发展做出了重要贡献。

——**协助孙权确立政治战略** 孙权召集众多宾客聚会,当时宾客们叙谈后退出,鲁肃也告辞离去,孙权单独召鲁肃返回,合拼起坐榻对饮。鲁肃对孙权说:"我私下推想,汉室不可能复兴,曹操也不可能一下子被铲除。我替将军您谋划,只有尽取长江流域,并占为己有,然后称帝建号来谋取天下,这就是汉高帝一样的事业啊。"孙权表示这一想法是他完全没有考虑到的(参见 3.2.2《逐步确立的政治战略》)。鲁肃的建议极大地开阔了孙权的政治视野,使东吴此后的政治活动有了明确的战略目标。

——**促成了孙权与刘备的抗曹同盟** 208 年八月曹操占领荆州后准备向江东进军,并向孙权写信发出了战争威胁,东吴集团在是战是和的问题上犹豫不定。鲁肃是首先向孙权提出联刘抗曹的主战人物,在主和议论占据上风的关键时刻,他坚持自己的看法毫不动摇,并私下请求孙权自鄱阳召回周瑜商议,终于使抗曹主张得到了最高决策人的认可(参见 3.2.4《联刘以抗曹》);同时,鲁肃还是东吴集团中第一位与刘备、诸葛亮直接接触的人物,是他一手促成了孙刘抗曹联盟的建成,创造了赤壁胜曹的重要条件,为东吴集团后来能站稳江南、建立帝业和成就天下鼎立之势赢得了机会。

——**对孙权的激励鞭策** 赤壁水战后,曹操战败撤退,身为赞军校尉的鲁肃当即返回吴郡,孙权郑重地邀请众位将领迎接鲁肃。鲁肃正要入殿拜见,孙权起身向他施礼,对他说:"子敬,我挟鞍下马来迎接,使你感到显赫荣耀了吧?"鲁肃快步上前说:"没有。"众人听到这话感到非常惊愕。当大家就座后,鲁肃慢慢举起马鞭说道:"我希望将军您的威德遍及四海,统一九州,成就帝业,那时再用软轮安车来征召我,这才算我真的荣耀。"孙权认为他的隆重迎接给了鲁肃足够的面子,而鲁肃认为自己真正的荣耀应是在东吴实现了帝业之时,其考虑的重心在君主和集团整体利益的实现方面，其中反映了鲁肃的宽广胸怀和高远志向，这也是对孙权最有效的激励和鞭策，孙权听罢拍掌大笑。

——**孙刘联盟的积极维护者** 后来刘备到京城会见孙权，请求统管荆州，鲁肃劝孙权把荆州借给刘备，共同抵御曹操。据《汉晋春秋》记录，当时吕范劝孙权扣留刘备，在外地的周瑜也上疏陈说此意。而鲁肃对孙权说："他们说的不对！将军您固然神武盖世，但曹操的势力太大了。我们刚刚占有荆州，恩德信义尚未被民众认可。现在把荆州借给刘备，让他去安抚百姓，为曹操多树敌人，我们多了一个朋友，这才是上策。"孙权同意了他的主张。史书上说，当时曹操正在许都写信，听到孙权借荆州给刘备的消息，心里一时震惊，手中的笔不禁落于地上。曹操最忌讳和担心的是孙刘联合，而鲁肃不仅是孙权最高政治战略的坚定守护者，而且始终着眼于北抗曹操的战略目标来考虑与刘备的关系，是孙刘联盟的积极维护人。

3.6（13）鲁肃的功过（下）

鲁肃在二十九岁时向刚执政上台的孙权进献了他关于东吴发展的政治战略，赢得了信任，八年后在与曹操的战和问题上又对孙权做出了重要的引导，其后一直为孙刘抗曹联盟的巩固做出了积极的努力。《三国志·鲁肃传》及其引注还记述了赤壁战后鲁肃成为东吴主要辅臣时的政务事迹，介绍了他在孙刘两家利益争夺时所持有的原则立场及和平解决态度，表现了一位眼界高远、胸襟宽阔之人在世情面前的无奈和身后的遗憾。

在抗御曹操问题上鲁肃和周瑜一直是东吴内部坚定的主战派，210年周瑜在巴丘病危时写信给孙权，推荐鲁肃代替自己身后的职务，信中说："当今天下正发生战事，这是我日夜担忧的，希望至尊先考虑未出现的灾难，然后再享受康乐。现在我们与曹操为敌，刘备又近在公安，边境靠得很近，百姓没有完全依附，应该找优良的将领镇守安抚。鲁肃的智谋和才略足以胜任，请让他代替我，这样我离世之后，也就没有什么可惦念的了。"孙权采纳了周瑜的建议，任命鲁肃为奋武校尉，接替周瑜统领部队，

>>> 3.6 开业定基的重臣

周瑜私属部队四千多人，以及他四县的奉邑，全都转归鲁肃，而周瑜南郡太守职位由程普兼任。

鲁肃开始时驻守江陵，后移兵驻陆口。他在吏民中的威望迅速提升，部属增加到万余人，孙权从长沙郡分出地盘设置汉昌郡，任命鲁肃为汉昌太守、偏将军。214年又随孙权攻破皖城，改任横江将军，在周瑜之后鲁肃实际已成了东吴主要的辅政大臣。

就东吴的政治情势而言，联合刘备是抗御曹操的一个支撑点，这是被赤壁交战的现实所证实了的。然而，战后双方利益的分歧使这一支撑点不断发生动摇，尤其是刘备集团急切扩张的行为，使东吴君臣开始怀疑双方联盟的可靠性。当初益州牧刘璋在西蜀治理中法度废弛，周瑜、甘宁等人曾劝孙权借机攻取蜀地。孙权就此事征询刘备的意见，刘备心中想自取其地，遂假意对孙权说："我和刘璋都是汉室宗亲，都希望凭借祖先英灵来匡扶汉朝，现在刘璋得罪了您，我非常惊恐担心，我不敢参与这事，并希望你能对刘璋加以宽恕。如果不同意我的请求，我就到山林中去归隐。"（参见2.1.15《机会需要等待》）孙权答应了刘备的请求。然而不久刘备却自己领兵向益州进军，图谋吞并刘璋，留下关羽镇守荆州。孙权明白了刘备的意图后骂道："狡猾的贼人竟敢骗人！"对刘备深为不满（参见2.1.18《对荆益两州的稳定与治理》下），几处资料的记载上略有不同，但孙刘两家在战后利益的争夺上终于引起了联盟内部的矛盾纷争，却是不可否认的事实。

鲁肃与关羽邻界统兵，疆土相互交错，双方心中狐疑，多次发生摩擦纠纷，鲁肃常以友好态度安抚对方。刘备在214年平定了益州后，孙权要求刘备归还荆州中的长沙、零陵、桂阳三郡，刘备不答应，孙权就派吕蒙率军争夺，长沙、桂阳二郡望风归附，唯有零陵太守郝普坚守不降。刘备得知了这一情况，亲自引兵五万从成都赶回公安坐镇，派关羽率军三万争夺三郡。孙权也从秣陵进驻陆口，派鲁肃率领一万人屯守益阳（治今湖南益阳），与关羽对抗。鲁肃大概是想以和谈方式解决问题，于是组织了一次双方间的"单刀赴会"。他邀请关羽相见，约定各自将兵马布置在百步以外，只有将军们各带刀赴会。会谈中鲁肃指责关羽说："本来我们君主诚心诚意把土地借给你们，是因为你们军队打了败仗，从远方来到，没有立足之处。现在你们已经得了益州，既然没有把土地归还的意思，我们只要回三个郡，你们又不答应。"鲁肃说话未毕，座中有一位荆州将领说："世上的土地，只能属于有德之人，怎能长久归属一人呢！"鲁肃厉声喝斥，辞色威严。关羽操刀而起，对那人说："这是国家的事情，你懂什么！"用眼光示意那人离去（参见 2.2.2《关羽事迹辨正》中）。这次会谈应该是在一个双方都没有外围军备的地点举行，会谈没有结果，事后双方撤离的情景也缺少资料的记录。

《吴书》中对这次会谈作了另外一种记述：鲁肃想与关羽会谈，部下将领怕出变故，商议不要轻易前往。鲁肃说："事情到了今天，应该把话说开。刘备辜负了我们，是非尚未论定，关羽怎能作出非分的事情呢？"于是毅然赴会。这里所记会谈的地点是在关羽的防守区域，是鲁肃自恃占据道义优势而冒险前往。会谈中关羽说："乌林（今湖北洪湖东北江北乌林矶）之役，左将军（指刘备）身在战场，他睡觉都不脱掉甲胄，拼力作战破魏，难道是徒劳，得不到一块土地？而你今天来，是要收取他的土地吗？"鲁肃说："不是你说的那样。当初与刘豫州（指刘备）相见在长阪，看他的部众不及一个校尉，途穷路尽，势力微弱，准备远窜岭南，根本想不到江南。我们的主上怜悯他无处安身，不顾土地和士民的力量，让他有了庇荫立足之地，周济了他的急难；而现在刘豫州独逞私情，忘记恩德，抛弃友好。现在已得到了益州，又想占据荆州的土地，这事就是普通人也做不出来，何况他是统领吏民的君主！我听说贪而忘义，必生祸端。您为他担任着重要职务，不能依据道义作出正确处置，想凭借弱小的力量图谋相争，但师出无名即为老，你们究竟能从哪里获得周济呢？"听了这番言论，关羽无言以对。应该说，《吴书》是三国时几代吴主安排自家境内学人撰写的史书，上述所记有意表现了鲁肃言论的义正词严，进而夸大了东吴在利益争夺上所持的道义优势，甚至把关羽置于无言以对的窘地，其对事情描述的客观性应该受到质疑，但也总体上反映了吴国当时的利益诉求与基本态度。

当时刘备在公安等待事情的解决，孙权也已进驻陆口，鲁肃与关羽的和谈没有解决问题，战争应是一触即发。不久传说曹操打算出兵进攻汉中，刘备害怕失去益州，于是派人与孙权讲和。双方议定以湘水为界，平分荆州。江夏、长沙、桂阳三郡属孙权，南郡、武陵、零陵三郡属刘备，双方在作了妥协后休兵罢战，勉强保持了联盟关系。

217年鲁肃病逝，享年四十六岁。孙权亲自为他举办丧事，并参加了他的葬礼。东吴内部的亲刘派代表人物不幸离世，诸葛亮在成都也为其举哀。后来鲁肃遗腹子鲁淑长大后，在孙休执政期间应是四十左右，他历任昭武将军、都亭侯、武昌督，后为夏口督。鲁淑治军严整，有才干，在274年孙皓执政后期病逝，儿子鲁睦承袭爵位并统领兵马。

在鲁肃逝后，孙权相继任用吕蒙、陆逊为辅政大臣，这是一批看重眼前功利、十分热衷于战场军功的人物，他们对孙刘联盟的正面意义估计不足，在关羽219年秋冬发起樊城攻战并连获大胜的关键时候偷袭了荆州，从背后捅了盟军血淋淋的一刀，导致孙刘联盟破裂，引发了吴蜀夷陵之战以及战前东吴向魏称臣、受逼索质等事件（参见3.2.11《夷陵交战前后的外交演变》），只是刚刚上台的曹丕没有采纳谋臣刘晔关于趁吴蜀交战时出兵灭掉吴国的方案，才使东吴侥幸躲过一劫。

几年后蜀相诸葛亮尽力恢复了吴蜀同盟，双方关系最终被掰回到正确的轨道上，而在孙权后来一直享有荆州土地人口的红利时，他谈论以前的事情，总是认为把土地借给刘备，是鲁肃辅政做事的一大失误（参见3.2.10《与部属的和善关系》上）。其实鲁肃坚持的是一种政治策略，守护的是天下大局中东吴应该坚守的战略原则，而不能用某个时间节点上的行为措施判断其正误。尽管这样，孙权始终没有忘记鲁肃在东吴政权创立过程中所起的重要作用，他称帝时登坛祭天，就对公卿们说："过去鲁子敬经常提到称帝的事情，可以说是明于事势啊！"孙权在称帝为尊时，想到的是首先为东吴发展描绘了宏图大略、并以自己一生的行动坚定履行而毫不动摇的政治谋略人物，鲁肃的确是一位明于大势、眼光高远的不凡政治家。

3.6（14）勇而增谋的吕蒙（上）

217年接替鲁肃屯军陆口与荆州关羽相对峙的是四十岁的中年军官吕蒙。和周瑜、鲁肃有所不同，出身低微的吕蒙自小怀着摆脱贫贱的心理参军作战，凭军功而升职，担任高级职务后仍然有着不计后果而追求战场争胜的强烈功名心。《三国志·吕蒙传》及其引注等处记述了吕蒙的个人成长与战场经历，以及后来改变集团联刘策略而袭取荆州、引发吴蜀对抗的事迹，表现了一位胆勇非凡的功名人物在职场上的升迁过程，从中能够看到其增长的谋略与不变的心性。

吕蒙字子明，汝南富陂（治今河南阜南东南）人，178年生。他年少时南渡长江，依附姐夫邓当。邓当其时为孙策属下将领，多次参加讨伐山越的战斗。吕蒙十五六岁时偷偷跟随邓当参与作战，邓当发现后非常吃惊，大声呵斥吕蒙，但吕蒙拒不离去。作战返回后邓当将此事告诉了吕蒙的母亲，母亲非常生气，准备惩罚吕蒙，吕蒙说："贫贱地位上很难生活，如果侥幸立功就可以达到富贵。况且不探虎穴，怎能得到虎子？"母亲哀痛无奈地予以认同。在这里，吕蒙离开家乡飘落到人地生疏的江南，在年龄不到时就偷偷参加了社会上人们多予拒斥回避的参军征战，被逼无奈下说出了自己参军的个人目的。可以看到，吕蒙军事生涯的起始，毫无曹孟德或北方士人扶汉安邦那样道义心的驱使，也无赵云那样拯救百姓于水火的仁爱怜悯心，仅仅是为了获得个人地位的改变，其中少年勇敢中包含着单纯而强烈的功名自救心与侥幸取胜心。

当时，邓当手下一位吏员对年少的吕蒙颇为轻视，说："吕蒙那小子有什么能耐？这只是想拿肉喂虎而已。"另一天此人又当面羞辱吕蒙。吕蒙大怒，举刀将其杀死，逃到了同乡郑长家中。后来校尉袁雄为其说情，吕蒙于是出来自首，被袁雄推荐给孙策。孙策见吕蒙确有过人之处，便把他安排在身边做事。几年后，邓当去世，张昭推荐吕蒙接替邓当职务，任别部司马。吕蒙年龄虽小，但自尊心颇强，极有胆气，因为言语侵犯就将军中同僚杀死，这的确需要很大的勇气，事情的结果也反映了个性突出的人物确有侥幸避祸的可能。

3.6 开业定基的重臣

孙权在200年接掌了江东政权后，想把那些统兵少而事情不多的年轻将领检选出来，合并他们的部属。吕蒙料到自己的部队很可能被打散合并，于是他想法赊来物品，为部下赶制了绛色的服装和绑腿。孙权检阅时，吕蒙的人马队列严整，士兵的阵战操演非常熟练，孙权见后大悦，为他增加了兵员，其后跟随孙权征讨丹阳，立有战功，孙权任命他为平北都尉兼任广德（治今安徽广德）县长。吕蒙在面临下层年轻军官将被精简的紧要时刻，他发挥自己的主观努力，贴紧事情的要害而积极表现，反而因祸得福，受到了上司孙权的青睐。

208年春，吕蒙随从孙权讨伐黄祖，黄祖派都督陈就带领水军出战，吕蒙作为前锋迎敌，他上阵亲手斩掉了陈就首级，带领将士乘胜进攻黄祖所居之城。黄祖听说陈就已死，遂弃城逃走，大军追赶并擒获了黄祖。孙权说："这次胜利，关键在于陈就被杀。"这实际上是肯定了吕蒙在战役中的重大功劳。战后吕蒙被升任横野中郎将，赐钱千万，吕蒙至此已基本实现了他改变个人贫贱地位的初始目标。

这年十月，吕蒙又跟随周瑜、程普等人在赤壁乌林大破曹军，在曹操引军北归后于南郡进攻驻守江陵的曹仁。孙权命周瑜、程普统兵数万与曹仁隔江相持。不久，周瑜欲夺取江陵，先派甘宁袭取上游的夷陵城（今湖北宜昌），对江陵形成侧背威胁。而曹仁分兵围攻甘宁，欲夺回夷陵，甘宁向周瑜求救，诸将觉得兵力少，难以分兵救援，吕蒙对周瑜说："留下凌统守御，我与您一道前去救急解围，按情势不需要太多的时间，我保证凌统能固守十天。"接着又劝周瑜派三百人用木柴把险峻的山路截断，在敌人逃跑时可获得他们的马匹。周瑜采纳了他的建议，亲率主力驰援夷陵，军队赶到当天在城下交战，杀敌过半，曹军乘夜逃走，途经木柴堵塞的险路，骑兵无奈都弃马步行而去。周瑜追赶截击，获得战马三百匹，用船载回。吴军声势大振，随即挥师渡江，在北岸筑营立垒，向江陵进攻，曹仁在近一年的交战中屡战失利，最后被迫放弃江陵，退往荆州（治今湖北襄樊）。周瑜遂占领江陵，控制了长江中游地带，被孙权任命为南郡太守，吕蒙因功被任命为偏将军，兼任寻阳（治今湖北黄梅西南）县令，吕蒙已经成长为富有谋略的军事将领。

《江表传》中记录说，孙权早先曾对吕蒙和蒋钦说："你们现在都当权掌事了，应当通过学习来提高自己！"吕蒙说："在军中常苦于事务很多，恐怕不允许再来读书。"孙权说："我难道想要你钻研经书当博士吗！只是应当阅读涉猎以了解往昔的事情。你说事务多，有我事务多吗？我少年时读过《诗》《书》《礼记》《左传》《国语》，只是没读过《易》。到统领军政以来，又熟读三史（指《史记》《汉书》《东观汉记》）和诸家兵书，觉得大有好处。像你们两个人天分好，悟性高，学习必有收获，怎么能不学习呢？应该赶快去读《孙子》《六韬》《左传》《国语》及三史。孔子说：'整天不吃不睡，用来思考，没有什么长进，不如去学习。'光武帝刘秀在带兵打仗时从来手不释卷，曹操也说老而好学。你们为何不能自我勉励呢？"（参见3.2.6《战后对江东的治理》）吕蒙于是开始学习，意志坚定不知疲倦，他读书后发表的见解，一般的儒生学士都比不过他。

后来鲁肃代理周瑜驻守陆口时一次路过寻阳，当时鲁肃轻视吕蒙，有人劝鲁肃说："吕蒙将军的功名愈益显赫，您不能用以前的眼光看待他了，应该去拜访他。"鲁肃就去面见吕蒙。两人喝酒尽兴时，吕蒙问鲁肃说："您接受重托，和关羽的军队相邻，将用什么办法来对付意料之外的事情？"鲁肃轻慢地说："临时想办法就行。"吕蒙说："现在东吴和西蜀虽然相约为盟，但关羽实是一只熊虎，对付的办法怎能不提早预备呢？"于是他为鲁肃提出了五种应对的方法。鲁肃跨席坐在吕蒙旁边，用手抚摩着他的背说："子明啊，我不知道你的才略竟然到了这样的地步！"就去拜见吕蒙的母亲，与他结为好友后离去。《江表传》中对此记录：鲁肃对吕蒙抚背说："我以为你老弟只有武略，到今天才知道，你的学识和博通，已经不再是过去那位吴下阿蒙了！"吕蒙说："士别三日，就应当刮目相待。老兄现在代理周瑜的职务，又与关羽相邻。关羽这个人既年长又好学，读《左传》能熟读成诵，耿直坦荡有英雄气概，然而生性很是自负，喜好欺凌别人。现在与他对峙，应考虑一些相应的策略。"于是秘密地为鲁肃陈说了几条计策，鲁肃敬佩地接受了，从此二人结为好友。

吕蒙听从了孙权的建议而苦读兵书和历史，通过坚持不懈的努力果然颇有收获，在南郡战场上对曹仁的军事谋略，以及后来与鲁肃谈话中显露出来的聪颖才质，都表现了一位英勇战将在军事本业上综合素质的极大长进。富有阵战经验和悟性高超的吕蒙用心弥补了自己学识单薄的短板，迅速成长为谋勇兼济、胆识过人的出色将领。

3.6（14）勇而增谋的吕蒙（中）

在长期征战中成长起来的英勇战将吕蒙听从了孙权催促他阅读兵书和历史的劝告，经过长时间坚持不懈的用心研读，不仅增强了战场上用兵制敌的军事谋略，而且在处事为人上有了更高的境界。《三国志·吕蒙传》及其引注记述了吕蒙摆脱了自身卑贱地位后，在东吴高级军政职位上处置各项事务的诸多活动，表现了他军事谋划的过人之处及综合素质的提升，能够从中看到读书学习对一个人能力增强的显著效果。

处事中的大局观　还在他跟随周瑜、程普与曹仁南郡对峙时，刘璋属下的益州将领袭肃率军投降归附，周瑜上表请孙权把袭肃的部队划拨给吕蒙统领，大概是周瑜想对战场有功的吕蒙给予奖赏吧。以吕蒙的性情和个人追求而言，他对此应该是非常乐意的，而且他也有统领更多军队的才能，然而这次吕蒙却出乎意料地予以婉拒。吕蒙极力称赞袭肃的胆识和才能，他说袭肃向往东吴而远道投诚，从大义上讲只应增加他的兵力，而不该剥夺他的兵权。孙权觉得吕蒙说得有理，便把归降的部队还给了袭肃。吕蒙是带兵打仗出身的，他深知一名将领对自己部众的眷恋与珍惜，自己即便喜爱手下有更多的人马，但为了吸引更多的将士前来归附，也应该主动放弃自己的一己追求。早年一心追求个人功名的吕蒙，已经能够站在全局的立场上考虑事情的得失了。

先前吕蒙与成当、宋定、徐顾的屯军地相邻，他们的关系很好，后来三位将军先后离世，东吴向来有子继父业的惯例，但这三位将领的儿子都还很小，孙权决定把三人的部众全部交给吕蒙统领，吕蒙坚持辞绝，告诉孙权说徐顾等人都是忠诚勤恳为国事效劳的将领，他们的子弟虽小，但都不可废置，他为此一连上书三次，孙权最终听从了他的意见。吕蒙接着又为三位将领的子弟选择教学辅导的老师，为这些子弟费心尽责。他是一位珍重情义的将领。

对曹军屯田的袭扰 吕蒙驻军的寻阳县（治今湖北黄梅西南）当时为南北争夺的军事要津，曹操安排庐江人谢奇为蕲春郡负责屯田的典农中郎将，谢奇在皖县（治今安徽潜山）一带屯田，多次入寇边境抢掠。吕蒙使人引诱，都没有成功，于是就寻找机会发起袭击，谢奇只好缩退，他的部属孙子才、宋豪等人扶老携幼前来向吕蒙投降。后来孙权在濡须抵御曹操，两位降将几次献上奇计，又劝孙权夹水口而建坞，作出更有效的防御。当孙权准备修建这些防御性的船坞时，诸将都说："上岸击贼，洗足入船，建坞有什么用？"吕蒙说："用兵有顺逆，作战未必全胜，假如有意外情况，敌人步骑兵就近逼迫，来不及赶到水边，怎么能入船呢？"孙权赞成吕蒙的看法，于是修建了船坞堡垒，后来在这里有效地防御了曹军，敌军因为攻不下来，只好退兵。

皖城制胜中的谋勇策略 曹操214年派遣朱光为庐江（治今安徽庐江西南）太守，在皖地屯田，他们大力开垦稻田，又派人招诱鄱阳贼寇头目做内应。吕蒙说："皖县土地肥美，一旦开垦成功，有了收成，敌人必定在这里增加部队，过不了几年，曹操就会率领大军前来，我们应该早日消除隐患。"他把情况反映给孙权，孙权在当年五月率军亲临皖城征讨，他召集各位将领征询对敌方案，诸将提出先营造土山，增添进攻的器械，吕蒙建议说："建造攻具和土山，必然耗费时间，等我们做好准备，敌人的援兵也已到来，就无法击败对方了。况且我们趁雨水而进攻，如果延迟时间，水势变小，返还的水路就不畅通，我觉得这是危险的办法。现在看皖城并非坚固，发挥我们全军初战的锐气，四面同时进攻，时间不长就可攻克，水势未退就能返回，这才是全胜的方案。"孙权采纳了吕蒙的意见。

吕蒙荐举甘宁为升城督，作战时领兵在前，吕蒙以精锐继后。吴军从拂晓发起猛攻，吕蒙擂鼓助威，士卒们都踊跃登城，仅一顿饭时间就将皖城攻破，生擒了朱光，俘获万人。驻守合肥的曹魏大将张辽得知皖城告急，急忙率兵驰援，行至夹石（今安徽桐城以北）时听说皖城已失，只好返还。孙权嘉奖这次征战的功劳，任命吕蒙为庐江太守，所缴获的人马全部分给吕蒙，另外赐给他寻阳屯田六百人，官属三十人作为赏赐。

3.6 开业定基的重臣

吕蒙返还寻阳，不久庐陵（治今江西吉水东北）贼寇起事叛乱，诸将讨伐进击不能完胜，孙权说："鸷鸟上百，不如一鹗。"下令让吕蒙前往征讨，这里包含了孙权对吕蒙极大的看重。吕蒙不负期待，他兵至庐陵后擒杀了首恶，余下的全部释放，让他们复操旧业。

与同僚的亲密关系 吕蒙后来深得孙权的信任，豫章太守顾邵去世，孙权询问他应该让谁接替，他推荐蔡遗。蔡遗早年在做江夏太守时曾告发过吕蒙部属的违法事情，为此两人长期不和。孙权见他不念前嫌，十分高兴，笑着对他说："你是想做祁奚吗？"祁奚是春秋时"外举不避仇"的名人，孙权这里实是赞扬吕蒙思想境界的提升，他于是任用了蔡遗。

大将甘宁性情粗暴，轻于杀戮，经常违背吕蒙的心意，又不时违犯孙权的命令。孙权心中恼火，吕蒙总是请求说："现在天下未定，像甘宁那样的战将非常难得，应该对他容忍。"孙权于是厚待甘宁，甘宁也果然为东吴立有大功。《三国志·甘宁传》中记述了他们两人间的一件事情：甘宁厨房一小童有了过失，逃到吕蒙那里，吕蒙怕他遭甘宁杀害，便没有马上将其送回。后来甘宁带着礼物来拜谒吕蒙的母亲，要升堂见母时，吕蒙才叫出那小童还给甘宁，甘宁答应不杀他。可是回到船上，小童却被捆在桑树上，甘宁自己挽弓将其射死，事后下令船上的人加固船的缆绳，他自己解下衣服躺在船中。吕蒙知道后大怒，鸣鼓聚兵，准备上船进击甘宁。甘宁听到动静，故意躺着不起来，吕蒙的母亲光着脚跑来劝阻说："主上对待你就像亲骨肉一样，交给你重要事务，有什么私仇而要杀掉甘宁呢？甘宁如果死了，即便主上不追究，也是你做臣下的非法行为。"吕蒙平日非常孝敬，听了母亲的话，他心里消解了恨意，于是自己来到甘宁船上，笑着说："兴霸，老母亲请你吃饭，赶快去！"甘宁满面羞愧，流着泪对吕蒙哽咽说："有负于你！"两人于是去见吕蒙的母亲，并欢宴了一整天。

甘宁和吕蒙都是当时孙权属下作战英勇、功绩卓著的名将，两人大体都是从低微出身中成长起来的军官，但从他们的交往事态中能够看到，经过刻苦读书学习后的吕蒙，相较而言已经具有了更高的综合素质。

3.6（14）勇而增谋的吕蒙（下）

在孙权执政前期的东吴高级将领中，吕蒙应该是智勇兼济、最有战功的名将。英勇无畏和胆气不凡是他少年参军时就有的品格，后来经过兵法理论和历史经验的学习引导，使他对用兵作战有了更深切的体悟，吕蒙在军事上的战术策略水平及其用兵成果实际高于他的前任周瑜和鲁肃。《三国志·吕蒙传》及其引注记述了吕蒙在东吴人生成长与长期阵战的重要事迹，而他军事上最为突出的战果则是后来对荆州的突袭与成功占有。

吕蒙始终以异己和敌对的眼光看待与东吴结盟的刘备集团，还在鲁肃考虑以某种和平方式收回荆州时，吕蒙就进献给了鲁肃如何对付关羽的五条计策，他对荆州守将关羽的认识比鲁肃把握得更为精准。215年，孙刘联盟内部双方对荆州的争夺一时紧张起来，刘备从成都领军赶回公安坐镇，而孙权驻军陆口指挥，派鲁肃率万人屯驻益阳抵抗关羽，同时传令让准备进攻零陵的吕蒙迅速回师增援鲁肃。吕蒙接受命令后竟然能在军队回撤前，向顽固坚守零陵的刘备属将郝普编造出各种虚假信息，胁迫和诱使郝普出城归降（参见3.2.8《与盟友的分歧和摩擦》）。他利用城中信息不通的特殊情况，以诈诈手段智取了零陵。"兵不厌诈"，以胜为本，吕蒙能在攻城无望关头反而取胜，正表现了他军事战术的高度成熟。孙权为表彰吕蒙的战功，以寻阳、阳新（治今湖北阳新西南）为吕蒙的食邑。

这次联盟危机过后，吕蒙跟随孙权进军合肥，吴军围合肥十余日不克，后来撤围退兵时，张辽率步骑兵袭击逍遥津北岸，吕蒙、甘宁、凌统奋力抵挡，拼死厮杀，掩护孙权脱身。时值将军贺齐率三千人在逍遥津南岸接应，孙权才侥幸得免。其后曹操大军出濡须，孙权以吕蒙为总指挥，吴军在前面所建就的坞堡上设置万张强弩抗拒曹军。曹操的前锋部队尚未屯军扎住，吕蒙就攻破了曹军，曹操只好引军撤退，吕蒙作为指挥官再次经受了险难战场的考验，孙权提升他为左护军、虎威将军。

吕蒙对鲁肃一味迁就求和的联刘策略有自己不同的看法。鲁肃认为与刘备结成同盟，才可以有效地抗御曹操；而吕蒙曾向孙权献策说："如果让征虏将军孙皎据守南郡，潘璋进驻白帝，再由蒋钦带领一万人的机动部队沿长江上下巡察，敌人出现在哪里就奔赴哪里，而我则占据襄阳。这样布置兵力，既不用担忧曹操，也无须依赖关羽。何况关羽他们君臣，依仗狡诈之力，做事反复无常，不可以将他们当作真朋友看待。现在关羽所以没有向东侵犯我们，是因主公圣明，我们这些将领还在世，如果不趁我们强壮时解除这一隐患，一旦我们去世，要解决就无可能了。"孙权非常认可他的想法。孙权曾向吕蒙说起攻取徐州的意图，吕蒙回答说："现在曹操远在黄河北岸，安抚平定了幽州、冀州，没有空暇顾及东面，徐州的防守兵力微不足道，只要我们去进攻，自然可以攻克。然而徐州只通陆路，利于骑兵驰骋，我们今天得到徐州，曹操十天内就会来争夺，即便用七八万人来坚守，还是很担忧的。不如攻取关羽，占据整个长江流域，形势就会更加壮大。"这是一种新的战略运筹思路，吕蒙对此也有相应的战术安排相配合，孙权认为这一建议更为切合实际。

217年横江将军鲁肃去世，学者官员严畯坚决不愿接任镇守陆口的职务，孙权于是改任吕蒙镇守陆口（参见3.6.9《学者官员严畯与程秉》），这一人事任命，实际上是选择了不同的政治策略与军事方针。孙权还任命吕蒙为汉昌太守，以下隽（治今湖北通城西北五公里）、刘阳、汉昌、州陵为其食邑，鲁肃原有万余军马全部归其统属。吕蒙与荆州关羽分土接境，他知道关羽英勇善战，有对外兼并之心，而且荆州又处在上游，这样的情势难以长期保持。因此他刚到陆口上任，便在表面上对关羽加倍殷勤，广施恩义，与关羽深结友好。吕蒙本是主张用军事手段夺取荆州，但却以极为友好的姿态面对关羽，其中的阴诈手段是从他刚一上任就开始的。

219年七月，关羽率军北上围攻曹仁镇守的襄阳、樊城，吕蒙上书给孙权，开始实施自己夺取荆州的计划，这包括：①以治病为名，让孙权公开召自己回建业，推荐并不出名的陆逊代替自己镇守陆口。在樊城作战紧急的关羽听到这一消息果然麻痹大意，撤走了留在公安、南郡两地的大多防守兵力北上樊城。②在荆州东境守备薄弱之际，吕蒙到达寻阳，将精兵埋伏在大船中，让兵士假扮商人，白衣渡江，上岸后俘获了少量传递烟火信息的荆州兵卒，瞒天过海地进入了荆州。③安排富有辩才的虞翻到公安城下，说服与关羽不和的守将士仁开门归降；又带着士仁到南郡说服南郡太守糜芳投降（参见2.2.2《关羽事迹辨正》中），吕蒙兵不血刃得到了关羽征战的后方基地。④吕蒙进城后命令将士不得违禁行事，对城中百姓的利益严加保护；他得到了关羽及其将士的全部家属，对他们更是亲切抚慰，饥者赐食，病者送药，对府库的财物封存不取。他还在此处死了一位身为老乡而违禁伤民的军官，以整肃军纪。⑤在关羽派使者来探望后方状况时，吕蒙予以厚待，特意让人领使者在全城参观，家家问候，并让将士的家属写下报告平安祥和的书信传送给前方将士，他以这种方式极大地瓦解了荆州部队的军心。吕蒙的上述各种措施都是他精心安排的战术环节和政治策略，是吕蒙用兵才能与综合素质的集中体现。

  关羽在北方樊城攻势凌厉，后又水淹七军，威震华夏，但因后方失守，军心瓦解，最终败走麦城，部众离散。孙权派朱然、潘璋截断路径，关羽与儿子关平同时被俘获杀害，荆州遂被东吴占取（参见3.2.9《联盟的破裂》下）。孙权在作战后期到达荆州，他提升吕蒙为南郡太守，封孱陵侯。当时东吴君臣在公安聚会，吕蒙因病婉辞，孙权笑着说："擒获关羽之功，是你的谋划，现在已经大获全胜，还没有庆贺赏赐，怎么能不快乐一下？"于是给他增加了军中鼓吹的仪仗，特意安排了职位拜授仪式与返回军营的兵马导从，让他享有了少有的光耀。孙权赐给吕蒙钱一亿，黄金五百斤，吕蒙坚持不受金钱，但孙权没有答应。

  吕蒙的封爵还未正式颁布时疾病发作，孙权把吕蒙接至内殿护理，并在境内招募最好的医者诊治（参见3.2.10《与部属的和善关系》上）。孙权费尽心力，千方百计予以诊治，但仍然未能奏效，吕蒙约在220年初病逝，时年四十二岁，他留下遗言，死后把所得的金银赏赐全部交给公家府库收藏，丧事俭约。三国时代一位出色的军事战术家因为积劳成疾而英年早逝，留给东吴莫大的遗憾，孙权万分悲痛，当时寝食大减。吕蒙的儿子吕霸承袭了父亲的爵位，孙权拨给守墓者三百家，免交税赋的土地五十顷。后来吕霸逝后，他的兄弟吕琮、吕睦先后袭爵。

  孙权始终认为吕蒙夺取荆州是他的一大功劳，这从眼前获利的角度看待的确如此。但后世史家对此却有不同的看法，尤其对吕蒙仅仅为追求暂时利益而在战略上放弃联刘抗曹的方针颇有诟病。清代学人王懋竑就发表议论说："假使孙权得到荆州后而曹操不死，那么刘备伐吴时，曹操必定会率大军攻取东吴，这时候魏攻其外，蜀攻其内，东吴很可能难以生存。而孙权自从得到南郡后，一开始向魏国称臣请降，非常屈辱；如果一直维持孙刘联盟，也不至于受到这般屈辱。"他认为吕蒙袭取荆州实际上危及了东吴的基业，只是因为侥幸而避免；同时认为孙权后来与蜀国建立同盟友好，也正是吸取了吕蒙破坏孙刘联盟的教训。王氏的议论不是没有道理的，以诡诈手段偷袭荆州而取胜的吕蒙，无疑是一位出色的军事战术家，但其过分功利化的心胸与格局决定了他心中难以形成宏大的政治战略，他始终做不了周瑜、鲁肃那样出色的战略家。

3.7 斩敌守疆的战将

孙坚和孙策以武勇驰名当世，而开疆拓土、平定天下的事业需要更多驰骋疆场、斩敌枭首的英勇战将，孙吴集团拥有这样一批武艺出众又兼具谋略的将军，他们的生性和才质各不相同，但都能在集团事业的发展中扮演不凡的角色。

3.7（1）名将程普的战功

东吴的基业是由孙坚及儿子孙策孙权两代人三位君主相继开创的，他们的活动有前后相继的关系。在东吴事业的推进中，有些将军在孙坚创业的早年就南北征战、屡立战功，他们是孙吴两代君主属下的功臣。《三国志·吴书十》记述了十二位战将跟随三位君主英勇征战的事迹，资历较早的程普就是战功突出的两世名将。史书上对各位将军战场拼杀的活动往往只记录最终的结果，而对其具体过程历来叙述简略，但疆场血战无疑是三国争胜和乱世割据时代最根本的力量竞争，程普的简略史载中包含着他极为沉重的功业。

程普字德谋，右北平土垠（治今河北丰润东五公里）人。他早年在州郡担任吏员，有好看的容貌风姿，计谋方略也很出众，善于应答论对。后来跟随孙坚四处征战，开始参与了孙吴的创业活动。

——**破黄巾败董卓** 程普曾于184年在宛县、邓县进击黄巾军（参见0.6.3《南北征战显威名》），190年又在阳人（今和河南临汝西）战斗中大败董卓（参见 0.6.4《与董卓凉州军的较量》），都督华雄被孙坚斩首于此。程普攻城野战，身上多处受伤。

——**随孙策征战江东** 孙坚 191 年阵亡，程普后来在 194 年重新跟随孙策在淮南进攻庐江而获胜（参见 3.1.1《"将二代"重整旗鼓》）。后来随孙策东渡长江，军队在横江（今安徽和县东南）、当利，攻破张英、于麋的部队，转而夺取秣陵（治今江苏江宁南）、湖孰（今江苏江宁东南湖熟镇）、句容、曲阿等地，程普多立军功。孙策为他增加二千士卒，战马五十匹，大军接连进攻并夺取乌程（治今浙江吴兴南十二公里）、石木、波门、陵传（三地在乌程余杭之间）、余杭（治今浙江杭州北）等地，程普战功最多。

——**讨平地方贼寇** 孙策占有会稽后，以程普为吴郡都尉，治所设在钱唐。其后改任为丹杨都尉，担任地方上负责军事治安的长官，程普于是在境内征讨宣城（治今安徽宣城附近）、泾、安吴（治今安徽泾县西南二十公里）、陵阳（治今安徽太平西北）、春谷（治今安徽繁昌西北长江南岸）等地的贼寇，将其全部击破。

——**进击祖郎、刘勋与黄祖** 孙策 198 年秋率军进攻祖郎（参见 3.1.6《乘胜进军扩大战果》），曾被敌军包围，程普与一位骑兵共同保护孙策，他驱马大呼，用长矛刺杀敌人，祖郎的士兵逃走，孙策才得以冲出包围，后来被任荡寇中郎将，兼零陵太守。他当年跟随孙策在寻阳征讨刘勋，次年冬在沙羡（治今湖北武昌金口镇）进攻黄祖，战后返回继续镇守石城。程普两年间参加了与三位强敌的艰苦战斗，在与祖郎部队的作战中更是救主君孙策于敌军包围中，自然是立下了难以估量的战功。

——**辅助第三任君主孙权** 200 年四月孙策死后，程普与张昭等文武老臣共同辅佐孙权，他率军讨伐江东境内的山贼，功勋卓著。203 年程普随孙权出征江夏（治今湖北鄂州），回师路过豫章，单独领军讨伐乐安，很快将其平定，后来程普代替建昌都尉太史慈驻守海昏（治今江西永修东三十公里）。208 年曹操占有荆州后准备挥师兼并江东，孙权确定了抗曹方针，即任程普与周瑜为左右督，赤壁取胜后程普在乌林击破曹军，又与周瑜进攻南郡，逼走曹仁，被提升为裨将军，兼任江夏太守，治所设在沙羡。攻破曹军是程普在孙权属下为将官期间所取得的最大战功，他本人获得四县食邑。

在早先参与东吴创业的诸位将军中，程普年龄最长，当时人们都称呼他为程公。程普生性爱好施与，喜欢与读书人士大夫交往，他曾经在南郡对阵曹仁的战场上与周瑜不相和睦，而周瑜以折节下士的宽容态度相对待，程普后来又非常感动，对周瑜十分敬服，他曾说："与周公瑾交往，就像饮醇醪，不觉得就自醉。"（参见 3.6.12《雄姿英发的江南才俊》下）

周瑜去世后，程普接替周瑜兼任南郡太守，210 年孙权分荆州给刘备，程普又返回来兼任江夏太守，升任荡寇将军。《吴书》中记录说，程普当时斩杀了几百名反叛之人，把这些人的尸骨投进火中焚毁，当天即染了疫疠之气，大约是有传染性的致病邪气，百余天后病逝。资料中没有标明事情发生的时间，据推断应该在 219 年东吴夺取荆州稍前，史书上也没有记述程普去世时的年龄。229 年孙权称帝后，追论程普的功劳，封他的儿子程咨为亭侯。

老将程普不是一位绝对完美的战将，但他无惧艰难，在战场上英勇过人，对主君忠诚不贰，把自己的一生毫无保留地献给了一项蒸蒸日上的事业。

3.7（2）赤壁出奇的黄盖

早年跟随孙坚参与东吴创业、与程普资历相当的名将还有黄盖。黄盖也先后在孙坚、孙策和孙权三位君主的属下任职，他南北征战，勇克强敌，屡立战功，是东吴创业时期不可多得的优秀战将。《三国志·黄盖传》及其引注记述了黄盖的出身与他一生在战场上的重要事迹，其中显示了武将黄盖对东吴事业的忠诚，同时也展现了他在地方治理上的迥异方式，以及在与曹军赤壁水战中出奇制胜的战功。

黄盖字公覆，零陵泉陵（治今湖南零陵县）人，他是东汉时南阳太守黄子廉的后代，因为家族分枝，黄盖的祖父迁徙到零陵居住。黄盖少年孤苦，生活艰难，但不乏壮志，虽然贫穷，仍然不同于凡庸之辈，他打柴负薪间隙经常读书学习并钻研兵法。之后担任郡吏，被考察为孝廉，受公府征召任用。孙坚兴兵举义时，黄盖就开始参与其中，他随从孙坚南破山贼，向北击败董卓，因为战功而被任命为别部司马，这是大将军部属之外别领营属的一千石中级军官。孙坚阵亡后，黄盖相继跟随孙策与孙权，他披甲征战，多年拼杀于疆场，立下了不少战功。

——**地方治理上的权术方式**　南方各地的山区散居着许多越族民众，当时称他们为山越。东吴政权初建时，这些不同部族的山越不愿归服，不时会为寇作乱，早期孙策和后来执政的孙权总是安排黄盖担任寇乱之县的行政长官。石城县的官吏特别难以约束管理，黄盖到任后任命两个掾史，分别主管一些部门，他对这两人说："我这位县官没有什么德能，只是凭武功得官，不是做文官而出名。现在贼寇未被平定，我常有军旅任务，所以县里的全部公文处理事务全托付你们两位，你们应当监督检查各个部门，纠正和揭出他们的失误。你们在职权范围内办理的事情，若有奸欺蒙骗行为，我不会施加鞭杖处罚，你们应各自尽心，不要带坏了头。"

刚开始两个掾史畏惧黄盖的威严，天天尽心职守，时间一长，他们觉得黄盖不看文书，于是逐渐荒疏了公务。黄盖也不满他们松懈懒散，不时有所省察，在掌握到他们各有不守法的几个事例后，就把县内所有官吏请来，设下酒肉招待，拿出违法的事情责问，两名掾史无话可说，都叩头请罪。黄盖说："以前已告诫过你们，不会以鞭杖来惩罚，绝不是骗你们的。"于是斩杀了两人，全县官吏因此都震惊恐栗。

执政者安排黄盖治理寇乱之县，主要是利用他善战的特长来维持地方的平安，黄盖做好了征讨贼寇和稳定地方的事情，但他进一步希望县政治理能回归到正常而健康的轨道上，于是选拔两位助手做了全盘委托，自己仅仅做些提醒和督促的工作，并保证对助手做错的事情不加鞭杖处罚。但从后来的情况看，黄盖这里使用了"欲擒故纵"的策略：自己从不插手政务，使助手逐渐形成错觉，最终发展到了敢于违法乱纪的地步；而黄盖在掌握了这些实情抓住把柄后则予以公开揭露，并当众予以处死——不施行鞭杖处罚的诺言兑现了，但却给了斩首之刑，这完全是一种对付战场之敌的诡诈方式和玩弄权术的手段。

黄盖是用这种方法强烈警示做事懈怠的官员，让他们知道不法做事的最终受罚效果，从而促使他们自觉地守护地方政务的应有规则，史传的作者大概也想以此说明黄盖在地方治理中的高超方式，但实际上这却张扬了黄盖以违法方式督促属下守法为政的错误思路。可以看出，黄盖并不擅长做地方治理，他的机巧治政蹈入了权术家的拙劣把戏，是不应该给予肯定提倡的。但也能由此窥见武将黄盖对兵法理论和诡诈手段的成熟应用。

史书上说，石城任职后黄盖转任春谷县长、寻阳县令，他前后任职过的九个县，全都平安稳定。后来升任丹杨都尉，为郡中主管军事治安的官员，他在任上抑制豪强周济贫弱，使山越诚心归附。

——赤壁奇计破强敌　208年冬，准备南下江东的曹操大军与东吴大都督周瑜率领的数万部队在赤壁隔江对峙，这是一场事关东吴前途命运和天下政治走向的决战。双方发生接触后曹操军中发生了疫疾，随从周瑜出征的黄盖看见对方军队的船舰首尾相连，于是建议火攻曹军，他写信给曹操诈言投降，提前于十多艘战船上装满干草并浇上鱼膏，在约定的日期趁着强劲的东南风冲向曹军战船（参见3.6.12《雄姿英发的江南才俊》中），南军没有付出多少代价就取得了极其干脆的胜利。

《吴书》中记录说，这次前锋交战，黄盖在冲向曹军战船时不幸被流矢射中，当时天气寒冷，他堕落水中，被救起时军士认不出是黄盖，将他安置在厕床上，黄盖自己挣扎着呼叫同僚韩当，韩当听到后惊喊："这不是黄公覆吗！"流着泪解开他衣服，才挽救了其性命。战后黄盖因功被任武锋中郎将。可以说，献出火攻奇计并亲自实施，一举战胜强敌，这是黄盖一生献给东吴事业的最大战功。

——平定武陵蛮族叛乱　赤壁战后，武陵发生蛮族反叛，他们进攻城邑，黄盖被任命为武陵（治今湖南常德）太守，当时郡中军队只有五百人，大家都认为无法对付叛军，黄盖则大开城门，引诱叛军入城，当敌人进了一半时立即发动攻击，拦腰截击，斩杀数百人，其余的叛兵全部逃走，跑到了偏远的村邑聚落处，战将黄盖在战场上对付蛮夷叛军的确有不凡的手段。黄盖继续追杀叛军头目，对随从的士兵给予宽赦，从春天开始到夏天为止基本平定了叛乱，而郡内巴陵（今湖南岳阳南之山）、醴陵多地的叛军小头目都纷纷改邪归正，并带着礼物来相见，全郡得以安定。不久，长沙郡的益阳县也受到山贼的进攻侵犯，黄盖再次领军平定，孙权升他为偏将军，最后病死于职位上。史书上没有标明病逝的时间。

黄盖因为在历史小说中作为一场"苦肉计"的挨打主角而为人们所熟知，史书中虽然没有这样的情节，而火烧赤壁的奇计仍然出自黄盖并由他亲自实施。史料中称，黄盖容貌严肃刚毅，能够善待士兵，他每次率军征讨，士兵们都争相为先。他在地方职任上处理事情时善于决断，从不拖拉滞留，过后民众都很思念他。去世后有些地方画下他的图像四时祭祀。孙权229年称帝后追论他的功绩，赐予其子黄柄关内侯的爵位。对于黄盖的赤壁奇计及其战功，孙权没有忘记，历史也不会忘记。

3.7（3）韩当和他投敌坑爹的儿子

韩当是早期参加东吴创业的一员战将，他三十年间跟随孙坚、孙策和孙权三位君主攻城斩将、守土御敌，为东吴开基发展作出了毕生奉献，是被称为"江表之虎臣，孙氏之所厚待"的将军。《三国志·韩当传》及其引注记述了韩当一生的征战事迹，并附记了儿子韩综在父亲安葬期间以欺瞒手段叛国投魏的卑劣行为及其后来的结局，表现了父亲韩当对东吴的奉献与忠诚，其不肖儿子对家国事业的背叛则展现了韩氏家族的不幸。

韩当字义公，辽西令支（治今河北迁安西五公里）人。他熟悉弓箭射骑，膂力过人，因而被孙坚所赏识。史书上没有表明他是如何从北方流落江东，也没有提到他是如何与孙坚相遇相识，只是简略地提到，韩当跟随孙坚征伐转战，多次冒险犯难，陷阵擒敌，屡立战功，被任命为别部司马。《吴书》中记录说，韩当征战辛劳有功，他因在军旅中为"陪隶"，大约相当于以奴隶身份参军，所以在孙坚时期一直为别部司马，职位没有升迁。

及至194年孙策起兵东渡，韩当跟随征讨丹阳、会稽和吴郡，升为先登校尉，孙策授给他士兵二千，战马五十匹。其后跟随大军征刘勋，破黄祖，返回夺取鄱阳后，韩当兼任乐安（治今江西乐安）县长，当地山越人对他恐惧畏服。

孙策的整个部属在200年全部归孙权统属，其后韩当在208年冬以中郎将身份随从周瑜在赤壁一同抵御并攻破曹军，219年跟随吕蒙袭取荆州南郡，升任偏将军，兼永昌太守。222年宜都之役（又称夷陵之战），韩当与陆逊、朱然等共同在涿乡（今湖北宜昌西）迎战蜀军，取得胜利，韩当再升威烈将军，封都亭侯。后来魏将曹真攻南郡，韩当率军保守东南，为守卫疆土而抵御魏军。

韩当在外率兵征战时，总是激励将士同心固守，又敬重地方督司，奉行法令，孙权对此多有称赞。223年，韩当被封为石城侯，升任昭武将军，遥领冠军（治今河南邓县西北）太守，又加封都督称号。韩当后来率领敢死及解烦兵一万人征讨丹杨郡贼寇，解烦兵是东吴在夷陵之战前所设立由解烦卫负责管理的精锐部队，韩当指挥部队平定了丹杨叛乱，他在完成了平叛任务后不久病逝。史书上没有记录这次出征的时间，所以他离世之年不明，而根据其他资料推算，应是在226年。应该说，出身低贱的韩当在江东找到了自己人生蜕变的机遇，他依靠自己的骑射武功和对东吴事业的忠贞不贰，在三位君主的属下赢得了军功，提升了自身地位，实现了个人价值，得了普通人难以企及的任将封侯，至226年离世之时，他的人生是成功的。

韩当去世后，他的儿子韩综袭承了爵位，并继续统领韩当属下的部队。这一年孙权出征石阳（治今湖北应城东南四十公里），因为韩综家有丧事，就安排他留守武昌，而韩综在居丧期间淫乱不轨，孙权虽然因为他父亲的情分没有追究过问，但韩综本人内心恐惧。《吴书》中记录说，韩综因为心中不安想要叛投魏国，怕身边人不听从，于是他想了两个办法以蒙骗劫持部下将领：韩综首先假传孙权命令，说要对曾经抢掠过商旅的将士收捕治罪，其中同伍连坐，长官也要担责，事情恐怕会牵连到自身。这些将士过去大概没少干过这类事情，他们听到这一消息非常恐怖，纷纷表示要跟随韩综行动。于是大家在一块商定了避罪应付的办法，决定以给父亲韩当下葬为名率众人出城离开东吴。韩综接着使用了第二个办法，他以父亲丧事为借口，把他们家和亲戚中待嫁的姑姊们都召集起来，将这些女性全部许嫁给自己部下的将吏，把他自己所宠幸的婢妾也都赐给身边的亲信，当场杀牛饮酒，并且共同歃血盟誓。通过这样的蒙骗和拉拢手段，大家结成了利益共同体,然后拉着父亲的灵柩,带着母亲和家属部曲,共有男女数千人一起奔投魏国。

韩综叛国投敌的缘由不是由于来自高层的人身迫害,也不是由于执政者的政治腐败引起,而是他个人生活的淫乱及其心虚恐惧所致,这足以显示韩综是一位缺乏政治忠诚和品格低劣、骄纵放荡的官二代;韩综以诡诈方式胁迫部属跟随他叛吴投魏,也表明他是一位颇有手段、有才无德,为了追求个人淫乐而不守道德底线的人物。当时韩综自然是以逃入魏国为欣喜,但可以想象,逝去的韩当生前肯定未曾想到,他的尸骨没有安葬在自己终生奉献的东吴土地上,反倒被儿子拉到长期敌对的魏国掩埋,自己对东吴事业的一生真诚被儿子的淫乐全部倾倒出卖,他的灵魂怎能安宁!

226年五月,正是魏明帝曹叡接替父亲曹丕上台执政之时,不清楚韩综当年来到魏国具体是什么时候,当时执政人是曹丕还是曹叡。魏国听到韩综带领众人来降非常高兴,朝廷任命韩综为将军,封他为广阳侯。其后史书和资料中关于韩综的相关信息并不多,只知道韩综多次率领魏军侵犯东吴边境,杀害百姓,孙权恨得咬牙切齿。

252年初孙权去世,少帝孙亮继位,当年十月吴国辅政大臣诸葛恪组织了进击魏国的东兴之战,韩综作为魏军前锋迎战,战场上军败身死(参见3.3.1《诸葛恪穷兵黩武》),诸葛恪斩送韩综的首级以祭告孙权之庙,这位投敌坑爹的不肖儿子在东吴最终获得了一个韩当同僚们所希冀的结局。

3.7 (4) 护卫过主君的蒋钦与周泰

孙策起兵时曾在194年从袁术那里讨要父亲三年前去世留存的部众,大约次年再次要求给自己增加人马,袁术认为刘繇占据曲阿,王朗在会稽,孙策未必能够成功,于是拨给了孙策几千士卒(参见3.1.1《"将二代"重整旗鼓》),这些兵将中的人物蒋钦和周泰开始在孙策左右为守护警卫,他们在主君身边得到锻炼,取得了信任,很快成长为军队中的重要将领。《三国志·吴书十》及其引注中记述有蒋钦和周泰跟随孙氏兄弟一生征战的事迹,从中能看到他们的忠诚英勇以及与君主的特殊关系,也能感受到他们不同的处事境界。

蒋钦字公奕，九江寿春（治今安徽寿县）人。孙策194年从袁术那里借兵时，蒋钦就跟随孙策在其身边听命作战，后来孙策东渡长江后，任蒋钦为别部司马，交给他部众。蒋钦随孙策征战，平定江东三郡，又参与平定豫章，被调任葛阳（治今江西弋阳西）县尉，后历任三县的县长，讨伐平定地方盗寇，升为西部都尉。

会稽郡的贼寇吕合、秦狼等反叛作乱，蒋钦领兵征讨，作战中生擒吕合、秦狼，平定了五县，转任为讨越中郎将，因功受封昭阳（治今湖南邵东县东北五公里）、经拘两县为食邑。将军贺齐讨伐黟县（治今安徽黟县）贼寇时，蒋钦督率一万部队，与贺齐合力进击，黟县贼寇终被平定。

孙权在215年率军进攻合肥，被曹将张辽击败，孙权撤退时在逍遥津北岸遭遇曹军追击（参见3.2.7《与曹军的反复较量》），蒋钦与甘宁、凌统、吕蒙奋勇战斗，孙权得以成功撤退。战后蒋钦升为荡寇将军，兼任濡须督，总领该地各路军马。后来被孙权召还京都，任命为右护军，掌管诉讼事宜。

起初，蒋钦驻守宣城讨击豫章贼寇，芜湖县令徐盛收捕蒋钦手下一名屯守军官，上表请求将他处死，孙权考虑到蒋钦在远地领兵征战，就没有答应，徐盛自此认为自己和蒋钦有了私怨。曹操攻濡须，蒋钦和吕蒙为全军统领，徐盛惧怕蒋钦因过去的事情迫害自己，而蒋钦总是称赞他的优点，徐盛于是敬服蒋钦的品德，知道的人对此事非常称赞。《江表传》中记录说，孙权曾问蒋钦："徐盛之前说过你的不是，你现在却举荐徐盛，是倾慕祁奚吧？"祁奚是春秋时晋国"外举不避仇"的名臣，蒋钦回答："我听主公说过举荐贤才不应怀有私人恩怨，徐盛为人忠诚又勤劳守边，有胆略才能，是做万人督的出色人选。如今大事未定，我应当助力于求取人才，怎么敢心怀私怨来蒙蔽贤才呢！"孙权对此非常赞赏。

孙权曾经去蒋钦家中进入堂内，看见蒋钦的母亲使用的是粗布帷帐和素色被子，蒋钦的妻妾穿着普通布裙，孙权赞叹蒋钦身在富贵却能简约节俭，当即命令御府为蒋钦母亲制作了锦被、改换了帷帐，为蒋钦妻妾全部用锦缎制作了衣服。

219年孙权组织东吴军队袭取荆州，蒋钦督领水军进入沔江助战。取胜后在220年初返还时，蒋钦于途中病逝。孙权穿着素服为其举哀，并将芜湖地区二百户及二百顷田地赐给蒋钦的妻子。其子蒋壹被封为宣城侯，在夷陵之战中领兵抵御刘备有功，战后又前往南郡，参加与魏军的交战，在战场阵亡。蒋壹没有儿子，他的弟弟蒋休继续领兵，其后因罪失职。

蒋钦在疆场争战、平定地方反叛方面战功卓著，在处理与同僚徐盛的关系方面更是显示了宽阔的处事胸襟。孙权赞赏他的思想境界和节俭品格，在他生前和逝后都给了丰厚的奖赏，其间当然包含有不少忠诚感情的补偿。

周泰字幼平，九江下蔡（治今安徽凤台）人。当年与蒋钦一同跟随孙策平定江东，他在孙策身边做事恭敬，多次立有战功。孙策占领会稽后自领郡守，任命周泰为别部司马，授给他部众。后来孙权喜欢周泰的为人，向孙策请求让周泰跟随自己，周泰自此伴随孙权左右。

197年孙策讨伐六县山中的贼寇，当时孙权住在宣城（治今安徽宣城附近），依靠士兵守卫，身边只有不足千人，并且士气不高，又无防护工事，而山贼数千人突然而至，孙权刚刚上马，山贼就杀到跟前，兵器已经砍到了马鞍上，士众都难以镇定地应对，只有周泰奋激作战，舍身保护孙权，他胆气倍增，其他人受到感染，于是一起奋力迎战。山贼被杀退后，周泰身上受伤十二处，很久才得以康复。当天如果没有周泰，孙权就有性命之虞。孙策知道后对周泰非常赞赏，补任周泰为春谷（治今安徽繁昌西北）县长。

199年周泰随从大军进击刘勋占据的宛城，其后征讨江夏，大破黄祖，接着夺取豫章，周泰再被补任为宜春（治今江西宜春）县长，所在各处都以所征地方赋税为食。孙权在200年接替孙策执政，208年，周泰随孙权西讨黄祖，不久他跟随周瑜、程普率部队在赤壁抵御曹操，后在南郡进击曹仁，因多次立功，周泰尤其得到了孙权的高度信赖。

曹操出濡须，周泰奋勇拼杀击退曹操，孙权安排他留督濡须，任命为平虏将军。当时朱然、徐盛等将为周泰部下，他们心有不服，孙权特意在濡须坞大会诸将，大家一块饮酒为乐，孙权亲自为各位将军敬酒。当行酒到周泰跟前时，他让周泰解开衣服，孙权用手指着其身上的伤痕，问他受伤的缘由，周泰回忆当时战场作战的经过一一作出回答。回答结束后，孙权让他重新穿上衣裳，当天欢宴到了深夜。第二天，孙权又派使者授给周泰乘车的御盖，这是一种更为特殊的待遇，表明了君主对周泰的特别看重，诸将于是心中敬服。周泰这里的创伤是在护卫孙权时所致，孙权知道这些经过，他在这里当着众将的面逐一追问，实际是要让他讲给各位将领，孙权既要让将领们知道周泰的非凡战功，也要让大家知晓周泰与自己的感情之深，以此也要让众将明白：无论周泰的能耐如何，它都是在一定意义上代表君主统领全部驻军。

《江表传》中说，当时在宴会上孙权拉着周泰的臂膀，流着眼泪说："幼平，你为我们兄弟作战如同熊虎一般，毫不吝惜身体性命，受伤几十处，皮肤上像刻了画，我的内心怎能不像骨肉之亲般对待你，授给你指挥全军兵马的重任呢！你是东吴的功臣，我与你荣辱与共，休戚相同。幼平，你做事就以称心快意的想法去做，不要因为自己出生微贱而退缩。"当即把自己常用的青色御盖赐给周泰；宴会结束后又安排兵马导从和鸣鼓吹号的仪仗在他前后，借隆重的礼仪形式给足了周泰面子和威仪（参见3.2.10《与部属的和善关系》）。孙权是要有意提升周泰在军队中的威信，促使徐盛等将领对其敬服。

219年，孙权袭取荆州后，准备借机伐蜀，于是任命周泰遥领汉中太守、奋威将军，封陵阳侯。几年后周泰离世，史书上表明是"黄武中卒"，即在黄武年间（222年-229年）中期逝世，人们由此并不能确定周泰去世的具体时间和原因。周泰的儿子周邵以骑都尉身份接替统领其部众。222年曹仁兵出濡须（参见1.4.17《三路伐吴》），周邵战场立功，又随军攻破曹休，进位裨将军，230年周邵逝世，他的弟弟周承统领部众并承袭侯爵。

周泰在孙权受到山贼围攻的紧急关头敢于舍弃生命以护卫，当时孙权并非执政之君，而正因为如此，才更加显示出了他对孙氏兄弟的高度忠诚，表现了他对少年孙权的深情关爱，由此结成了他们君臣间终生不渝的友谊。因为周泰真诚做事的品行，加上英勇善战的才具，他生前的确具备了在职场上持续升级的诸种重要条件。

3.7（5）陈武与他的两个儿子

东吴早期的武将中有一位忠诚而英勇的将军陈武，他与孙权情谊深厚，在合肥之战中为保护孙权的生命安全而殉身疆场，后来他的两位儿子陈脩与陈表在职任上受到孙权多次的奖励和提升，表现出了非常不同的君臣关系。《三国志·陈武传》及其引注中记述了陈武和他两位儿子各自的职场生涯，特别展现了陈武的重要功绩，以及陈表为人处事上不同寻常的风格，也从中反映了一种情深至笃的君臣关系。

陈武字子烈，庐江松滋（治今安徽潜山西南五十公里）人。孙策在寿春时，陈武前往持帖拜见，当时他十八岁，身长七尺七寸（约一米七七），两人感到情投意合吧，陈武于是跟随孙策东渡长江，其后因征战有功，被任为别部司马。孙策在198年击败庐江太守刘勋（参见3.1.6《乘胜进军扩大战果》），此战俘获很多庐江人，于是选择其中精锐，任用出身庐江的陈武督率，这支队伍所向无敌。

200年四月后孙权接掌江东政权，陈武转任督领五校。汉时屯骑、越骑、步兵、射身、长水五校尉简称"五校"，各为统率禁军千人的二千石官员。陈武仁慈宽厚乐于施舍，同乡和远客很多人都依附他。陈武特别得到孙权的厚待，孙权几次前往其家，他因为累建功劳，不久升任为偏将军。215年，陈武跟随孙权攻打合肥，魏将张辽发动突袭（参见1.16.1《忠勇将军张辽》下），吴军将领没有防备，战事因而不利，陈武奋力迎击，不幸战死。

陈武在战场危急关头为保卫君主的生命安全而战死，表明了他对君主舍生忘死的高度忠诚，孙权为此非常哀痛，亲临参加陈武的葬礼。《江表传》中记录说，孙权当时下令将陈武的爱妾殉葬，另外赐予陈家免除了纳税服役的客户二百家。当时活人殉葬的形式已经非常罕见，孙权大概是想以准予其爱妾陪葬的对待方式表达对陈武超常的恩遇吧，此事受到了后世史家的非议和诟病，但也能从中看到孙权对陈武不同寻常的看待。

陈武的儿子陈脩颇具父亲的风格，他十九岁时受到孙权召见，并因父亲的功绩被奖励，孙权任命他为别部司马，授给部众五百人。当时征召的各部新兵多有逃跑的人，而陈脩善于抚慰属属，与下属的关系很好，他的部队中没有丢失一人，孙权佩服其能力，任命他为校尉。大约219年，孙权追录功臣的后裔，封陈脩为都亭侯，任解烦督，负责督领解烦卫属下的精锐部队，229年陈脩去世。史书上没有介绍陈脩具体征战的事迹，他因父亲早年的功绩而两次受到孙权的恩宠对待，足见孙权对陈武战功的评估之高。

陈脩的弟弟陈表，字子奥，为陈武的妾所生，是陈武庶子。陈表年少时就有名声，与诸葛恪、顾谭、张休等人一同侍奉太子孙登，相互间友好和睦。尚书暨艳也与陈表友爱，后来暨艳犯罪，当时人人都设法保护自己，许诺帮助他的人很多，而真正出面说话的人却很少，唯独陈表不这样，因此士人们都很敬重他。陈表后来改任太子中庶子，被任命为翼正都尉。

兄长陈脩去世后，陈表的生母不肯侍奉陈脩的母亲，陈表对母亲说："我兄长不幸早逝，现在我统管家中事务，按规矩应当侍奉嫡母（即父亲的正妻）。母亲您若能为我忍受委屈之情，继续承顺嫡母，那就是我最大的心愿；如果母亲做不到这些，那只有离开这里居住到其他地方了。"陈表在处理家内事务中坚守传统的伦理规则，对不守规则的生母以大义相劝诫，没有一点额外的私情。因为他坚持规则与公正的原则，两位母亲的关系后来非常融洽。

陈表因父亲陈武杀敌阵亡，请求作将领继续征战疆场，率领着一支由五百人组成的队伍。陈表为了得到兵士们的效力，倾心善待他们，兵士们都很爱戴和服从他，乐于为他效命。当时有人偷盗官家的财物，众人怀疑是"无难军"中的士兵施明所为。施明一向强壮剽悍，被拘捕后受到毒打，但他宁死而无供词，廷尉将此事上报朝廷。孙权考虑到陈表能得军中将士们的信任，下诏令将施明交给陈表处理，让陈表按自己的方式获取事情真相。陈表受命后打开施明的枷锁并让他洗澡，为他换了衣服，置下丰盛的酒席，在酒宴间劝诱施明，施明于是自首服罪，同时交代了自己的全部同党。陈表上表汇报，孙权认为陈表的办法非常出特。为了保全他的名声,特地赦免了施明,而将施明的同伙全部斩首。事后,孙权升任陈表为无难军右部督,封都亭侯,以继承他父亲陈武生前的爵位。陈表上书辞让,请求将这些封赐转给他已故的哥哥陈脩之子陈延,孙权不允许,坚持给了陈表。

234年,诸葛恪兼任丹杨太守,讨伐平定山越,孙权任命陈表兼任新都(治今浙江淳安西)都尉,与诸葛恪互相协助治理其地。起初,陈表曾获得新都二百家食邑的赏赐,此时陈表观察这些人,发觉他们都是很好的兵士,于是上表辞让,请求将他们归还当地政府,以充实精锐兵力。孙权下诏说:"你的先君(指陈武)有功于国,国家将这批人作为赏赐来报答,怎么能推辞呢?"陈表于是解释说:"如今歼灭国家的仇敌,为我父亲报仇,应该是我考虑事情的根本。如果让这些人作为我的家仆,那就浪费了国家的精锐兵力,这不是我的心愿。"于是他在这些人中选取精壮者充实自己的部队。当地官员将这一情况上报朝廷,孙权甚为赞赏,又下令郡县在服役的人家中挑选人来补充陈表受赏赐的户数。

陈表在职任上三年,广开招降门径接纳兵力,得到了一万多人,情况紧急时便率领他们出战。当时正值鄱阳的吴遽等反叛作乱,攻占城池,所属各县动荡不宁,陈表率兵越过郡界前往征讨,吴遽兵败投降。陆逊任命陈表为偏将军,封他为都乡侯,安排他驻守在北边的章坑(今浙江西与安徽交界处)。陈表三十四岁时逝于任上,他家中的财物全部用来供养士人,去世当天妻子儿女都露天站立,太子孙登得知后为他们建起屋宅。

陈表的儿子陈敖年十七岁时被任用为别部司马,授兵四百人。陈敖去世后,陈脩的儿子陈延又任职司马代替陈敖统兵;陈延的弟弟陈永,其后也任职将军并封侯。先前那位因陈表而受到宽释的施明,一直感激陈表,他自己转变为良好品行,后来成为军中健将,因功升至将军。

陈武因在战场上护卫孙权而殉命,致使这位英勇善战的将军失去了后来许多立功显名的机会,但无论如何,君主孙权始终没有忘记他的救命之恩,几十年间给了他的子嗣极大的恩宠和关爱;尤其是儿子陈表在家事和政务上的处置方式,表明了陈家持有的良好家风,以及陈表本人在其中养成的优秀素质,过早去世的陈武也应该是虽死犹生。

3.7（6）从贼寇到将军（上）

东吴战将的成分其实是比较复杂的，除过他们年龄、地域和出身贫富的不同外，还有一位贼寇出身、最后辗转奔投孙吴的人物，他就是来自蜀郡的甘宁。《三国志·甘宁传》及其引注等多处记录了甘宁早年的行为表现及其人格转变，介绍了他在三国乱世为追求个人功名而辗转奔投，最终在东吴找到自己立足之地的艰难过程，同时也记述了他在吴主孙权属下多年疆场争锋、英勇奋战并建立功业的事迹，表现了一位名人从贼寇到将军的罕有人生。

甘宁字兴霸，秦国丞相甘茂的后裔，本为南阳人，他的前人于东汉后期客居巴郡临江（治今重庆忠县）。甘宁少年时有气力，喜好游侠，他早先在家乡就开始了浪荡的生活。

聚众游荡的贼寇般生活 甘宁经常聚合一伙轻薄少年，自任头领，一伙人成群结队，携带着弓箭，头上插着鸟羽并身佩铃铛，四处游荡。当时人们一听到铃响，便知是甘宁一伙到了。《吴书》上说，甘宁在当地轻侠杀人，又常躲藏逃命，为此在郡中出名。他出入各处，步行则车骑成列，水行则轻舟相连，颇为煊赫。他的侍从穿着锦绣衣裳，所到之处光彩斐然；住到哪里就用锦绣围起舟船，离开时就将其割弃，以显示富有奢侈，时人把他们视为贼寇。所在城邑的官员和与他交往的人，如果接待他隆重，他便与其倾心交往；如果不是这样，他便放纵手下抢掠对方财物，甚至在官员的辖界内制造残害，这种情况一直持续到他二十多岁。

蜀郡为吏而反叛 后来甘宁不再攻掠别人，他认真地阅读了诸子经典，应该是想有所作为。甘宁最初为郡吏，被推举为上计掾，协助本郡长官考核官员政绩并负责向上汇报，后来补任蜀郡丞，即郡守助理，为六百石八品官员，但时间不长他即辞职回家。《三国志·刘焉传》引注《英雄记》中记录了一段史迹说，荆州别驾刘阖引诱刘璋属将沈弥、娄发和甘宁反叛，但他们反叛未能取胜，被蜀将赵匙打败，甘宁等人率众逃到了荆州依附刘表。这里补记的正是甘宁在蜀郡辞职后的那段经历。遍读诸子是他人生转变的开始,他做了蜀郡官吏,后来却辞职而参与反叛,并不明白其中的决定性原因是什么。

在刘表、黄祖手下的失望 《吴书》中记录说,甘宁领着僮客八百人前去投靠刘表,刘表是一位读书人,不熟悉军事。当时各地英豪各自起兵,甘宁观察刘表的处事,觉得他最终必定难以有成,恐怕其一朝失败,自己跟着蒙受灾祸,于是准备东行进入吴地。因为黄祖在夏口(今湖北武昌蛇山北侧),甘宁的部队不能通过,于是他留下来依附黄祖。但甘宁在这里留居三年,黄祖不曾以礼对待。孙权在203年率东吴军队征讨黄祖时,黄祖战败奔走,吴军追兵赶来,甘宁善于射箭,他领兵在后,射杀了吴军校尉凌操,黄祖才得以逃脱,战斗结束后返回大营,黄祖对待甘宁仍然是以前那样。因为甘宁早年做过贼寇,名声不佳,现在无论甘宁立了多大的军功,黄祖始终都把他当作贼寇看待,不能给予正常的礼遇,甘宁的心里应是感受到了极大的伤害。

弃黄祖而投东吴 黄祖军中的都督苏飞多次推荐甘宁,黄祖并不重用他,跟随的客人有些也已离去,甘宁想要离开黄祖,恐怕不能遂愿,于是独自忧闷不知该怎样办。苏飞知道他的心意,就邀请来甘宁,置酒相待说:"我几次推荐你,主公不能任用,时间流逝得很快,人生没有多长,你应该自己作出远大追求,可能会遇到知己。"甘宁思忖一阵后说:"我虽有大志,但不知该怎么办。"苏飞说:"我将请求主公让你担任邾县(治今湖北黄冈西北八公里的长江北岸)县长,你去后自己选择出路。"甘宁听后非常高兴。苏飞果然请示过黄祖,派甘宁到邾县任职,甘宁招集先前逃亡的门客和志愿跟从者,共有数百人,带着他们投奔了孙权。

向孙权献出扩张计划 到了东吴,由于周瑜、吕蒙的推荐,孙权对甘宁十分器重,对待他就像原来的部属一样。甘宁向孙权献计说:"如今汉家运数衰微,曹操更为骄横,最终会篡国为贼。荆州南部的地势,山陵为依靠,江河可流通,这可成为我们西部的屏障!我观察刘表此人,他没有深谋远虑,儿子又软弱,根本守不住这个地方。将军应该早做谋划,不可落在曹操之后。"甘宁给孙权最早提出了夺取荆州的军事战略,不仅如此,同时还考虑了实现这一军事战略的具体方案,他对孙权说:"要想图谋荆州，首先要从黄祖下手。黄祖现在年老，昏聩无能，军资粮食都很缺乏，身边的人都在愚弄欺瞒他，而他贪图钱财，对下属克扣索取，将士和官员都心怀怨恨。他的战船和作战器具都破损而未加修整，又荒误农耕，军队没有法度。主上您现在前往进击，一定会将他打败。一旦击败黄祖，即可击鼓西进，前据楚关，在军势增大后，就可谋取巴蜀之地了。"甘宁给东吴描绘了一幅宏大的战略目标，孙权非常同意他的设想。因为这一意见与鲁肃提出的政治战略有许多相合之处，这就更加坚定了孙权用兵的决心。

当时张昭在座，他大概对甘宁的意见不以为然，于是非难说："现在江东自身危急，如果军队真的西征，恐怕会导致内部生乱。"甘宁回答说："国家将萧何那样的重任交给阁下，而您在位上却担心出乱，用什么来追慕古人呢？"孙权见此情景，遂举杯向甘宁劝酒说："兴霸，今年即出征西进，就像这杯酒，我决定把它交付给你。你尽管提出方案，使我们必定打败黄祖，这就是你立了大功，何必计较张长史的言语呢！"孙权的话语是劝解，但其中包含了对于甘宁所提方案的高度肯定和对他本人的赞赏。

对苏飞往日恩义的酬报　208年春，孙权又一次西征黄祖，他分出一支部队专门交给甘宁指挥，这次果然擒获了黄祖（参见3.2.3《战略目标的推进》）。《吴书》中记述说，孙权这次出征前曾做好了两个匣子，想用来盛黄祖和苏飞的首级。苏飞被俘后托人向甘宁告急。甘宁说："苏飞即便不说，我难道会忘记吗？"其时孙权设宴庆功，甘宁下席向孙权叩头，诉说了苏飞对他的恩情，并求情说："我甘宁如果不是遇上苏飞，早已死后填沟壑了，就不能报效您。如今苏飞罪当斩杀，我请求主公免他一死。"并向孙权保证说："如果他免死后逃跑了，就用我的首级装入匣中！"孙权理解甘宁的心意，于是赦免了苏飞（参见3.2.10《与部属的和善关系》下）。这一赦免表现出的是孙权对于甘宁的高度信任和对其人格的尊重，甘宁对此十分感激，他已为东吴立下大功，自此更是忠诚勤恳地为东吴的事业奋勇拼杀。

3.7（6）从贼寇到将军（下）

出身贼寇的甘宁经过人生转变后相继在益州刘璋、荆州刘表和江夏黄祖手下任职为将，但都没有人生价值的内在感受，为了实现自己的人生追求，他约在207年左右离开黄祖投奔了东吴，并向孙权献出了关于东吴扩张发展的战略设想，又在208年初夺取江夏的战斗中首立战功。《三国志·甘宁传》及其引注记述了甘宁在东吴诸多战斗中的英勇事迹与突出战功，也反映了他与东吴君臣的各种交往关系，展现了一位忠勇出色战将的多面人生。

攻占夷陵逼退曹仁　东吴夺取江夏约半年后，曹操率大军占领了荆州，志在兼并江东，甘宁参与了赤壁水战，其间在乌林大破曹军，后来又跟随周瑜在南郡攻打曹仁，因未能攻克，甘宁建议自己率兵从小路取夷陵（今湖北宜昌东南），以便与周瑜夹击曹仁。在周瑜的授命下，甘宁一举攻占夷陵，据城而守。当时甘宁手下只有数百军士，加上破城新增的兵员，也仅有千人，而曹仁派出五六千人去围攻夷陵，他们在城外搭设高楼，从上面向城中下雨般射箭，守城的士兵都很恐惧，唯甘宁谈笑自若。他派人出城向周瑜求援，周瑜采用吕蒙之计，留下凌统守御大营，亲自率大军击败了围城的曹军，很快解除了夷陵之围（参见3.6.14《勇而增谋的吕蒙》上）。曹仁丢失了夷陵，面临两面夹击之势，他不敢恋战，只好放弃江陵退往荆州（治今湖北襄樊）。甘宁的战术策略与夷陵攻守都成为逼使曹仁退兵的重要因素。

濡须对峙突袭曹营　213年正月，曹操率军号称四十万攻打濡须口（今安徽巢县西），准备饮马长江，孙权率兵七万迎击，派甘宁率三千人为前部督。孙权密令甘宁夜间突袭曹军前营，并特赐给米酒。甘宁选精锐一百多人共食，吃罢后甘宁用银碗斟酒，自己先饮了两碗，然后斟给手下都督，这位都督伏在地上不肯接酒。甘宁拔刀放置腿膝上呵斥道："你受君主的知遇能比得上我吗？我甘宁尚且不怕死，你为什么还怕死？"都督见甘宁神色严厉，马上起立施礼，恭敬地接过酒杯饮下，然后给每位士兵斟酒一碗。到二更时，甘宁率领这些将士悄悄地衔枚出营，冲入敌营一阵砍杀，斩得数十颗首级。曹军前营受到惊动，惊恐后退。孙权这里在初遇强敌时想要给曹军来个下马威，他为此选定甘宁领兵突袭，也足见对甘宁的信任和看重。这一突袭战是对将军胆量和战斗力的考验，甘宁果然不负期望，他组织精兵并调动士气，出色地完成了任务，自此甘宁在军中的威信更加提升，孙权为他增加了两千部众。《江表传》中补充说，当天晚上曹军受惊后兵士们惶恐乱喊，等他们纷纷举起火把时甘宁的人众已经回到了军营鼓乐庆贺，口喊万岁。甘宁当夜见到孙权，孙权笑着说："这能惊吓那老头（指曹操）吧，我只是想看看你的胆量。"他赐给甘宁一千匹绢，一百口战刀。孙权还对人说："孟德有张辽，我有兴霸，足够相敌的。"这次交战曹吴双方相持了一个月多，因为春水上涨，曹军最后撤归（参见3.2.7《与曹军的反复较量》）。

皖城交战身为先锋　214年吕蒙建议应清除曹军在皖地的屯田部队，以消除隐患，孙权于是率军亲征皖城（今安徽潜山）。在皖城攻坚战中，甘宁被荐举为升城督，作为全军先锋领兵在前，吴军从拂晓发起猛攻，甘宁手持练索，身先士卒，攀缘上城，很快攻下皖城，俘虏了曹军守将朱光等一万人。驻守合肥的曹魏大将张辽得知皖城告急，急忙率兵驰援，行至夹石（今安徽桐城以北）时听说皖城已失，只好返还（参见3.6.14《勇而增谋的吕蒙》中）。这次战斗，甘宁在攻城中立下大功，升任为折冲将军。

镇守益阳抗拒关羽　215年甘宁随鲁肃镇守益阳（治今湖南益阳），关羽准备进击东吴地盘，他号称有三万兵马，挑选精锐兵卒五千人，投物堵住上游十多里的浅水地带，声称夜间要涉水渡河。鲁肃与各位将领商议对策，甘宁当时手下三百人，他对鲁肃说："给我增添五百人，我前往对付，保证关羽一听到我咳唾之声就不敢渡河，他敢过来就会被我擒获。"鲁肃选了一千人给他，甘宁连夜赶到上游设防，关羽听说甘宁来守防，便放弃了渡河计划。由于甘宁等将领的积极防御，关羽的进攻势头得到了抑制，数月后吴蜀双方平分荆州。孙权嘉奖甘宁的功劳，任他为西陵太守，统领阳新（治今湖北阳新西南）、下雉（治今湖北阳新东南二十公里）

两县。

合肥迎敌死战护主 215年甘宁随孙权攻打合肥,与曹军张辽等交战,猛将陈武奋战致死,恰好军中流行瘟疫,东吴全军撤退。当时大军已撤出战场,只有孙权亲领的车下虎士一千多人,以及吕蒙、蒋钦、凌统、甘宁等跟随孙权留在逍遥津(今安徽合肥东)北岸。张辽瞭望到孙权在此,即率步骑兵突然杀来(参见1.16.1《忠勇将军张辽》下)。甘宁引弓射敌,与凌统等拼死厮杀。吴军兵士因为惊恐而忘记了鸣鼓,甘宁厉声询问战鼓为何不响,当时他壮气毅然。在甘宁等人的拼死抵抗下,孙权最终冲出了重围,其后孙权对甘宁更加看重。

与部属及同僚的关系 甘宁战场上勇猛好杀,生活中他开朗而豪爽,做事有计谋策略,同时也轻财敬士,关心部属,对待士兵宽厚,军队士兵很高兴听从他的命令。《吴书》中说,吴将凌统怨恨甘宁早先在黄祖手下为将时射杀了父亲凌操,于是多次寻衅报仇,而甘宁对此有所防备,尽量不与凌统见面。曾经有一次他们两人在吕蒙那里聚会饮酒,酒酣之时,凌统起立舞刀,甘宁也站起来说:"我能舞双戟!"吕蒙见状立即操刀挟盾隔在中间,用身体将他们分开。后来孙权知道凌统的心意,就让甘宁率兵改驻半州(今江西九江西)。甘宁在这里是被动应付并刻意回避对方,似乎颇能理解凌统的心情;而他与凌统在战场上面对共同敌人时也总能互相配合。

甘宁曾经与孙权堂兄弟孙皎因为小事而负气相争,有人劝他道歉,甘宁说:"大臣应该是平等的,孙皎虽是宗亲但怎么可以侮辱人!我遇上明主应当以力量和性命报答,但不能因世俗委曲求全。"(参见3.4.1《孙静及其子孙的多样人生》下)孙权知道此事后写信给孙皎让他向甘宁道歉,两人后来结成了好友。在同僚吕蒙升职后,甘宁做事经常违背吕蒙的心意,但两人似乎能互相理解,始终是相互支持的好友。他们曾为一犯错小童的处置发生冲突,几乎要兵戎相见(参见3.6.14《勇而增谋的吕蒙》中),但最终甘宁还是承认了自己做事的过失,两人和好如初。从中能够看到甘宁是一位性格刚直并且知错就改的君子。

合肥之战是甘宁参加的最后一次战斗,史书上没有记录甘宁的离世时间，而根据孙皎、潘璋等人的相关事迹推测，甘宁大约在合肥战后三四年去世。甘宁去世时，孙权非常痛惜。他的儿子甘瑰后来因罪被迁徙至会稽，不久离世。甘宁是三国时代一位出身特别的将军，他谋勇兼济、战功卓著，心性刚猛而不失君子人格，是东吴属下不可多得的出色战将。他从贼寇到将军的曲折转变以及后来建功立业的人生经历，展现了读书学习对人生发展方向的决定作用，也表明了团队选择对个人价值实现的重要意义。

3.7（7）水战有功的董袭和徐盛

被陈寿称为"江表之虎臣，孙氏之所厚待"的东吴十二位将军多是战功卓著、闻名后世的人物，但也有后世知之甚少的战将。他们中的一些人作战极其勇猛，只因为离世过早，如陈武那样在孙吴创业后期长久缺席，所以过早地淡出了人们的视线。《三国志·吴书十》及其引注中分别用不多的文字记述了董袭、徐盛一生的征战事迹，表现了他们对东吴事业的忠诚，尤其展现了他们的水战之功，从中能看到东吴将军的不同凡常之处。

溺亡的猛将董袭 将军董袭字元代，会稽余姚（治今浙江余姚西北）人，他身高八尺（约1.84米），武力过人。孙策在196年领兵进入会稽郡，董袭在高迁亭（约今浙江萧山东十公里之杭州湾畔）迎接，孙策见他长得奇伟，十分欣赏，遂任命他担任门下贼曹，主管捕获盗贼的事务。不久山阴（治今浙江绍兴）贼寇黄龙罗、周勃聚众数千人作乱，孙策亲自领兵讨伐，董袭随军出征，他亲自斩下黄龙罗、周勃二人首级，返回后被任别部司马，孙策交给他数千人的部队，又升迁他为扬武都尉。后来董袭跟随孙策攻打皖城，在寻阳征讨刘勋，又在江夏讨伐黄祖，转战各处而立功。

200年孙权刚刚统领江东时，其母吴夫人为此担忧，引他见张昭和董袭等人，问江东能否得到保障。董袭回答说："江东的地势，有山川险阻之固，讨逆将军（指孙策）为贤明的州牧，对百姓有过恩德；讨虏将军（指孙权）承袭基业，上下齐心听从号令，张昭秉政掌事，我董袭等人作为爪牙而效命，这正是占有地利、人和的时候，绝无什么可忧虑的!"大家都认为他的话语气势雄壮，深受鼓舞。吴太夫人在孙权刚执政时领他去见张昭和董袭，由此可以看到武将董袭当时在东吴军中的地位之高。

203年，鄱阳贼寇彭虎等人率众数万造反，董袭与凌统、步骘、蒋钦等将军受命出征。董袭所向披靡，所到之处贼兵皆败，彭虎等一望见他的旌旗便四散逃走，十天内贼寇全部被平定，董袭被任威越校尉，升为偏将军。

208年初，孙权征讨黄祖，黄祖用两艘狭而长的大型艨艟战舰横着把守沔口，用绳索固定，艨艟上的士兵向江中射箭，箭如雨下，孙权军队无法前进。董袭和凌统作为前锋，各率百人死士，每人披着两重盔甲，他们冒死突入敌舰艨艟之中，董袭亲手持刀斩断两条绳索，大军于是得以前进，黄祖打开营门逃走，吴兵追上将其斩杀。次日的宴会上，孙权举杯对董袭说："今天的庆贺宴会，全靠你砍断绳索的功劳。"董袭看来是东吴军中少有的猛将。

213年曹操进攻濡须口，董袭跟随孙权抵御。孙权派董袭率领五艘楼船到濡须口，至夜深时，暴风狂袭，五艘楼船都被倾覆，身边人都乘着走舸散走，他们请董袭一起离船出逃，董袭大怒说："我受孙将军重任，在此守船御敌，怎能离船而去？有再敢说要逃离的立斩!"于是无人敢劝说他，当夜船沉，董袭被溺死。猛将董袭是怀着忠于职守的工作态度殉职的，孙权穿着丧服参加葬礼，对他的家眷供应十分丰厚。

水战多功的徐盛　徐盛字文向，琅邪莒县（今山东莒县）人。由于遭遇战乱，他从家乡迁居到吴县（治今江苏苏州），以勇气而闻名。孙权在200年执掌东吴政权后任用徐盛为别部司马，安排他率军五百人担任柴桑（治今江西九江西南六公里）县令，抵御江夏黄祖的入侵。黄祖的儿子黄射曾经率领数千人南下柴桑攻击徐盛，徐盛领着吏士不到二百人与其对抗，他们杀伤黄射的部队千余人，其后开门主动出战，大败黄射，黄射被击退后再也不敢前来侵犯。孙权于是任徐盛为校尉、芜湖县令，又因为徐盛讨伐临城（治今安徽青阳南）南部一带的山贼有功，加徐盛为中郎将，督校兵。

孙吴落花　>>>

215年八月，徐盛跟随孙权攻打合肥。东吴大军包围了合肥，魏将张辽率八百战士出击突袭，徐盛在战斗中负伤，仍然英勇地护卫了孙权。217年曹操出兵濡须口，徐盛跟随孙权一同迎击，当时魏军大举进攻横江（今安徽和县东南的津渡），徐盛与东吴诸将前往迎战，全军乘坐着战舰艨艟前往，未料突然遭遇大风，吴军的艨艟战船被吹到敌军岸边，诸将心中恐惧，没有人敢出战，只有徐盛单独率领士兵上岸砍杀敌人，魏军惊慌而溃逃，死伤不少。风停后徐盛率军返回。孙权高度赞赏徐盛这次危中夺胜的勇气和战功。

221年孙权向曹魏称藩，曹丕派邢贞前往东吴，拜孙权为吴王。孙权出都亭等候邢贞，邢贞脸上露出骄横的神情，吴臣张昭见状大怒（参见3.6.1《辅佐两位君主的张昭》上），徐盛也十分气愤，他对身边的同僚说："徐盛等人不能奋身拼命，为国家吞并许都、洛阳，兼并巴蜀，致使主君和邢贞今天结盟，这不就是我们的耻辱吗！"说着不禁泪流满面。邢贞听说了这事后，对他同行的人员说："江东有这样的将相，看来不会久居人下！"后来，徐盛被加为建武将军，封都亭侯，兼庐江太守，又得到临城县作为赏赐的奉邑。

222年刘备率军进攻东吴，吴军在夷陵迎战，徐盛攻取了蜀军的多处营寨，立下功绩，大破刘备于夷陵。这年九月，魏将曹休督领张辽、臧霸等部队出兵洞口，徐盛与吕范、全琮等人渡江拒敌（参见1.4.17《三路伐吴》），东吴水师遭遇大风，船上人死伤不少，又遭遇魏军张辽等人的进攻，战场形势不利。徐盛收集残兵，与曹休隔江对峙，曹休组织兵力向徐盛进攻，徐盛以少抵多，魏军难以取胜，最后各自引兵撤退。返还后徐盛升任安东将军，受封芜湖侯。

224年，魏文帝曹丕率领大军再次南征，企图渡过长江征服东吴。徐盛建议在都城建业周边百里筑起篱笆围栏，围栏上设有假楼台，在江面设置浮船。诸将认为这样做没什么意义，而徐盛坚持己见，孙权采纳了他的建议，很快建成了百里长的围栏假楼，被《晋纪》称为"疑城"。曹丕大军到达广陵（今江苏扬州），远远望见似乎弥漫数百里的城墙城楼，他心中惊愕，感叹说："魏国有铁骑千万，在这里难有用场，看来无法攻取了!"(参加 1.4.19《长江北岸的两番叹息》)最终引军撤退。诸将这才明白徐盛的高明之处,大家纷纷拜服。

徐盛在 226 年左右去世,他的儿子徐楷当时承袭了爵位并统领其部队。出生北方的将军徐盛凭着他对东吴事业的忠诚,看来是练就了一身舟船作战的功夫,这使他在南方水战中反而多次立功,成为主君孙权十分赞赏的勇将。

3.7（8）年轻气盛的凌统

投身东吴事业年龄最小的将军应该是凌统,凌统在十五岁时继承父亲的遗业而统领军队,跟随孙权四处讨伐征战,因为他的忠诚勇敢和开通心性而成为孙权非常欣赏喜爱的东吴名将。《三国志·凌统传》及其引注记述了凌统跟随孙权英勇奋争十多年的短暂职场生涯,介绍了他对东吴事业的突出贡献,展现了一位充满朝气的年轻将军不同寻常的优秀品格。

凌统字公绩,吴郡余杭（治今浙江杭州北）人,约生于 189 年。他的父亲凌操,为人侠义有胆气,孙策开始兴兵时,凌操每次跟随征战,经常充当军队的先锋并勇冠全军,其后代理永平（治今江苏宜兴西四十公里）县长,在任内平定山越,地方上的奸猾之徒也自此行为收敛,因功升迁为破贼校尉。后来孙权统军,凌操随征江夏,他首先攻进夏口,打败了黄祖的先锋之后轻舟独进,被黄祖属下将军甘宁射杀。凌统时年十五岁,身边的人大多都称赞他,孙权认为凌操为公事而死,遂任儿子凌统为别部司马、破贼都尉,让他代替父亲统领原来的部众。

凌统后来跟随孙权大军进攻山贼,孙权攻破保屯（今湖北蒲圻北）后先行回军,剩下麻屯（今湖北嘉鱼西南）一万人,凌统和督官张异等人围城,定好日期进攻。在此稍前,凌统和督官陈勤聚会饮酒,陈勤刚强任气,在聚宴时作督酒,他欺凌在座的人,罚酒不按规矩,凌统恨他对人欺侮轻慢,当面顶撞了他,陈勤就辱骂凌统和其父凌操,凌统流泪不能答话,大家退了席,陈勤乘着酒兴更加凶悖,又在路上辱骂凌统,凌统不能再忍,拿刀砍了陈勤,几天后陈勤死去。到了进攻麻屯的日子,凌统说:"我不死没法谢罪。"于是激励士兵,冒着刀箭进攻,他所攻打的一面,立

95

即就攻陷了,于是其他各路乘胜进兵,大败敌人。不久返回后,凌统为陈勤之事向军法处自首,但孙权称赞凌统作战英勇果敢,许他以功赎罪。实际上是赦免了他刀砍陈勤的犯罪责任。

208年孙权再次出兵征讨江夏,凌统担任前锋,他和关系最密切的勇士几十人坐一条船前行,常常离大军几十里之远,进入右江,斩了黄祖的将领张硕,并捉拿了与其同船的士兵。回来向孙权报告后,凌统再度领军加快前行,当时吴军水陆并进,吕蒙打败敌人水军,凌统首先攻夺了对方城池,此战大获全胜,凌统被孙权任命为承烈都尉。数月后赤壁水战凌统又随从周瑜等人在乌林打败曹操,随之进攻南郡的曹仁,战后升任校尉。

215年凌统随军攻破皖城,升为荡寇中郎将,兼任沛(治今江苏沛县)相,又随吕蒙夺取荆州的长沙、零陵、桂阳三郡。孙权与刘备平分荆州后,凌统回师到益阳,他从益阳直往合肥,被任为右部督,成为北方边境上镇守合肥的重要将领。当时孙权率军包围合肥后出军不利,决定从合肥撤军,前部军队已然出发,魏军将领张辽忽然领军冲到逍遥津北岸,孙权让前头部队返回,但军队已走远,难以及时赶到,凌统率领的三百亲兵于是陷入魏军包围,他们拼死迎战才解救孙权出围。但魏军已破坏了桥梁,只剩下两条木板,孙权在桥上纵马驰骋,难以越过,凌统则返回迎战,身边的人全都阵亡,他自己也受了伤,仍然奋力杀死几十个敌兵,他估量着孙权脱离了危险才退了下来。孙权幸亏身边侍卫谷利着鞭助势,得以快马跳过桥板(参见3.2.7《与曹军的反复较量》),而凌统退下回返时,因为桥断路绝,他只好穿着铠甲潜入水中渡水而过。孙权在御船上看见了凌统又惊又喜,凌统到南岸后看见左右没有返回的士兵,他非常悲痛,孙权用衣袖为他擦泪说:"公绩,阵亡的人没法挽救了,如果有你在,就不怕没有人!"《吴书》中记录说,凌统当时伤势很重,孙权把他留在自己乘坐的船上,为他换下了全部衣裳,身上的创伤全依靠境内的"卓氏良药"才保全了性命。稍后升任凌统为偏将军,孙权划拨给他比原来成倍多的部队。

凌统年轻气盛,一直想给父亲报仇。208年攻破了黄祖后,先前身为黄祖部将而射杀了凌操的甘宁投奔了东吴,凌统怨恨甘宁,甘宁也防备凌统,尽量避免和他见面,孙权命令凌统不得与甘宁为仇。两人曾经在吕蒙处一同聚宴时,几乎挥舞刀戟相对,亏得吕蒙持刀将他们分开,才制止了一场恶斗(参见 3.7.6《从贼寇到将军》下)。

凌统虽然身在军队,但他仍亲待贤俊,接近士人,轻财重义,具有国士之风。当时有人推荐一位名叫盛暹的凌统同乡给孙权做身边护卫,说是这人品格高尚,比凌统更好,孙权说:"能够和凌统一样就满足了。"后来孙权半夜召盛暹相见,凌统虽已睡觉,他知道后仍然披着衣服出来迎接,两人拉着手走进房内,凌统就是这样喜爱贤才而毫不嫉妒。

凌统以为山中的人大多勇壮强悍,可以用恩威和利诱的办法使他们归顺,孙权让他东去征讨贼寇,并且下令所到各处,凡是凌统需用的物资,都应先供给再报告。凌统素来爱护士兵,士兵也喜欢他,这样召到精兵一万多人。他经过本县,进了公署的门,见到官员总是手持三版,恭敬尽礼,对故旧朋友更加亲近,情感恩义也愈加浓厚。凌统平定了东部贼寇后将要离去时,因病情发作而去世。孙权听到这一消息,拍着床起身,悲哀不能自禁,并且减餐几天,一提到凌统就流泪,安排张承为凌统作了悼念的铭诔,他对年轻将领凌统的感念显然要更为深切。

凌统是在合肥之战不久后征讨山越的战斗结束后病逝的,史料中记载说"时年四十九岁"。后世史家推演认为,凌统离世时间不会超过吴蜀219年袭取荆州之战,因他在父亲凌操203年阵亡后接替统兵时为十五岁,实际跟随孙权征战最多有十五年之久,因而他去世时只能是三十岁左右,绝不会达到四十岁。由此得出的结论是:史书所称凌统离世时的年龄肯定不对,其中的"四"当是"二"字之误,即凌统去世时应是二十九岁,时间故为217年。反过来,如果凌统去世时真的为四十九岁,他就跟随孙权征战了三十四年,那去世时间应该为237年,这已是孙权执政的中后期,也导致了凌统二十多年没有战绩和史料记录的情况,而这几乎是不可能的。

凌统有凌烈、凌封两个儿子,离开父亲时都才几岁,孙权将二人收养在宫中,爱护得跟自己子女一样。有客人来,就叫过二人说:"这是我的虎子。"(参见 3.2.10《与部属的和善关系》下)长到了八九岁时,安排葛光教他们读书学习,十天学一回骑马;孙权又追念凌统的功劳,封凌烈为亭侯，把凌统的部众交给凌烈统管；后来凌烈有罪免官，改由凌封袭爵领兵。史料中并未记录两位儿子的战功，他们的战场业绩比起父亲应该是有不少差距。一代名将凌统过早离世，事实上成了孙权执政时期无法弥补的重大损失。

3.7（9）擒获关羽的潘璋

　　东吴一位平常的将军在争夺荆州战斗中侥幸擒获了天下名将关羽，使他一时名声大振，这就是跟随孙权较早的将军潘璋。和历史演义小说不同，《三国志·潘璋传》及其引注记述了潘璋跟随孙权南北征战近四十年间扫除盗贼安定地方，以及抗御魏蜀侵扰的征战事迹，描述了219年底参与荆州争夺战的特殊战功，也概括地介绍了他的为人特点和治军方式，展现了历史上一位真实的战将。

　　潘璋字文珪，东郡发干（治今山东郓城与鄄城之间）人。他天性放荡，喜欢喝酒，因为家贫，经常赊账酤酒。债主上门讨债时他总是说："以后我富贵了再还。"孙权在196年任阳羡（治今江苏宜兴南）县长时，潘璋开始跟随孙权，孙权非常喜欢他，让他招募士兵，得到一百多人，孙权于是任用他为将领，因为讨伐山贼而有功，所以提升他为别部司马。后来又担任吴郡的集市刺奸，负责维持市场和地方治安，致使盗贼绝迹，由此在当时有名。

　　后来潘璋升任豫章郡西安（治今江西武宁西二十公里）县长。当初刘表任荆州牧时，西安县百姓常受盗贼的骚扰，自从潘璋任县长以来，贼寇便不敢入境。不久邻县建昌又有盗贼作乱，潘璋转任建昌县令，加授武猛校尉，受命讨伐盗贼，一个月内就把盗贼全部平定了。史书上没有记述潘璋平定盗贼的方法，只能看出他的治理效果非常突出，孙权是特意安排他在盗贼盛行的地方任职，让他解决这一地方治理中的祸患。潘璋很快完成了两县的整治任务，他召集本地的散兵游勇，得到八百多人，带领他们返回建业，壮大了自己的队伍。

　　215年初，潘璋参与了孙权与刘备争夺荆州南部的攻战，他与吕蒙、孙皎、鲁肃各自率兵分道并进，到益阳与关羽对峙，后来刘备与孙权平分荆州后战事止息。215年八月,在东吴大军包围合肥期间,张辽率八百人出城突袭东吴军营,因为吴军没有防备,将军陈武战死,宋谦、徐盛皆披靡败走。潘璋的位置在后方,他见状立即驰马前进,亲手杀掉宋谦徐盛军中逃跑的两名士兵,吴兵于是返还再与张辽接战。事后孙权十分赞赏潘璋的果决行为,提升他为偏将军,兼任校尉,安排他驻军半州(今江西九江西)。从中能够看到,潘璋作为孙权的爱将,他虽然不是最有勇力的将军,但跟随孙权四处征战,在战场上有敢于拼争,敢于迎战的勇气。

219年八月,孙权组织军队袭夺关羽驻守的荆州(参见3.2.9《联盟的破裂》下),在吕蒙、陆逊偷袭南郡和江陵,关羽退守麦城(今湖北当阳东)时,潘璋与朱然受命截断关羽后路,他们率军到达临沮(治今湖北远安西北)后,驻军夹石(今远安境内)间,遇上关羽军队,潘璋部下司马马忠擒获了关羽、关平及都督赵累等人。历史小说上有吴军伏兵用长钩套索绊倒关羽战马等情节,史书上没有记述马忠擒获关氏父子等人使用了何种手段,也并未表明被俘数人是否就地被斩杀之事。总之,在关羽兵败麦城后退军逃生的途中,东吴并不出名的将军潘璋与部属马忠在此擒获了三国一流的战将,应该算立下了不世之功,也因此成了不易被后世人们遗忘的战将。孙权当时划分宜都、秭归二县为固陵郡,提升潘璋为该郡太守、振威将军,封溧阳侯,这是对他的爱将借机做了超常的奖赏。

若干年后吴将甘宁去世,孙权将甘宁的部队划归潘璋统领,潘璋归并了甘宁的军队,他在军中的实际地位得到了很大提升。222年刘备率领蜀军进攻夷陵,潘璋跟随陆逊出军迎敌,后来率领部下斩杀了刘备护军冯习等人,其部属杀伤的蜀兵人数颇多,战后潘璋被提任为平北将军、襄阳太守。

魏帝曹丕组织军队三路伐吴时,魏将曹真、夏侯尚等围攻南郡的朱然,他们分前军三万人造浮桥,前进到百里洲(江陵中洲)上,吴将诸葛瑾、杨粲合兵前往解救,但未知敌情,未能成功,而魏军每日都不断渡河。潘璋提议说:"魏军现在气势强盛,江水又浅,还不是与他们决战的时候。"他率军到魏军上流五十里处建立水城,又砍伐数百万捆芦苇,绑成大筏,准备顺流放火,烧毁魏军所建的浮桥,当时只等涨水就实施这一方案。而下游战场上诸葛瑾大举进攻夏侯尚，夏侯尚等人因为久攻江陵不下就退兵（参见 1.4.17《三路伐吴》）。潘璋的制胜方案因为敌军撤退而未能正式实施，他于是前往陆口（今湖北嘉鱼西南）防御。在这次魏吴双方南郡水战而胜负难解的关头，潘璋的绑筏火攻应是稳妥的制胜方案，可惜未等到水涨实施之时魏军就已撤退，这也可见潘璋战术水平在后期的提升。229 年孙权称帝后，潘璋被任为右将军，已成为吴国的重要将领。

潘璋为人粗鲁勇猛，军队中禁令严明，他喜好建功立业，所领人马不过几千人，但在战场上常常可发挥上万兵力的作用。每次征战中驻军时，潘璋设立军中的交易市场，其他部队没有的物品，都靠他们的市场补给充实，通过这一经营手段，大概也为部队积累了财富。但潘璋天性奢侈，晚年更加厉害，他使用物品的规格超出了规定的限度，一些富有的将士被他杀死夺走财物，他多次不遵循法令，监司检举报告，孙权看重他的功绩，总是原谅他而不责问。这里可以看到吴国部队中法令的松弛，以及潘璋个人素质未能有根本提升的原因所在。

潘璋并非如历史小说上描写的那样在夷陵之战中被关羽儿子关兴所杀，他事实上是在 234 年去世，史书上没有记述他去世的具体原因，也没有表明他当时的年龄。可以推算得知，如果他 196 年跟随孙权时为二十岁，那去世时应该是将近六十岁了。孙权下令其部队由吕岱接管，潘璋的儿子潘平行为不端，被流放会稽。潘璋的妻子居住在建业，孙权赐给田地房屋和免除赋役的佃户五十家，应该算是对这位爱将家属的特意关照。

潘璋也是被陈寿称为"江表之虎臣"的十二位将军之一，他后期的军中地位不低，但无论如何，他算不上吴国能够担当大任的军事将领，属于二流的平常将军，他是依靠被俘对手的名声侥幸获得了绝大战功。

3.7（10）后起之秀丁奉

在东吴开国战将群中，丁奉应该属于其中的后起之秀，因为他个人多谋有智，并且在战场上英勇无比，武功超人，又善于组织和带领军队，这使他很快成长为吴国中后期独一无二的出色将领，尤其是在后孙权时代更是成为国家军政界无可替代的人物。《三国志·丁奉传》及其引注记述了丁奉四处征战的疆场功绩和为国筹谋的诸多方案，表现了丁奉的忠勇与智慧，展现了吴国后期一位优秀将领为国家作出的突出贡献。

丁奉字承渊。庐江安丰（治今安徽霍邱西南二十公里）人。丁奉年少时骁勇善战，先后在甘宁、陆逊、潘璋麾下为将官，多次跟随大军征战，作战中常常勇冠三军，每次在战场斩将拔旗，总是身受重伤，后来被提拔为偏将军。

252年孙权幼子孙亮即位后，丁奉为冠军将军，被封都亭侯。当年魏国派遣诸葛诞、胡遵等人进攻东兴（今安徽巢县东南）时，东吴太傅诸葛恪督率诸将前往迎战。诸将都对诸葛恪说："敌人听说太傅您亲自到来，等到我们上岸他们就会逃走。"而丁奉一人坚持说："不会这样。敌人调集境内兵力，出动许都、洛阳的全部兵力大举前来，一定是有确定的目标，怎么能无功而返呢！我们不应指望敌人不来，应该依靠我们自己有把握战胜敌人才对。"及诸葛恪带兵上岸后，丁奉与将军唐咨、吕据、留赞等人一起沿着山路向西面进发。丁奉说："现在各部队行军太慢，如果敌人占领了有利地形，我们就难以与他们抗争了。"于是他离开大部队，独自统领手下五千兵马从另一水路前进。当时正刮北风，丁奉的部队乘船两天就到达前线，占据了徐塘（今安徽含山西南四十公里）。当时天气寒冷下了大雪，魏军将领饮酒聚会，丁奉见敌人先头部队人少，就对手下说："封侯领赏就在今天！"他下令士兵脱去铠甲头盔，人人手持着短兵器。魏将发现后都取笑他们，并不做防备。丁奉率领部队奋起砍杀，大破魏军的前营驻军，正好此时吕据等人的部队到来，一起击溃了魏军（参见1.7.4《再起的对外战争》上）。从这次吴军出兵的战略设定，到进军后的战术安排，都依靠丁奉的建议与谋划；而实施主要方案的战场拼杀也是丁奉组织和带领，他无疑是吴国军队中当时最出色的战将。战后丁奉因功升为灭寇将军，封都乡侯。

255年魏国将军文钦前来归降吴国，丁奉被任命为奋威将军，跟随大将军孙峻到寿春去接应文钦（参加3.3.3《孙峻孙綝的专权》上），与魏国追兵在高亭（在今安徽巢湖西北的橐皋附近）交战。丁奉跨马持矛，冲入敌军阵中斩首数百，缴获大量军器。战后，他因功被封为安丰侯。两年后的257年，魏国大将军诸葛诞自据守的寿春向孙吴投降，被魏军包围。吴帝孙亮、权臣孙綝派遣朱异、唐咨等前去救援，后来又派丁奉和黎斐前去解围（参加3.3.3《孙峻孙綝的专权》下）。丁奉为先锋，屯住黎浆（今安徽寿县南），因力战有功，被封为左将军。吴军在三年内两次出兵寿春，都没有实现应有的军事目标，总体上也折损了不少人马，属于不成功的军事活动，尤其是孙綝统领的救援活动更是大败而归。尽管这样，丁奉个人在战后都是受到提升奖赏的有功将领，他在战场上领军实施的个别战斗是取得了胜利的。可以看到，在早年跟随孙坚、孙策征战的一批将领至吴国建国前后若干年相继去世后，丁奉已成长为吴国中后期最有战绩的军事将领。

丁奉在军中地位的提升，使他成了后孙权时代吴国政治斗争中各方势力争取的人物，他也自觉或不自觉地被卷入了国家上层各政治势力的宫廷争斗中。257年少主孙亮因为要争取自己亲政，为此与权臣孙綝的矛盾激化，次年丁奉曾受孙亮指令，分别在虎林和建业攻杀了与孙綝有瓜葛的党羽朱熊和朱损，这年九月孙亮密谋夺政失败后，被孙綝废黜为会稽王，而丁奉由于在军中无可替代的特殊地位，似乎并未受到过大的影响。

258年，吴景帝孙休接替帝位，他与左将军张布合谋想要诛杀孙綝。张布说："丁奉虽不能识文断字，但计略过人，能决断大事。"于是孙休召见丁奉告诉他说："孙綝把持国政，将要图谋不轨，我想与将军一起杀他。"丁奉说："丞相（指孙綝）的兄弟党羽很多，恐怕人心不能统一，难以一下子将其制服。可借口腊月祭祀，请他参加，用陛下的亲兵诛杀他。"孙綝本是国家统军之人，当然不好下手，而丁奉建议找借口将他隔离在宫廷中，利用皇帝的亲兵卫队下手。孙休采纳了他的计划，在腊祭聚会时邀请孙綝前来，在现场，丁奉与张布以目示意左右亲兵捆绑了孙綝，孙休历数孙綝的罪过后将其斩杀（参加3.3.6《孙休夺政及其治国思路》）。丁奉作为领兵将领，他参与并积极支持了诛除权臣孙綝的活动，事后升任大将军、加封左右都护，开始掌握吴国军政大权。

260年丁奉假节，遥领徐州牧，这属于级别上的再次提升。263年魏国伐蜀，丁奉统兵进军寿春，以进攻魏国来救援蜀汉，这是一次军事上的佯攻活动，对援救蜀汉并无直接的意义，更多的属于履行盟约的军事化外交活动。不久刘禅降魏，蜀汉灭亡，丁奉引军退回。

264 年孙休病逝（参见 3.3.8《孙休执政的终结》），丁奉和丞相濮阳兴等人听从万彧的建议，迎立乌程侯孙皓为帝，他本人升任右大司马、左军师。268 年孙皓命丁奉和诸葛靓一起进攻合肥（参见 3.3.13《对晋国的战争》），丁奉采用离间之计，给晋国大将石苞写了封信，石苞果然从前线被调回，丁奉的计策起到了应有作用。269 年丁奉再次率军进驻徐塘，进攻西晋的谷阳（治今安徽灵璧西南），谷阳的百姓得到消息，全部撤离，丁奉出军无所获得，孙皓怒斩了丁奉军中的向导官，271 年丁奉去世。

丁奉在军中地位高贵而战功不凡，后期逐渐骄矜，朝中有些人对他进行毁谤，大约牵扯到丁奉与右丞相万彧、左将军留平在 271 年出军途中议论孙皓攻晋不能返回的后事安排（参见 3.3.15《忠奸不分的昏乱作为》），孙皓追记丁奉以前的军功，对丁奉的家人没有多加惩处，仅仅将他们迁徙到了临川郡（治今江西南城东南）了事。丁奉的弟弟丁封，曾担任后将军，先于丁奉去世。

史书上没有介绍丁奉的出生之年和他去世时的年龄，根据现有资料，丁奉先后在孙权、孙亮、孙休、孙皓四位君主属下担任将军。他最早在甘宁手下任将，如果甘宁 215 年的最后作战时丁奉大约十八岁，那他在 271 年去世时应该已是七十五岁的高龄将军了。丁奉统兵与北方军队交战近六十年之久，一直从曹操时代对峙争战到晋帝司马炎时代，为吴国的守御和发展建立了突出的战功。他是东吴战将中的后起之秀，又是在江南大地上驰骋最久的多谋老将。

3.7（11）老资格的臣僚朱治

东吴创业初期有一位极富智识的臣僚朱治，他与孙坚共同征战许多年，其后协助孙策摆脱袁术羁绊而走上了独立发展的道路，并接受了朝廷对职位的正式任命。《三国志·朱治传》及其引注记述了朱治丰富而不凡的人生经历，介绍了他对东吴三任君主全力辅佐的政治活动及其出色成效，展现了一位老资格臣僚的功勋与荣光。

朱治字君理。丹杨故鄣（治今浙江安吉西北十五公里）人。早年曾担任县吏，后被察举为孝廉，州里征召他为从事，此后跟随孙坚到处征战。188年他被拜为司马，随军讨伐长沙、零陵、桂阳三郡的周朝、苏马等部队（参见0.6.3《南征北战显威名》），立有战功，孙坚上表推荐他兼任都尉。191年，关东联军讨伐董卓，朱治随孙坚在阳人（今河南临汝西）大破董卓（参见0.6.4《与董卓凉州军的较量》），部队进入洛阳，朱治被荐举代理督军校尉，他曾带领步骑兵东去徐州，协助州牧陶谦讨伐黄巾军。

不久孙坚战死，朱治辅助其子孙策。当时孙策尚依靠袁术，朱治看到袁术没有政治品德，便劝孙策平定江东而自立。当时东汉朝廷委派太傅马日䃅从长安来到关东安抚各方诸侯，正滞留在寿春，他征召朱治为掾属，并授其吴郡都尉的职务，这是代表朝廷的正式任命。其时吴景在丹杨任职，而孙策受命为袁术攻打庐江（参见3.1.1《"将二代"重整旗鼓》）。扬州牧刘繇深怕被袁术、孙策所吞并，于是与孙策产生嫌隙隔阂，而孙策的家人都在扬州治地曲阿（今江苏丹阳），曲阿属于吴郡辖地内，任职吴郡都尉的朱治派人到曲阿迎接孙策母亲及孙权等幼弟，并给他们以供养和保护。在州牧刘繇与政敌孙策的矛盾即将展开时，作为刘繇下属机构的官员，朱治迅速出面保护了孙策的家眷，对孙家给予了巨大帮助，同时也明确了他自己的政治态度。

朱治在195年从钱唐准备进至吴郡就职，吴郡太守许贡在由拳（治今浙江嘉兴南）派兵抵御，大概是地方势力许贡对朝廷的任命有所不满，拒不接受吧。朱治与许贡两军发生战斗，许贡在战败后南逃，投靠了山贼严白虎。而朱治进入吴郡，在太守缺位的情况下代领郡中事务，配合孙策得到了吴郡，孙策其后赶走刘繇，占据会稽（参见3.1.2《攻取扬州及事后的自辩》），朱治在协助孙策平定江东中居功至大。

孙权十五岁时，朱治荐举他为孝廉。两年后孙策被刺客射杀（参见3.1.10《一枝射向面颊之箭》），朱治与张昭等继续辅助孙权执政。202年，孙权表奏朱治任吴郡太守，兼扶义将军职务，以娄（治今江苏昆山东北三里）、由拳、无锡、毗陵（治今江苏常州）四县为其食邑，允许其设置长吏。朱治在任上征讨夷越，平定东南，并擒获黄巾余党陈败、万秉等，在地方治理上成绩显著。222年朱治被封为毗陵侯，继续兼任吴郡太守，次年孙权拜朱治为安国将军，授予金印、紫绶，改封故鄣，以家乡为封地，可见新任吴主孙权对他极高的赏识与尊崇。

朱治是东吴政权中老资格的臣僚，他对孙家后世子弟在关键地方出现的偏失，常常敢于做出公开劝诫，有时也能发挥积极作用。当初，孙权的弟弟孙翊生性峭急，随性喜怒，朱治先前多次责备过他，用道义加以劝谕。后来孙翊被身边官员边鸿等人所杀（参见3.4.3《孙翊与他的寡妻孤子》）。孙翊应该是并没有按照朱治的劝诫而改变自己的生性，致使发生了难以避免的悲剧，这也正好证明了朱治事先对其反复劝诫的正确性。

208年，汉丞相曹操占领荆州，威震南土，孙权的堂兄孙贲因为女儿嫁给了曹操的儿子曹彰，于是心中畏惧，其时他兼任豫章太守，想要送儿子到曹军做人质。朱治听到消息后，前去拜见孙贲，为他陈述安危利害（参见3.4.2《孙羌子孙的职场之路》）。据《江表传》中记述，朱治当时对孙贲说："破虏将军（指孙坚）过去率义兵进入中原讨伐董卓，声冠中夏，天下义士都大加赞赏；讨逆将军（指孙策）继世后，平定了六郡，因为君侯您与他骨肉至亲的关系，又感到治国大器为时势所生就，所以表奏汉朝，授予您执掌大郡的政务，允许属下设置将校，并统管军政两府，使您荣冠宗室，为远近民众所瞩目；后来讨虏将军（指孙权）聪明神武，继承洪业，招揽结交英雄之士，军队强盛，事业兴隆，即便当年萧王（指光武帝刘秀）在河北之时，也难以超越，将来必定建成王家基业，在东南方顺应运数而成事。所以刘玄德大老远来结为腹心，求相拯救，这是天下人所共知的。"在孙贲发生政治动摇的关键时刻，朱治向孙贲讲述了孙氏三位君主在平治天下中建就的功劳，肯定了他们所创事业的远大前景以及对孙贲的高度器重，对孙贲首先进行正面的引导。

在劝谏孙贲时，朱治敢于直接指出孙贲的思想动向及其政治上的问题，当时对他说："我先前在东边听到道路上的传言，说将军您有了不同的志趣，因此内心感到怅然失望。现在曹操统领军队想要倾覆汉室，年幼的皇帝流离失所，天下百姓不知归属所在。而中原萧条，有些地方百里无烟火，有些城邑空虚无人，道路上饿殍相望，士人在外面叹息，农妇在家中怨望，北方常年师旅出征，加上连年饥馑，据此预料，他们岂能越过长江与我们争利？将军在这个时候准备背叛骨肉之亲，不守万安之计，断绝同宗族间共命运的情谊，投入虎狼之口，只因为一个女子，就改变原初意图，这就是行为失机于毫厘，结果会相差千里，难道不是很遗憾吗！"朱治假借路上风闻之言，直接指出了孙贲投靠曹操的政治图谋，把问题亮出来公开论述，并仔细分析了北方的劣势，指出了曹操想要控制江南的不可能性，进而表明了降曹是没有前途的政治选择。孙贲最后听从了朱治的劝谏，中止了他的降曹行为。朱治凭借自己的地位优势说服了镇守一方的宗亲成员，对稳定赤壁交战前东吴一方的政治局势做出了重要努力。

　　孙权曾被封为上将，222年受封吴王，朱治每次进见，孙权都是亲自迎接，有名帖交换，设宴赐予的恩礼特别恭敬而隆厚，连朱治的随从吏员都有赠给的私人礼品，孙权对他的对待显然与其他官员有所不同。朱治处在富贵的地位上，而车马服饰只是公家供应的那些，孙权认为他生性简约，也经常赞叹其忧心和忠诚于东吴的王业，为此对朱治有不同寻常的看待，特意让他担任督军御史，典属城文书，主管军队官员的监察事务并有其他兼职，大约这种职位具有优厚的待遇，而朱治只愿意领取四县租税，即他在202年得到的那四县食邑，实际上是坚持原有待遇不变。

　　当时孙氏公族与境内四大姓族的子弟大多到郡中任职为官，郡吏常常达到上千人，朱治治理吴郡许多年，将他们全部遣返到各家王府，每次打发数百人。这位老资格的郡守坚持按规矩办事，他敢于冒犯权贵，使用和缓的方式处置了某些违规行为。地方上各郡每年向上进献，孙权对朱治所在的吴郡都有厚重的答报。

　　后来在丹杨偏远的山地深处，时常发生地方叛乱，需要出军前往平定，同时朱治也觉得自己年事已高，内心思恋故乡，于是他上表请求让自己率兵到故鄣驻军，以便镇抚山越。故鄣是朱治的家乡，在他带兵前往时，郡中的长老、朋友都到家中来拜访，朱治让把他们全部引进，与大家聚宴欢饮，对此家乡的人都引以为荣，大概朱治本人也是将此作为荣归故里的活动。朱治在故鄣居住数年后，又返回吴郡，直到224年逝世。其后他的儿子朱才继续为东吴的发展建功立业。

史书上说，朱治去世时在吴郡已有三十一年，享年六十九岁。根据这一记载，他应该是出生于156年，比孙坚年小一岁；而汉朝太傅马日䃅委任他为吴郡都尉的时间应是193年。朱治连续辅佐了三任君主，尤其是协助孙策端正了政治发展的方向，又以多种方式支持了年轻君主孙权对军政权力的掌控和稳固，他所发挥的政治作用是他人无法替代的。

3.7（12）征战多功的朱然

与朱治有某种亲缘关系的将军朱然，与吴主孙权的关系也非同一般，他虽然不是东吴军队中声名显赫的勇猛战将，但也是始终能够得到上下各方十分看重的将领，并在疆场上保持了常战和多功的记录。《三国志·朱然传》及其引注记述了朱然一生的重要军事活动，介绍了他击蜀抗曹中参与过的许多次征战和取得的战绩，展现了他对东吴事业的忠诚和对敌斗争的英勇，从中能看到他职业生涯的成功缘由。

朱然字义封，出生于182年，是朱治姐姐的儿子，本姓施。早先朱治没有儿子，施然十三岁时，朱治请求孙策将其过继给自己。孙策遵从朱治之意，命令丹杨郡守以羊酒为礼召请施然，施然来到吴郡后，孙策厚礼相贺，施然遂改姓为朱。

朱然曾经和孙权一同读书学习，友情颇深。孙权在200年统领江东政务后，任命朱然为余姚县长，其时朱然十九岁。后又改任为山阴（治今浙江绍兴）县令，加折冲校尉，督领五个县。大概是治绩很突出吧，孙权对他的才能感到惊奇，于是从丹杨划分出临川郡，以朱然为该郡太守，授给他一千兵马。当时正值山贼起乱，朱然出兵讨伐，约一月时间便将其平定，为东吴发展初期的地方治理做出了贡献。

217年曹操出兵濡须口，朱然在大坞（即濡须坞，在今安徽无为北三十公里）及三关屯（即东兴关，又名东关，在今安徽含山西南濡须山上）备军，被拜为偏将军。这次作战后，孙权任命将军周泰为濡须督，负责督率当地各路军马。当时驻军于该地的朱然、徐盛等将领心中不服，孙权聚会诸将，行酒间命周泰解衣，用手自指其伤疤，问起受伤缘由，周泰逐一回忆作答（参见 3.7.4《护卫过主君的蒋钦与周泰》），于是众将皆服。朱然这里迅速改变了对周泰的态度，完全是出于对功臣的敬佩和对孙权权威的悦服。

219 年，朱然随从吴军袭夺荆州，他受命配合潘璋在临沮擒获了关羽，事后升为昭武将军，封西安乡侯。夺取荆州不久，虎威将军吕蒙病情严重，孙权询问吕蒙说："假如你重病不能再起，谁可以代替你呢？"吕蒙回答说："朱然的胆略和守业才能都充足有余，我认为他可以胜任。"吕蒙死后，孙权以符节假朱然，安排他镇守江陵。222 年，刘备出兵讨伐东吴，进军宜都，朱然督领五千人马跟随陆逊合力抵御刘备，后来朱然在吴军反攻中击败刘备前锋，截断蜀军后路，刘备于是败退白帝城。朱然在西击刘备蜀军的战场屡建军功，战后升任征北将军，封永安侯。

魏文帝曹丕在 222 年秋组织军队三路伐吴，其中曹真、夏侯尚、张郃等将领率军攻打江陵，连建数个军营围城，曹丕甚至亲自到宛城驻守，作增援之势。当时朱然驻守江陵，孙权派遣孙盛率领一万人在江陵中洲上防备，建立围坞，作为朱然的外部救援部队。后来张郃率兵进攻孙盛，孙盛无法抵挡，马上退兵。张郃驻军洲上守备，使朱然与外援断绝。孙权又派遣潘璋、杨粲等将解围，但围困依然未解，当时城中守兵很多都患了肿病，尚有战斗能力的仅剩五千人。曹真在城外筑起土山，开凿地道，建立楼橹逼近城墙，箭如雨下，将士们都惊恐失色，朱然如同平常一样毫无惧意，他激励士卒，瞅准有利时机攻破了敌军两座营垒。魏军围攻江陵达六个月之久尚未退军，江陵县令姚泰率军队守备北门，见魏军强盛，城中守兵少，谷物粮草将尽，便跟魏军沟通，图谋作为内应。当姚泰的反叛即将发生时，事情被察觉，朱然按军法处斩了姚泰。夏侯尚等人未能攻克江陵，于是撤走攻城部队而退军。朱然在北抵曹军的战场上英勇顽强，因为此战的声名震撼了魏国，被改封为当阳侯。

227 年，孙权亲自率军进攻石阳（治今湖北应城东南四十公里），战后退军时潘璋断后，部队晚间行军发生错乱，敌军追击潘璋，潘璋不能抵挡，朱然立即回军拒敌，使前军船舰退得极远后方才缓慢撤归。次年曹休举军入皖，朱然的部队在上游牵制曹休后方，与陆逊的正面部队相呼应，配合陆逊大破曹休。229年，朱然被升任车骑将军、右护军，遥领兖州牧。次年吴蜀立定盟约平分天下（参见3.2.16《与蜀汉的盟约》），因为兖州分给了蜀国，遂解除了朱然兖州牧一职。

234年，孙权和蜀国丞相诸葛亮约定日期大举起兵攻打魏国，孙权亲自攻打合肥新城，朱然与全琮各受斧钺，分别担任左右督。适逢军中士兵多患疾病，因此未进攻就撤退。242年，朱然出征柤中（今湖北宜城西），魏将蒲忠、胡质各自率领数千士兵，蒲忠控制险要之地，企图断绝朱然后路，胡质作为蒲忠的后继支援。当时朱然所率领的士兵将领都四面迎战，听到消息后来不及收合，于是朱然率领帐下仅有的八百人迎战。蒲忠战斗不利，胡质等人也引军退走。

246年，朱然再次出征柤中，魏将李兴等人听闻朱然率军深入，即带领六千步骑断绝朱然的后路，朱然晚上出兵迎战魏军，取胜后军队返回。早先一年（245年），马茂企图叛逆，被发现后诛杀，孙权非常愤怒。这次朱然出征柤中前，向孙权上疏说："马茂小人，竟胆敢有负恩惠。为臣现在尊奉天威，战事有幸取胜，要让斩获的战绩震撼远近各方，缴获的船舰充塞江面，使其足以成为大观，以此平息天子和臣下的怨恨。希望陛下理解为臣临战前的决心，督促为臣后面的战场效果。"孙权收下此表后并没有向大臣公布。后来朱然战胜返回后，群臣上表祝贺，孙权举酒作乐，拿出朱然出征前的上表说："朱将军出兵前有上表，我认为此战难以取胜，现在果然如所预料，可见朱将军明于料事啊。"于是提升朱然为左大司马、右军师，职位的提升至少表明了孙权对朱然以往战功的肯定。

朱然在对抗曹军的战场上度过了大半生，大约247年诸葛瑾、步骘相继去世后，其子诸葛融、步协分别继承了父亲的职务，孙权依然任命朱然作为大督，总管军队事务；后来陆逊也已逝世，功臣名将仍然在世的只剩下朱然，因此他的待遇无比隆重，但朱然也开始患病，两年后病情加重，孙权为此白天减少了膳食，晚上睡不着觉，派去给朱然送药物和食物的使者相望于道。朱然每次派遣使者上报病情，孙权都会亲自召见，亲自询问情况，来时赐予酒食，离开时送上布帛。跟随创业的功臣患有疾病，孙权最为看重和在意的是吕蒙、凌统，之后就是朱然了。249年三月，朱然病逝，时年六十八岁，孙权身穿丧服参加哀悼，为之痛哭 。朱然去世后儿子朱绩继承了他的事业并有新的建树。

史书上说，朱然身长不过七尺（约 1.61 米），处事态度爽朗，内在品德高洁，他华丽装饰的心思只用在军械武器上，其他的用品都质朴平常。他始终乐于进取，经常在战场上，危急时的胆气稳定超过常人；即便没有战事，他也早晚让人在军中擂鼓；将士在军营中虽然不出兵，也会备好行装，这些手法迷惑了敌人，使他们不知如何应对，所以每次出征总有战功。这些处事和治军的特点当然不会是他战场取胜的全部原因，但却反映了他职场活动的重要方面：他看重内在的修养，做人有自己的原则，非常忠诚于自己的本职工作，在战场上毫不松懈地谨慎备战和应敌，富有胆略，注重方法，一度成为吴国最有威望的军事将领。

3.7（13）朱家后裔的功业

朱治家中出现过几位驰骋疆场的战将，除继子朱然外，他的生子朱才，以及朱然的儿子朱绩都为吴国事业的创立发展做出了应有的贡献，属于吴国史册有名的人物。《三国志·吴书十一》在记述朱治和朱然一生征战事迹的同时，分别附有他们儿子朱才和朱绩（又称施绩）的重要活动，参阅史书引注与其他各处的相关记录，可以看到朱家后裔在吴国政治活动中的更多事迹及其在东吴事业发展中建立的功业。

朱治的生子朱才　朱才字君业，朱治的生子，他大约是在194年朱治过继外甥朱然为儿子之后所出生。朱才为人精细敏捷，擅长骑射，孙权特别喜爱他，常常让他随从侍奉一起游玩。朱才年轻时因为父亲的缘故担任武卫校尉，领兵跟随征讨，经常有破敌的战功。224年父亲朱治去世，朱才继承爵位，其后又升任偏将军。

《吴书》中记录说，当初丹阳郡的议论者认为朱才年少时就身处荣华富贵之家，对本乡民众不够留心注意。朱才叹息道："我最初担任将领，认为跨上马冲入敌阵，亲身充当先锋就足以扬名了，不知道乡里人们还要追忆往昔的行为举措啊！"于是朱才放下姿态，对宾客留心恭敬。他轻财尚义，施舍不求回报，又学习兵法，名声开始闻名于远近各处。朱才的弟弟朱纪，也曾担任校尉而统领军队，孙权将兄长孙策的女儿嫁给了他。朱纪的两个弟弟朱纬、朱万岁都早逝。朱才在231年前病逝，他的儿子朱琬继承了爵位，担任镇西将军。

朱然父子姓氏的变迁　朱治早年因为无子，于是请求孙策后收养了外甥施然，改为朱然。这里没有介绍施氏的家族背景，不明白朱治收养继子为何要通过君主孙策的安排。而朱然后来成为孙权执政时期深受信任、战功颇多的将领（参见3.7.12《征战多功的朱然》）。224年朱治去世，朱然为朱治行丧事毕之后，他请求恢复本姓，孙权没有允许，因而他与子女们仍然为朱姓。朱然的儿子朱绩在父亲生前就接替去世的叔父朱才统领军队，又在249年朱然病逝后承袭了他的职位，被授予平魏将军，在抗魏战场上建立了不少功勋。在255年前后孙亮在位时，朱绩又恢复了施姓，十五年后去世。史家在记录他的事迹时也常使用他晚年的姓名"施绩"。

朱然儿子朱绩（施绩）　朱绩字公绪，他年轻时因为父亲朱然的关系而为郎，后来担任建忠都尉。叔父朱才死后，朱绩统领其兵马，跟随太常潘濬征讨五溪（今湘西山区）的蛮人，以胆量和勇力受到称赞，后来改任偏将军营下督，负责处置盗贼诸事，在任上执法公正严明，受到称赞。

鲁王孙霸与太子孙和不相融洽（参见3.4.7《被陷害的太子孙和》），孙霸积极结交知名人士，曾经亲自到施绩的官署，挨近他坐着，想和他结交友好，朱绩从座位上站起来，推辞表示不敢承当。朱绩是力求在两人夺嫡的矛盾纷争中不做选边站队，保持超脱态度。后来孙霸夺嫡失败而被孙权赐死，太子孙和也被废为庶人，也足见朱绩在当时是选定了正确的处事方式。

父亲朱然249年去世，朱绩承袭了父亲的事业，担任平魏将军、乐乡督。次年，魏国征南将军王昶上表，认为孙权在太子党争中罢黜贤臣，机不可失，建议以新城太守州泰攻打巫县、秭归（今湖北省秭归县），荆州刺史王基攻击夷陵（今湖北省宜昌），王昶自己进攻江陵（今湖北省江陵县），共三路兵马伐吴。吴国以朱绩坚守江陵城，王昶无法攻下，于是佯装退兵，企图引诱吴军至平地决战（参见3.2.25《与魏军的再较量》），

111

朱绩写信给奋威将军诸葛融说："王昶军队远来疲困，马无粮食，因为力量不足而退走，这真是上天帮助我们。现在追击需要的力量小，可以引兵接应；我准备在前面打败王昶，你可乘势在后面追杀，这就不是一个人的功劳，而是二人同心，其利断金了。"诸葛融许诺执行这一方案。于是朱绩率领士兵追击王昶的军队到纪南（今湖北省江陵西北），这里离城已三十里，朱绩打败了魏军，而诸葛融的部队却没有前来，造成朱绩后续失利，折损了人马。但吴帝孙权仍然十分赞赏朱绩在此战的表现，斥责了诸葛融的失职。诸葛融因兄长诸葛恪在朝廷贵重，所以才勉强保住了职位。施绩和诸葛恪、诸葛融兄弟的关系一直不好，这次事件后嫌隙愈深。

252年孙亮继位，朱绩被任命为镇东将军，次年春诸葛恪组织吴国大军进攻魏国的合肥新城，要求朱绩合力出军，又将朱绩和诸葛融一起留置在半州，却让诸葛融代理朱绩的职务。诸葛恪这次兴兵失利，以致民怨沸腾，战败回国后被孙峻在筵席上谋杀，孙峻派军队去擒拿诸葛融，诸葛融最终饮药而死（参见3.6.6《诸葛瑾的两个儿子》），朱绩返还乐乡，朝廷授给了他更大的权力。大约255年朱绩恢复了本姓，正式改称施绩。

后来施绩被孙亮任为骠骑将军，257年孙綝秉政后废孙亮为会稽王，朝廷大臣都不心服，施绩担心吴国内部不安，魏国会乘虚而入，便秘密与蜀汉通信，结交蜀汉一同防御。蜀汉派遣右将军阎宇率领五千将兵增强防守白帝城（治今重庆奉节），准备必要时配合施绩。258年十月孙休登基，同年底孙休与张布、丁奉等密谋，除掉了权臣孙綝，施绩被任命为上大将军、都护督，管辖范围从巴丘（今湖南岳阳）到西陵（今湖北省宜都），成了吴国驻守一方的重要将领。

263年魏大军伐蜀，蜀汉告急于吴国。吴帝孙休一面命大将军丁奉督诸军向寿春，同时安排将军留平到南郡与施绩商议救援蜀国的进兵方向，但施绩还没出兵，蜀汉就灭亡了。孙皓在264年即位后，施绩被任命为左大司马，与丁奉共同执掌军事。施绩在这一职务上也有一些零星战斗的记录，但都没有重大影响，至270年离世。他为东吴事业的发展守职到了国家最为黑暗的时刻。

3.7（14）心忧公事的吕范

吕范也是早年跟随孙策兴兵起事的老资格将军，先后在孙策和孙权的属下干事，曾攻城斩将，抗御敌寇，四处征战，为东吴早期的创业奉献了力量，而孙权尤其欣赏他的是看淡功名、心忧公事的忠诚品格。《三国志·吕范传》及其引注介绍了吕范的早年经历，记述了他自194年起三十多年间为东吴创业奋斗的事迹，也展现了他与两任君主的良好关系。

吕范字子衡。汝南细阳（今安徽太和东）人。吕范年轻时为县吏，具有出众的仪表容貌。城里有一刘姓人家，家境富裕女儿长得美丽，吕范前往求亲，其母亲嫌弃吕范，想要拒绝，女儿刘氏说："看那吕子衡，他会是长久贫困的人吗？"于是刘家女儿嫁给了吕范。

后来，吕范避难至寿春，孙策看见后觉得他与众不同，两人深相结交，吕范于是决定跟随孙策，并将自己的百余门客交归孙策。当时孙策的母亲吴夫人身处江都（治今江苏扬州西南二十五公里的长江北岸），孙策派遣吕范迎吴夫人回曲阿（治今江苏丹阳），让母亲暂住于舅氏吴景之处。徐州牧陶谦认定吕范是袁术的内应，暗示县令拘拷吕范，吕范亲信中的勇士们设法将吕范抢掠了回去。当时只有吕范与孙河常跟随在孙策身边，艰辛跋涉，不避危难，孙策也将吕范当作亲人相待，常常领他进入后堂，在吴太妃跟前宴饮。

吕范后来跟随孙策攻破庐江，回师后一同东渡长江，前至横江、当利（今安徽和县东南），打败张英、于麋，又顺流攻取了小丹杨（治今安徽当涂东北）、湖孰（治今江苏江宁东南湖熟镇），吕范兼任湖孰相。其后孙策平定了秣陵（治今江苏江宁南秣陵关）、曲阿，收编了笮融、刘繇的部众（参见3.1.2《攻取扬州及事后的自辩》），他给吕范增加了二千士卒，五十匹战马，安排他兼任宛陵（治今安徽宣城）县令。吕范在任上讨伐击败丹杨贼寇后还军吴郡。

当时孙策在江东的军事行动正一路顺利，吕范有次向他提出愿意担任军中都督，协助做好军队治理。据《江表传》中所记，孙策认为这是大材小用，不愿让他屈居小职位而管理军中的细微琐事，吕范说："不是这样

113

的。我离开故乡来追随您,并非为了妻子儿女,而是为了协助人做好济世安民的事情,我这样做,也是为自己打算,不仅是为您。"孙策未做回答。吕范出来后,换上武官穿的服装,手执鞭子,到孙策军府报告,自称都督,孙策于是授给他符传,安排他主管的各项事务(参见3.1.4《让事业走在正确的道路上》)。自此江东军营中军纪严谨,气氛整肃。吕范不计个人名利,为了提升军队素质而甘愿屈居低微的职位上,表现了他独特的眼光和少有的大局观。

这时下邳人陈瑀自称为吴郡太守,住在海西(治今江苏灌南东南四公里),与地方豪强严白虎勾结。孙策亲自率军去征讨严白虎,另外派遣吕范与徐逸到海西攻打陈瑀,斩杀他的大将陈牧。吕范又跟随孙策在陵阳(治今安徽太平西北)攻打祖郎,在永里(今安徽泾县西北)降服太史慈,平定了七县,被任为征房中郎将;后来又攻打盘踞江夏的黄祖,返还后平定鄱阳。他随孙策征战多年,为东吴早期的创业发展竭诚奉献。

孙策去世,吕范到吴郡奔丧,不久孙权再征战江夏,吕范与张昭留守吴郡。208年曹操进兵到赤壁,吕范与周瑜等共拒曹军并取胜,吕范被升为裨将军,兼任彭泽(治今江西湖口县东)太守,以彭泽、柴桑(治今江西九江西南六公里)、历阳(治今安徽和县)为食邑。刘备到京城(今江苏镇江)会见孙权,吕范私下请求孙权扣留刘备,孙权没有采纳。吕范后来升为平南将军,驻军于柴桑。

孙权219年征讨关羽,路过吕范官署时对他说:"过去早听你的话,就没有这样的劳苦了。现在我要前去攻取荆州,你为我守好建业。"孙权大败关羽后回师,建都武昌,升任吕范为建威将军,封为宛陵侯,兼丹阳(治今南京市)太守,让他治理建业,督领扶州(今南京西南江中之洲)以下至海边地区。后来转调溧阳(治今江苏溧阳西北)、怀安(治今安徽铜陵东)、宁国(治今安徽宁国)为他的封地。

魏明帝曹丕222年组织三路大军伐吴,曹休、张辽、臧霸等进攻洞口(今安徽和县东南长江岸边),吕范督率徐盛、全琮、孙韶等部兵马,在洞口以水军抵御曹休等人(参见1.4.17《三路伐吴》)。吕范升为前将军,改封南昌侯。当时遭遇大风,船上兵卒溺水死者数千,吕范退军返还后被任扬州牧。

吕范生性喜好威严仪表，州里人如陆逊、全琮以及贵族公子，都对他行为恭敬严肃，不敢过于随便。吕范的居处和服饰经常时尚而奢靡，因为他勤勉公事、遵奉法纪，孙权喜欢他的忠诚，所以并不嫌弃他的奢靡。《江表传》中记，有人向孙权报告说吕范和贺齐过分奢华，都是模仿僭越于王，孙权回答说："春秋时管仲逾越礼制，齐桓公优待和宽容他，这无损于称霸。现在吕范、贺齐并没有管仲那样的过错，只是身边的器械精良好看，舟车的装饰严整些，这正好使军容雄壮，对国家没有什么伤害。"打报告的人于是再不敢说什么。

起初孙策让吕范负责财务账目，孙权当时年轻，私下里有求于吕范，吕范遇到这事一定向孙策禀报，不敢擅自答应，当时孙权因此而怨恨。稍后孙权任阳羡（治今江苏宜兴南）县长时，曾私用钱财，孙策有时要核查，功曹周谷总会将孙权的花费记在另外的账本上，使孙权不受谴责。孙权当时很喜欢周谷，及至后来他执掌东吴政权时，觉得吕范忠诚而非常信任，周谷因善于欺瞒上司，将其撤职不用。吕范在处置与亲族子弟的关系时，拒绝利用手中权力以小恩小惠来讨好对方，他是站在全局的立场上，只做那些于公有利的事情，自己难以处置时交给主君决断，因此而得到了两任主政人的信任。

228年吕范升任为大司马，印绶尚未拿到就生病去世。孙权身着丧服哀悼，派使者追授印章绶带，安排其子吕据嗣父之位。后来孙权还都建业，路过吕范墓前痛喊："子衡！"边喊边流泪，并用最高的礼仪来祭祀吕范。《江表传》中记，孙权后来曾将吕范比作东汉光武帝身边的功臣吴汉，因为严畯等臣属有所不服，孙权解释说："吕子衡忠诚而耿直，虽然生性好奢，但他以忧公为先。他当年离开袁术而委身兄长（指孙策），安排他做大将统领军队，他却请求担任军中都督，这是一心考虑我兄长的事业啊，他办事认真仔细，克尽职守，正与吴汉相类似，并不是我感情上偏向他。"严畯等人听了解释后内心敬服。吕范的战功不是非常突出，是他忠诚君主、心忧公事的满腔情怀得到了君主的长久怀恋，他的人生成功，表明职场上胸怀大局的思想态度必定会最终胜出。

3.7（15）晚年癫狂的良将朱桓

出身吴郡大姓朱氏家族的朱桓一直在孙权属下为将，无论从做事的认真细致还是从军事战术水平上看，他都不失为孙权执政时期一名优秀的统兵将领，且对东吴事业忠贞不贰。《三国志·朱桓传》及其引注记述了朱桓在军政领域的重要活动，尤其介绍了他在抗魏战场上的几次出色表现与战功，也展现了一位性情高傲将军晚年的人生遗憾。

朱桓字休穆，吴郡吴县（今江苏苏州）人，出身吴郡大姓人家，生于177年。孙权于200年开始主政江东时被曹操荐举为讨虏将军，朱桓在孙权的幕府做事，被任命为余姚县长。当时遇到瘟疫，谷物粮食因减产而涨价，朱桓派遣品行良好的吏员，让他们私下为病人亲自送上医药治病，并相继送上饭食粥食，朱桓因此得到了辖区民众的感谢和爱戴，他被任命为荡寇校尉，拨给士兵二千人，让他统管吴、会两郡的军队，他又整合遗散的士卒，一年之间得到了一万多人。

后来丹阳、鄱阳的山贼蜂拥而起，他们攻陷城池，杀害地方官员，到处安营聚集。朱桓统领诸将，前往各处征讨贼众，所到之处全都平定。其后被任命为裨将军，封为新城亭侯。朱桓后来被调赴濡须协防，接替病逝的周泰任濡须督，走上了抗击魏军的第一线。

222年曹丕组织军队三路伐吴，其中魏国大司马曹仁率领几万步骑出征濡须，朱桓领军在此御敌。曹仁率步骑兵数万人在223年二月进军逼近，佯称要向东进攻羡溪（今安徽无为东北的中洲），朱桓分派部队增援羡溪。援军已经离开，曹仁即率大军直扑濡须（今安徽巢湖），已经只有七十里了。朱桓得知后，派人追回增援部队，这支部队尚未返回，曹仁突然杀到。其时朱桓的守军仅有五千人，将领都惊慌有畏惧之心，朱桓对他们说："两军交战，胜负决定于将领，而不在人数多寡。大家认为曹仁指挥作战的能力比我朱桓如何？兵法上说，'进攻的军队要超过防守军队的一倍'，这是就平原之地没有城池而言，同时也需双方战斗力相同。现在曹仁智勇不足，加上所率兵将胆怯，又是千里跋涉，人困马乏。我和诸位高据坚城，南临长江，北靠山岭，以逸待劳，原地坚守以制伏远来之敌，这是百战百胜的形势，就使曹丕亲自来，我们也无所忧惧，何况来的是曹仁！"（参见 1.4.17《三路伐吴》）朱桓偃旗息鼓，外示虚弱以引诱曹仁。曹仁派儿子曹泰进攻濡须城，又派将军常雕、王双等人乘牛皮油船袭击附近的中洲。中洲是朱桓的亲兵部队及妻子儿女的居住地，蒋济对曹仁说："敌人据守长江西岸，船只停泊在上游，而我军却进攻中洲，这如同步入地狱，自取灭亡。"曹仁不听，亲率一万人留驻橐皋（今安徽巢县西拓皋），作为曹泰的后援部队。朱桓分派将领严圭进攻常雕，自己抗击曹泰，曹泰烧毁对方营盘后退走；朱桓回身与别将严圭、骆统共击常雕等人，斩杀常雕、诸葛虔，生擒王双，送至武昌。常雕的五千人全军覆没，仅临阵斩杀或溺死的就多达一千余人，剩下的三千余人都被吴军俘获。朱桓在敌我力量特别悬殊的情况下充分利用主场防守战的优势，调动起五千将士的士气，坚持以少敌多，不仅未致大失，且有斩获，显示了他统兵御将的才能和高超的战术水平。事后孙权嘉奖朱桓的功绩，封他为嘉兴侯，升迁为奋武将军，兼彭城相。

228 年，东吴鄱阳太守周鲂写信向魏国大司马曹休诈降，曹休统率十万步骑到皖城接应周鲂。吴军以陆逊为元帅，全琮和朱桓分别为左督和右督，各自率领三万人迎击曹休（参见 1.10.6《曹家"千里驹"》）。曹休知道上当受骗，本当引军退走，但他觉得自己军队人多，侥幸而求战。朱桓献计说："曹休本来是因为亲戚的缘故受到任命，不是有智有勇的名将，此战他必定战败，他逃走应该经过夹石（今安徽桐城北）和挂车（今安徽桐城西南十公里），这两条道路都非常险隘，如果用一万兵阻塞道路，那就可全歼敌军，并可生擒曹休。请让我率军截断这两条道路，如果承蒙主上的天威，生擒了曹休，就可以乘胜追击，直取寿春，占有淮南，进而谋图许都、洛阳，这是万世仅有的机会，绝不能丢失。"孙权和陆逊商议，派兵堵塞曹休退路，获得大胜。但陆逊认为夺取寿春难以成功，因此没有再加施行。次年朱桓被封为前将军，兼青州牧，假节。

237 年魏国庐江郡主簿吕习暗中降吴，请求东吴出兵接应，他准备开城门做内应。朱桓与卫将军全琮受命率兵前往，但到达后事情败露，军队需要退回（参见 3.2.25《与魏军的再较量》），当时离城一里地有条水流，宽三十多丈，深的地方八九尺，浅的也有四五尺，各部队引兵渡河，朱桓亲自断后。当时庐江太守李膺整顿兵马，打算等吴军半渡时出军袭击，但一见到朱桓的节盖在后方，最终还是不敢出战。魏军对朱桓是很畏惧的。

当时全琮为统帅，孙权又命令偏将军胡综传达命令，参与军事。全琮认为军队出征而没有斩获，打算把部队分给诸将，利用机会进行袭击。朱桓一向心气颇高，耻于被其他将军所统领，于是去见全琮，询问了他的计划，他为此激动而发怒，要与全琮理论。全琮为求解脱，就说："主上命令胡综督军，胡综认为应该这样做。"朱桓更加愤恨，回去后就派人召胡综来。胡综来到军营门口，朱桓准备出去迎接，回头对身边人说："我挥手，你们就各自出去。"有一人从旁边出去，和胡综的使者交谈后回来。朱桓走到门外，不见胡综，知道是身边那个人所为，于是将其砍杀。朱桓的参军进谏，也被斩杀。朱桓随后癫狂病发作，回到建业治病。

孙权爱惜他的功绩和才能，所以没有对其治罪，又安排朱桓的儿子朱异统领其部众，令医生为朱桓看病护理，几个月之后让他返还中洲（今安徽合肥东南巢县周围）。孙权亲自送朱桓，对他说："现在敌寇尚存，王霸的路途没有开通，我应当和你一起平定天下，打算让你统率五万人独当一面，以图进军攻取，希望你的疾病不会复发。"朱桓说："上天授予陛下圣人的英姿，应当君临四海，委任重臣来清除奸贼，这样我的病就会自然康复。"《吴录》中记，朱桓临别时举着酒杯对孙权说："为臣要远去了，希望能捋拉一下陛下的胡须，就没有什么遗憾了。"孙权伏在几案上前倾，朱桓靠近后捋着其胡须说："为臣今天可以称作捋到虎须了。"孙权大笑作别。

朱桓生性高傲，耻于为人所驱使，每次临阵交战，他对军队不能自由控制时，就会痛恨激愤。然而朱桓轻财重义，且记忆力特别好，见人一面几十年不会忘记，部下一万人，对他们的妻子儿女全都认识。他喜欢供养吏士，赡养亲戚，其俸禄家产都与大家一同享用。朱桓病重的时候，全军营都十分忧戚。他238年病逝，时年六十二岁，其部下不论男女，无不呼号痛哭。因为他家里没有财产，孙权赐五千斛盐来处理丧事，儿子朱异继承了他的职位。一位出色的将领，因为过分高傲的性情而狂躁致病，不得已被调离战场，圆满的人生没有画完一个句号。

3.7（16）时运不济的驸马朱据

朱桓的堂弟朱据是一位正直而忠诚的将官，他在军政两方面都有不错的才能，孙权把自己的次女鲁育嫁给他为妻，并安排其在自己身边任职，表现了对朱据高度的器重。但由于孙权执政后期朝政的混乱，身为亲信的朱据仍然遭遇了不少的厄运。《三国志·朱据传》及其引注介绍了朱据在职场近三十年间的重要事迹，记述了他在朝廷所遭受到的几次挫折不利及最后的结局，表现了忠直之臣在混乱朝廷中的不幸命运。

朱据字子范，吴郡吴县（治今江苏苏州）人，生于194年，朱桓的堂弟。朱据姿貌出众，体力过人，又善于论辩诘难，是一位文武兼备极有前途的人物。

主张在官场彰清以激浊　朱据222年被征召任命为五官郎中，补任侍御史，为吴王孙权身边的近臣。当时选曹尚书暨艳憎恶贪赃枉法者身处官位，打算将这些人淘汰，朱据考虑到天下未定，应该允许以功补过，容忍人的不足而任用，主张通过表彰清白者来激励污浊之人，以此阻止劝诫他们，认为如果一时间将官员全部罢黜，恐怕会有后患。暨艳不听取朱据的意见，最终自己败亡。这件事情展现了年轻官员朱据政治眼光的深远和处置政务工作的相对成熟。

做了吴大帝的女婿　孙权忧虑将帅的才干，发怒叹气，心中怀念吕蒙和张温，考虑到朱据文武兼备，可以继任吕蒙等人的事业，由此便任命朱据为建义校尉，让他领兵驻守湖孰（治今江苏江宁东南之湖熟镇）。229年孙权称帝，他迁都建业，征召朱据到建业，将自己女儿孙鲁育嫁给他，成了后世所称的"驸马"，同时任命朱据为左将军，封云阳侯。朱据为人谦虚，善于结交士人，轻视财货，乐于施舍，俸禄赏赐虽然丰厚但常不够用。

受到间谍隐蕃的牵连　魏国青州人隐蕃在230年假装从曹魏叛逃投奔

吴国，他凭借出众的辩才获得了吴国部分臣僚的好感，其中朱据、廷尉郝普更是称赞隐蕃有王佐之才，与他极为亲善，但也有少数官员不和隐蕃来往（参见 3.2.17《与魏国的较量》）。隐蕃后来图谋在吴国叛乱，事情被发觉后隐蕃被抓获处死，朱据为此受到牵连，他被免职禁足在家一段时间。显然是，喜欢结交人物的朱据一时被隐蕃的假象所迷惑，在一种感情作用的驱使下，他没有发现交往对象隐藏着的重大问题就对其吹捧助势，这一职场失误使他受到了应有的处分。

被佞臣吕壹所诬陷　大约 236 年吴国进行币制改革，铸造大钱（参见 3.2.20《称帝后的内政治理》下），一枚值五百，朱据的部属应该得到三万缗钱，工匠王遂用欺诈的方式将这些钱拿走，负责监察的典校吕壹怀疑朱据将钱拿走，于是拷问朱据手下主事的人，将其打死。朱据觉得主事人死得无辜，就用上好的棺材将其收殓安葬，吕壹又上表说这位吏员为朱据隐瞒了贪赃事实，所以朱据才将其厚葬。孙权多次责问朱据，朱据无以自明，于是坐在草席上听候定罪。几天后，负责军队监察的典军吏刘助发现了事情的真相，声称是王遂拿走了这些钱。孙权深有感悟地说："朱据尚被冤枉，何况小小的吏民！"于是彻底追查吕壹的罪恶（参见 3.2.22《吕壹惹起的是非》），并奖赏刘助百万钱。朱据是孙权身边受到信任的工作人员，又是孙权的女婿，尚且受到谄媚宠臣吕壹的诬陷，可见吕壹当时对吴国朝政的伤害之深，但也正是朱据受诬事件的后续发酵，成了吕壹最终暴露和受惩的契机。

参与宫廷内争而丧命　246 年朱据升任骠骑将军，当时正逢太子孙和与鲁王孙霸的两宫之争，朱据是拥护太子孙和的一派，他向孙权表达意见时言辞恳切，义形于色，表示将以死支持太子。《通语》中记录朱据为此对孙权说："为臣听说太子是国家的根本，现在的太子生性仁孝，天下归心，此事若有变化，将会生成国家的隐患。春秋晋献公用骊姬之言而太子申生不能生存，汉武帝相信江充之言而戾太子冤死。为臣心内担心太子不能忍受忧伤，将来即便建立'思子宫'，也悔之无及。"朱据在这里所主张的观点是对的，他也极其耿直地向君主表达了自己的意见，可惜晚年的孙权过分迷恋宠姬和少子，听不进这些不同意见，对进谏的群臣进行了残酷打击，为此在250年将带头劝谏的朱据贬用为新都（治今浙江淳安西）郡丞（参见3.2.26《内政之乱》）。朱据还未去新都上任就遭到中书令孙弘进言诬害，当时孙权病重在床，孙弘就自己写诏书，将朱据赐死，时年五十七岁。朱据为了维护太子孙和的地位不得已参与了宫廷内争，因为带头发表了正确的意见而最终丧命。是晚年昏聩的君主和混乱腐败的朝政导致了忠贞之臣朱据的屈死。

两个儿子被惩处 孙亮252年为帝后，朱据的两个儿子朱熊、朱损，各自统领一支部队，到了258年，吴少主孙亮准备从权臣孙綝手中夺取国政，他大概准备从外围下手，于是追问朱据（又称朱主）与朱公主鲁育被杀的情况，鲁育的姐姐全公主鲁班害怕地说："我实在不知情，都是朱熊和朱损两人所说的。"当时朱熊担任虎林督，朱损担任外部督，分别负责虎林之地和建业城外的营兵屯守，孙亮命令大将丁奉杀掉了二人。对这一段关系史料记述不是十分清楚，有后世学者认为，孙亮准备从孙綝手中夺权，至少应是对统兵之将朱熊和朱损两人不匡正孙綝的态度很有不满，于是故意借全公主鲁班的言辞处死了朱熊与朱损。孙亮的夺权没有成功，而朱据两位儿子朱熊和朱损其实也成了政治斗争的牺牲品。

忠诚而正直的将官朱据年轻时的前途一片看好，但他在孙权后期的朝廷却遭受了不少厄运，其中有他个人的失误，但更多的是孙权晚年随意治政造成的朝政混乱所致。陈寿感叹说："朱据遭遇不顺的命运，以正直而丧生，真是非常悲哀！"从这一意义上说来，朱据是吴国一位生不逢时的将领。

3.7（17）死于非命的吕据与朱异

吴国在军队中基本上实行子承父业的惯例，在父亲去世后，所属部队一般由儿子来接替统领，这些做将领的儿子往往成为东吴集团中的"军二代"，他们不仅熟悉属下的部队，而且像父亲那样具有忠诚国家的情怀。但因这些"军二代"将领生活在国家政治走向衰败的后孙权时代，他们服务的对象与自己的父辈已大不相同，因而已难有先前那样和谐的君臣关系与顺遂的人生结局。《三国志·吴书十一》中在吕范本传和朱桓本传之后，分别附有吕据和朱异两位二代军将的事迹，从中能看到两人与执政权臣未能避免的个人冲突以及他们共同面临的凄凉命运。

在诸将合围中自杀的吕据　吕据字世议，汝南细阳（今安徽太和）人，是大司马吕范的次子。吕范因为心忧公事而被孙权称赞，因为他的功勋，儿子吕据被任郎官，后来吕范卧床重病，吕据被任命为副军校尉，辅助吕范掌管军事。228年吕范去世，因为长子早死，故由吕据继承吕范的南昌侯爵位，并升任为安军中郎将。吕据曾多次征讨山越，各处深险僻峻之地，只要他去攻打都能取胜。231年吕据跟随太常潘濬讨伐五谿蛮族反叛，再次立有战功。241年，车骑将军朱然进攻樊城，吕据与朱异攻破樊城的外围，回师后被任命为偏将军，入朝补任马闲右部督，升任越骑校尉，接替父亲任将的吕据多次在战场上显示了他的军事才能。

251年，因大风使长江水涨泛滥，渐渐淹到城门，孙权派人观察水情，只见唯有吕据派人备置大船防备宫中祸患，孙权嘉奖了他，任命他为荡魏将军。孙权应该是看中了他的军事才能和对国家的忠诚，于是在自己重病卧床时，任命吕据为太子右部督，负责太子宿卫。次年孙权去世，太子孙亮即位，任命吕据为右将军。当年魏国出兵攻打东兴，吕据率军奔赴东兴抗魏，再立战功。253年孙峻杀死诸葛恪，升任吕据为骠骑将军，兼管西宫事务。吴国的政治局势几年间变幻莫测，而吕据的职位在不断提升，作为一名军事将领，他在国家政治中占有的分量愈益加重。

255年吕据随孙峻进攻魏国寿春，回军途中遇到魏将曹珍，在高亭将其打败；次年吕据率军再次攻打魏国，还未到淮河，听说孙峻已死，安排他的堂弟孙綝接替职位，吕据大怒，他联合几位将军推荐滕胤为丞相，并立刻率军返回，意图废除孙綝。孙綝得到消息后，派中书捧着皇帝诏书，命令文钦、刘纂、唐咨等人攻取吕据，又派堂兄孙宪率领"都下兵"在江都（治今江苏扬州西南二十五公里的长江北岸）迎击吕据。孙綝是利用国家政权的力量对吕据进行合围包抄，吕据手下的人劝他投降魏国，吕据说："我耻为叛臣。"于是自杀（参见3.3.3《孙峻孙綝的专权》上），孙綝随后诛灭了他的三族。吴景帝孙休258年即位后为吕据平反并将其改葬。

3.7 斩敌守疆的战将

被孙綝杀害的朱异　朱异字季文，吴郡吴县（今江苏苏州）人，朱桓之子，朱据的侄儿。朱异年少时与张纯、张俨三人皆因文才而知名。朱异长大后，因父亲朱桓的军功而担任郎官，237年朱桓因病到建业治疗，孙权任朱异为骑都尉，代替朱桓掌管军队。238年父亲逝世，朱异继承了其爵位，241年，朱异跟随朱然攻打魏国的樊城，献计攻破樊城外围，回师后被升任为偏将军。

魏国庐江太守文钦驻扎营寨于六安（治今安徽六安北十公里），很多营寨在紧要道路上，用来招募和引诱叛逃之人，成为吴国边境的祸患。朱异于是亲率手下二千人，攻毁文钦的七座营寨，斩杀数百人，被升任为扬武将军。孙权与他谈论攻战之事，他的对答很合孙权心意，孙权对朱异的叔父骠骑将军朱据说："我本来知道季文富有胆勇，见到之后，觉得比听到的更为突出。"孙权对朱异的军事才能给予了较高的评价。

250年文钦诈降，秘密写信给朱异，想让朱异亲自去接应他（参见3.2.25《与魏军的再较量》）。朱异向孙权上表呈上文钦的书信，同时说明他的投降是假的，不可立即迎接他，孙权下诏说："如今北方尚未统一，文钦来信想要归顺，应当马上迎接他；如果怀疑他有诈，就应当设计将其网罗住，布置大部队来防备他就可以了。"于是派遣吕据督率二万人马，与朱异一同进发。军队到了北边的魏吴分界处，文钦果然不前来投降。应该是魏将文钦看见有大量的吴国军队前来，知道对方有所准备，袭击难以成功，故此放弃了原来的诈降诱敌计划。文钦后来在255年与毌丘俭淮南反叛而兵败后才真正归降了吴国。

252年，朱异升任为镇南将军，这年孙亮上台为帝而由诸葛恪辅政，魏国派遣胡遵、诸葛诞等出兵攻打东兴，太傅诸葛恪领四万兵马前往东兴防御，朱异督率水军攻打魏军浮桥，魏军不敌，从浮桥撤退，浮桥不胜负荷而断裂，大量魏军在水中遇溺，魏军大败。《吴书》中记，朱异又跟随诸葛恪围攻新城，新城未能攻克，朱异等人都说应该快速返回豫章，袭击石头渚（今南昌章江门外十里），不出数日就可以攻克。诸葛恪写信要朱异坚持进攻新城，朱异将书信扔在地上说："不用我计，而用小儿之言！"诸葛恪大怒，立即剥夺了朱异的兵权，并将朱异撤职罢官遣还建业。诸葛

123

恪也属于"军二代"人物，但两个身份相似的将军已难有他们父辈那样相互体谅和真诚协助的融洽关系。

257年五月，魏国征东大将军诸葛诞在寿春反叛魏国，大将军司马昭组织二十万军队出征平叛。诸葛诞派部属前来吴国称臣上疏，又派儿子诸葛靓、长史吴纲和各位牙门子弟到吴国做人质，请求吴国出兵援救。吴国派文钦、唐咨、全端等率领步骑兵三万救援诸葛诞，又任命朱异为大都督，假节，率军前往寿春解围。七月，吴国大将军孙綝率领众多部队进抵镬里（今安徽巢县西北十公里）作为声援。朱异从夏口赶来，孙綝派他为前部督，与丁奉等统领甲兵五万解寿春之围，朱异的部队在路途上被敌军烧毁了全部粮草，狼狈逃回镬里。因为诸葛诞的寿春城已经非常危急，孙綝提出给朱异重拨三万部队，让他再次领军出战。朱异认为士兵缺乏粮食，不能进军。孙綝为此大怒，于九月初在镬里杀害了朱异（参见3.3.3《孙峻孙綝的专权》下）。《吴书》中记录，孙綝当时提出要让拒不出战的朱异前来相见，朱异并没有想到事情的严重性，于是准备前往，有同僚劝阻他不要轻易前往，朱异说："孙綝，只是平常的普通家人，有什么可怀疑的！"朱异去后，孙綝派力士在座位上抓获了他。朱异说："本人是吴国忠臣，犯有什么罪？"孙琳不由分说将他拉去杀死。孙綝在战场上更加感到了朱异与自己不相合拍的政治态度，他是要借机清除军队中异己的政治势力，维护自己的权势地位。

吕据和朱异都是具有较好军事才质并忠于国家的良将，他们继承父职后终生都在为吴国的事业征战，面对死亡均没有丝毫的立场动摇，然而他们所处的时代与父辈大相迥异，权臣掌国，政治昏暗，正直的将军要想捍卫应有的道义，必定要遭遇难以预料的厄运。

3.8 功名昭著的江东才士

传统社会中的读书人多数出自大户宗族，在求学成本相对更高的江东社会尤其是这样。孙吴政权的建立，垄断了江东读书人的功名之路，也为当地的名人才士设置了人生奋争的广大场所，虞氏家族、陆氏家族及多家学人才俊都被孙吴政权所吸纳，并成为其中影响颇大的重要成员，他们的作为和功业构成吴国政治社会活动的重要部分。

3.8（1）名士虞翻的艰难人生（上）

江东名士虞翻博学多闻，才学出众，他在天下大乱的趋势中大概看到了孙策无可抵敌的军事才能，预计到了江东未来必有的政治前景，于是归顺了孙策，并坚定而忠诚地为孙吴的事业竭尽自己的才智和力量。但因为高傲的心气和耿直的性格，他几十年间经历了更多的坎坷与挫折。《三国志·虞翻传》及其引注记述了虞翻的生命历程与重要事迹，表现了他在孙吴两任君主手下不同的遭际与命运，从中能看到一位正直士人的艰难人生。

虞翻字仲翔，会稽余姚人，生于164年。虞翻少年时非常好学，心气颇高。他十二岁时，有客人访问他的兄长而长久等候，却不前来虞翻的家，虞翻事后给客人写信说："我听说琥珀不接近腐烂芥草，磁石不吸取弯曲之针。你经过我的家门而不滞留，不也是这样吗！"虞翻的书信发泄了对客人不来自己家中的怨望情绪，表达了对客人的责备和轻蔑，显示了他出众的才学和高傲的为人心气。客人看到了这位少年的书信，感到非常

孙吴落花 >>>

惊奇，由此对他大加称赞。

归顺孙策　会稽太守王朗任命虞翻为功曹。孙策征讨会稽时，虞翻正逢父亲的丧期，他穿着丧服来到郡府门前，王朗准备出来迎接，虞翻脱下丧服进府拜见，劝王朗避开孙策。王朗没有采纳他的建议，率军迎战孙策，遭到失败，于是从海上逃跑。虞翻追随并保护王朗，逃到东部侯官（治今福建福州）县，侯官县长关闭城门不让进入，虞翻前去游说，然后才被接纳。虞翻一开始准备送王朗到广陵（治今江苏扬州），但王朗轻信友人王子方送来的信息，说："赶快来会合我，南岳有人相请。"于是他一直向南行进到了侯官，准备前往交州（治今广东广州），虞翻对王朗说："那信上的话是荒谬的，交州没有南岳，你要走到哪里去呢！"王朗于是终止了交州之行。王朗对虞翻说："您家里有老母，可以回去了。"虞翻回到会稽后，孙策又任命他为功曹，用朋友的礼节接待他，还亲自到虞翻家中去拜访，他对虞翻说："现在的事业，是我与您共有的，不要认为我孙策把您当作郡吏相对待。"孙策对虞翻表现了极大的真诚相待之意，虞翻和王朗在此先后都归顺了孙策。

忠诚劝谏　孙策喜欢驰骋游猎，虞翻劝谏说："您汇集乌合之众，统领散聚的士兵，能让他们以死效力，就是汉高祖也做不到。但您经常轻易地微服出行，侍卫来不及戒严，官兵们常为这事烦恼。做君主的不庄重就无威风，因而说白龙转换成鱼的形状，渔夫就能捉住；白蛇放纵出游，就被刘邦杀死。期盼您稍微留意。"（参见3.1.4《让事业走在正确的道路上》）孙策说："你说的对，但是偶然思考问题，闲坐着内心很不宁静，就像春秋时郑国的裨谌那样在野外能生成新的谋划，因而需要出行。"虞翻对孙策的这一劝谏是符合实际的，而孙策对此其实并未正视起来，以致最后遭遇谋刺而丧命。无论如何，虞翻这一建议表明了他对孙策的敬服和政治立场的真诚转变。

疾行善走　《吴书》中记录，孙策有次讨伐山越，斩杀了敌将主帅后，下令部队分兵追杀逃散的贼寇，他独自骑着马在山中遇到了虞翻，虞翻问身边的护卫哪儿去了，孙策说全军都去追杀贼寇了。虞翻说："这太危险！"他叫孙策下马，说道："这里草长得很深，一旦发生危险的事，骑

126

在马上无法应对，所以请您牵着马，持弓箭跟在后面，我善于使用长矛，可以在前面探路。"到达平地后，虞翻让孙策上马。孙策问："你没有马怎么办？"虞翻回答说："我善于步行，可以日行三百里，自从征讨以来，吏卒没有人能走得比我快，您可以骑上马，我能紧随于后。"果然如此。不久两人到了大道上，遇到了一名鼓吏，孙策取过号角自己吹响，士卒听见后都从山中走出来聚拢。像上面的忠诚劝谏一样，虞翻特别关注孙策的人身安全，他在关键时候宁愿自己为孙策探路护卫。他说自己可以日行三百里，有的版本上写作"二百里"，无论实情如何，事件确实表现了虞翻疾行善走的功夫。虞翻其后跟随孙策一起平定了江东丹阳、吴郡和会稽三郡。

说降豫章 孙策在199年十二月讨伐了黄祖后陈兵于椒丘（今江西新建东北），准备顺道攻取华歆主政的豫章郡（治今江西南昌）。《江表传》记录，孙策请来虞翻说："华歆为当世名人，但作战不是我的对手，又听说他们的作战器具很少。如果不能开门让城，战事一开，不会没有伤害。您可以在前面向华歆告知我的意思。"虞翻于是奉命前往豫章，穿着粗布衣裳，以平民朋友的身份与华歆相见。虞翻向华歆进行军备力量和用兵战术等多方面的对比，为他陈说利害，最终说服华歆将豫章郡拱手让给了孙策（参见3.1.7《对豫章的威逼与占取》）。虞翻在此为东吴的发展立下了大功。

甘为良佐 从豫章返回吴郡时，孙策在路途上计功行赏，飨赐将士，他对虞翻说："我当年在寿春见到朝廷使者马日䃅以及中原来的士大夫，曾对他们说起我们东方人才很多，当时只恨自己学问不博，有些话说不到位，但我的意思并没有得到完全表达。您正好博学多闻，所以之前本想让您前往许都，与朝中人士见面结交，以便能折服中原那群胡言乱语的人。但是您不愿意前往，我就只好派张纮去了，只怕张纮无法折服中原那群人。"早年张纮在江东是与张昭并列的人物，他在199年的确奉命到许都皇宫公干，一度被朝廷留下担任侍御史（参见3.6.8《张纮在江东的作为》上）。这里孙策透露了自己让张纮出使许都的真正用意，同时表明，他此事首先考虑的人物其实还是虞翻，只是虞翻当时拒绝前往许都，而孙策始终不知道虞翻拒绝出使的原因何在。虞翻回答道:"我是明府(指孙策)家中的宝贝,拿出去给别人看,别人倘若把我留下来,则您就没有了贤良辅佐,所以我之前拒绝出使。"孙策笑着答道:"是这样。"做孙吴君主的贤良辅佐,这是虞翻对自己的人生定位,孙策对此是非常认可的。孙策于是又对虞翻说:"我还有征讨之事,不能回府,您可再以功曹身份做我的萧何,镇守会稽吧。"三天之后,便派虞翻回到了会稽。

稳定政局 虞翻不久转任富春(治今浙江富阳)县长,200年孙策遭遇刺客中箭而亡(参见3.1.10《一枝射向面颊之箭》),各县官员都打算前去赴丧,虞翻说:"只怕邻县山民会趁机兴起变乱,我们如果远离县城,必然会导致预料不到的危险。"于是留守在富春就地服丧,其他各县官员都如法效仿,地方各县得以保持了安定。《吴书》中记录,孙策死后,孙权统领江东事务,孙策的堂兄孙暠当时任定武中郎将,屯守乌程(治今浙江吴兴南十二公里),他此时则整顿兵甲,准备夺取会稽而自立。时任富春县长的虞翻正在为孙策守丧,他警告孙暠说:"主公英年早逝,现在主公之弟统摄政务。我虞翻已经与同郡吏士固守城池,准备以命相搏,为新主除害。你自己权衡利害吧。"同时会稽的守将也组织军队坚守城池,派人向孙暠作出劝慰说明,孙暠最后只好撤退(参见3.4.1《孙静及其子孙的多样人生》上)。虞翻当时的职位并不算高,但他在官员队伍中颇有威信,很有影响力。虞翻依靠自己稳妥的处事方式和政治上的坚定态度影响了其他官员,制止了孙吴亲族人物的反叛,稳定了地方政局。

3.8(1)名士虞翻的艰难人生(中)

江东名士虞翻归顺孙策后甘做主君的良臣辅佐,为占取豫章立下大功,也为主君的安全多次劝谏,在江东权力交接的关键时刻稳定了所在地方的政局,表现了对东吴事业的一片赤诚。《三国志·虞翻传》及其引注记述了虞翻在孙权执政时期的活动事迹与种种遭际,表现了他的才华和对东吴事业的忠诚,也展现了一位耿直士人在官场上的艰难与坎坷。

拒绝入朝 虞翻在富春县长的职位上维护了地方政局的安静,可能由于各方面表现优秀吧,所在的扬州举他为茂才。茂才本称秀才,是汉代察举的科目之一,要求各州每年推举秀才一人供选用,东汉时为避光武帝刘秀名讳而改成茂才。虞翻被举茂才后,汉朝廷征召他来许都做侍御史,虞翻予以辞绝;司空曹操想在司空府任用他,虞翻同样拒绝不受。《吴书》中记录,虞翻知道曹操要任用他的消息后说:"盗跖想用他剩下的财物玷污良家之人啊!"他把曹操比作春秋后期的大盗,表明了他政治立场上与曹魏的对立和道德人格上的某种洁癖,此前孙策派遣出使许都他就没有接受,怕朝廷留下他委以官职,这都反映了他对东吴事业的忠贞不贰。

不倦撰著 作为学问人的虞翻对传统典籍不乏钻研的兴趣,他曾给担任朝廷少府的孔融写信,向他展示自己的著作《易注》。孔融复信说:"听春秋名家延陵整理的音乐,看你所撰写的《易注》,才知道东南之地最为美好的,不只是会稽的竹箭。觉得书中观察天象云气,推算祸福,与神灵相切合,可以说探索世间奥秘到达极致了。"当时担任会稽东部都尉的张纮也写信给孔融说:"虞仲翔先前遭受别人的过多诽谤,然而最美的宝贝是质朴的,会越雕摩越光亮,那些诽谤其实不足以对他造成伤害。"两位学界名人对虞翻的著作和为人都做了很高的评价,足见他的学术成就及其在学界的影响。陈寿在史书上说,虞翻后来为《老子》《论语》《国语》作训注,晋初都流传于世。后世学人考证这些书在南北朝时亡佚。这些著作应该是虞翻在行政工作之余所撰写,表现了他作为读书人的兴致所在。

犯颜受贬 孙权后来任命他为骑都尉,但虞翻多次不顾情面向孙权进谏相争,使孙权很不高兴。同时他与一些官员也不相和睦,多次遭受毁谤,最终被流放到丹阳郡泾县(治今安徽泾县西北三公里)。大约十年之后,孙权222年做了吴王,在一次欢宴将要结束时,孙权亲自起身向臣僚劝酒,虞翻趴在地上假装醉酒,不端起酒杯。孙权离开时,他又坐了起来。孙权知道他是假装醉酒,因此而大怒,手中握着剑就要杀向他(参见3.2.21《中年孙权与臣属的交往》),陪坐的人无不惊慌恐惧,大司农刘基起身抱住孙权劝解说:"大王在喝酒之后要杀有名望的人,虽然虞翻有罪,但天下人又有谁知道他的罪过呢?况且大王因为能容纳贤士蓄养众人,所以四海之内的人都才望风归顺。如今一下子抛弃这些,值得吗?"

孙权说:"曹操尚且杀了孔融,我对虞翻又有什么顾虑的?"刘基说:"曹操随意杀害了学问之人,天下人都非议他。大王您实行道德仁义,想和尧、舜媲美,怎么能与曹操相比呢?"由于刘基的劝谏,虞翻免于被杀。事后孙权对身边人说:"从今以后,凡是我酒后说杀的,都不得杀。"虞翻在孙权掌政不久,就因犯颜直谏而遭贬,表明这时的职场环境和孙策时期已大不相同,他与新任君主的关系并不协和融洽。史书上没有记录他当时犯颜相争的具体情节,但从十多年后他在那次宴会上的表现看,虞翻与君主孙权的关系许多年间都处于紧张状态。

助力吕蒙　219年,还是虞翻被贬泾县的时候,吕蒙准备袭取荆州,他为麻痹关羽而声称治病回到建业。因为虞翻兼通医术,吕蒙遂提出让虞翻跟随自己,他也是想用这种方式免除对虞翻的外贬。不久吕蒙统领军队向西袭取荆州,南郡太守麋芳开城出降,吕蒙尚未进城,即在城外沙丘上欢庆,虞翻对吕蒙说:"现在一心投降的只有麋将军,城里的人不能全都相信,应该赶快入城掌管城门和要害之地。"吕蒙听从了他的意见。当时城里人有埋伏起来袭击吴军的计划,因为虞翻的建议而没有来得及实行。不久关羽在战场失败,孙权让虞翻占卜预测,得到"兑"下"坎"上,为节卦,五爻变之成为临卦,虞翻说:"不出二天,关羽必当断头。"后来果真如虞翻所说。孙权说:"你尽管比不上伏羲氏,但可以比得上汉时的东方朔了。"虞翻和吕蒙应该有着良好的关系,他在受贬的逆境中受到吕蒙的救助,而虞翻则依靠自身的智识,也为吕蒙袭取荆州的成功大助了一臂之力,从中也能看到虞翻对易学和医学的熟知精通。

呵斥降虏　魏将于禁被关羽俘虏囚禁在城中,孙权到后开释了他,请他前来相见。另有一天,孙权骑马出来,请于禁和自己并行,虞翻看见后呵斥于禁说:"你是个俘虏,怎敢与我们主公并马同进呢!"就要拿鞭子打于禁,被孙权呵止了。后来孙权在楼船和群臣会饮,在座的于禁听着歌舞痛哭流涕,虞翻又说:"你想装模作样来求得宽赦吗?"(参见1.16.3《悲情将军于禁》下)虞翻在这里似乎在按传统礼仪的要求维护君主的威严,而孙权对他不恭敬的行为很愤懑。《吴书》中记录,后来孙权与魏和解,想要把于禁遣回魏国,虞翻劝谏说:"于禁丧失了数万军队,他自己身为降虏，又不能死节。北方的军政习惯，就是得到了于禁也必定不会重用。虽然放了他对我们没有损失，但如同放盗归山，不如将他斩了用来警示身为人臣却有二心之人。"孙权不听。后来群臣为于禁送行，虞翻对于禁说："你不要以为我们吴地没有主张杀你的人，只不过我的提议不被采用罢了。"于禁虽然被虞翻所讨厌，但是仍然赞叹他；魏文帝曹丕在他的朝堂常常为虞翻设有虚坐，表明了对他的看重。

羞辱糜芳 虞翻曾经搭船出行，和糜芳的船相遇，糜芳是荆州的降将，投降后被东吴封为将军。这次出行他船上人多想让虞翻避让，船上的仪仗前锋大喊："请避开将军的船！"虞翻高声骂道："丧失了忠与信，拿什么服侍君主？献出了人家两座城，还称将军，行吗？"糜芳关上船窗不答话赶忙回避了。有一次虞翻乘车出行，要经过糜芳的军营，门吏关上了营门，车马过不去。虞翻发怒说："该关时你打开门，该打开时你又闭了门，你这样做合适吗？"他是指责糜芳在荆州守城时开门投降，借机揭糜芳的短处。糜芳听到后，显得非常羞愧。直率的心性使虞翻说话毫不避讳，他的心眼里看不起没有节操的人，对降将糜芳当然就毫不客气。

贬徙交州 虞翻生性粗疏刚直，多次在酒席上发生过失。有一次孙权和张昭论及神仙，虞翻指着张昭说："那些都是死人，你们却还说成神仙，世上怎么会有神仙！"看来虞翻当时是一位无神论者，但他在表达观点时斥责了张昭，同时也给孙权没有留下一点面子。孙权对他积怒不是一次了，这次听了他的话非常愤怒，于是把虞翻放逐到岭南交州。

3.8（1）名士虞翻的艰难人生（下）

虞翻归顺孙策后为东吴事业的发展竭尽忠诚并做出了不小贡献，但读书人的刚正率直和不可移易的秉性使他常常对后任君主孙权犯颜直谏，并在许多场合顾及不了周全的恭敬礼节。孙权对他积怒已久，终于一朝爆发，大约在221年，虞翻被孙权贬谪到了遥远的交州（治今广东广州）。《三国志·虞翻传》及其引注记述了虞翻被贬交州后的主要活动事迹，表现了他对东吴事业的耿耿忠心和心志难酬的内心苦楚。

钻研经典 虞翻因故被流放到了交州，住进了南越王赵佗之孙赵建德的故宅中（今为广州光孝寺），他在当地讲学不倦，学生和门徒常达几百人。他为《老子》《论语》《国语》所作训注，大多是这个时候完成的。另据引注资料可知，虞翻在广州时觉得自己被流放后无所作为，于是以钻研典籍而自慰，他常依据《周易》来设象，以占吉凶。他比较东汉大儒马融与荀谞（即荀爽）对《易》的注解，说道："马融有俊才的名声，他的解释，其实赶不上荀谞。"他比较了大儒郑玄与宋忠的注解说："两人虽然各自立注，宋忠的注释比郑玄稍微差些，而他们都尚未得到该典籍的门径，难以出示给世人。"他还指出并纠正了东汉郑玄解《尚书》中的错谬五六处，资料中有逐一记录；虞翻同时断言说："郑玄所注五经，违背经义特别厉害的有67处，他的书使用在学校，流传于将来，我内心感到很羞耻，所以不能不予以纠正。"马融、郑玄等人是汉末注经的大家，学术上对后世有极大影响，能够对他们的论著作出严肃中肯的评价，并能指出其中的不足和失误，的确不是一般学人可以做到的，这足以显示出虞翻超乎凡常的学问水平；他也以应有的担当精神，认为指正先前学人论著中的错失而避免谬种流传是自己耻于不为的责任。虞翻流放广州期间的教学和研究，为学术文化的积累及其在岭南的传播做出了重要贡献。

家世传承 《翻别传》中记录，虞翻在先前的《易注》成书后曾上奏说："我的高祖父虞光，曾为零陵太守，年少时钻研《孟氏易》；曾祖父虞成，原任平舆（治今河南平舆北三十公里）县令，继承传述其业；到我祖父虞凤，对此书解释最为详尽。我的父亲虞歆，曾为日南郡（治今越南广治省广治河与甘露河合流处）太守，他从我祖父虞凤那里学习，掌握了精华，世传其业，到我这里已经五世。前人对经典通讲，多注重章句，虽有精彩之处，但在经义本身上疏于笼统空泛。我生后遭遇乱世，在军旅中长大，于战鼓之际学习，在马背上讲论经典，承蒙先师的教导，依据经文而立注。"虞翻在上表中介绍了自己的家世，他是一位五代做官、世传经典的学人，其学术传承有着极其深厚的根基，只是生逢乱世没有一个稳定的撰述环境；他也谈到了自己的论著与以往注经的不同在于，不单纯看重章句的解读，而是同时紧扣经文的大义。

3.8 功名昭著的江东才士

诉说悲苦 孙权229年称帝，身在交州的虞翻听到消息后上书说："陛下秉承了圣明的德性，体悟了舜、禹的孝道，承受了历运，奉承天命而周济黎民。为臣我独自在远方鼓掌欢欣，我因罪被弃置绝地，想叩拜祝贺而无路径，只能仰瞻天上的北斗，且喜且悲。我伏在地上深刻反省，感到自己轻贱得就像麻雀老鼠，生命如同毫厘般微小，而罪恶很大，被诛杀难以宽容。主上的恩德昊天无极，宽宥保全了我九年，回头想我本当受戮，现在却还活着，私下能看视和呼吸。为臣已到耳顺之年，想起罪错感到忧愤，我身体枯槁，容貌憔悴，头发变白，牙齿脱落，虽然没有死掉，自己想象终了之时，见不到宫阙和百官的富贵，看不到皇舆金轩的装饰。我仰望宸极似乎能看到巍巍众民的祝福，能听到钟鼓响亮的乐声，而我则注定死在遥远的海隅，被抛弃的尸骸回不了故乡，不胜悲伤羡慕。正好碰上了大庆之日，高兴得忘记了大罪。"

听到孙权称帝的消息，虞翻似乎在内心感到东吴事业走到了鼎盛，他为自己半生奋斗目标的实现感到高兴。孙权称帝时其实并未举行盛大的典礼，虞翻凭着对古代礼仪大典的理解而想象建业城中的庆贺大观，他为自己未能一睹盛况而悲戚。这时候，处在偏远的交州之地，虞翻对自己受贬放逐真的感到了反悔，他承认罪错、自我贬损，在向孙权祝贺之际表达内心的痛苦，诉说自己的身体状况和未来生命终了时的遗憾，应该是希望孙权给他以应有的同情，其要达到的目的是不言而喻的。另外，虞翻上表是在孙权刚称帝之后，其中说他的性命保全了九年，由此史家推算出他是221年受贬来到交州的；其中又说他已至耳顺之年，即当年六十岁，由此能推知他的出生之年。

结交人物 史书上说，山阴（治今浙江绍兴）人丁览、太末（治今浙江衢江东北三十公里）人徐陵，他们有的身为县吏，有的并未被民众所认识。虞翻一见到，就与结为好友，他们最终名显当世。《会稽典录》中介绍说："丁览八岁时丧父而孤，他家境寒微，清贫立身。他把财物让给弟弟，以持义推让为人称道，开始为郡功曹，后来代理始平（治今浙江天台）县长，为人精微洁净，门无杂客。孙权非常尊贵地对待他，未及擢升任用就因病逝世，孙权非常痛惜。丁览的儿子丁固当时在襁褓中，吴国大儒阚泽见到后感到惊异地说："此儿以后必能成为公辅。"虞翻写给丁固友人的书信中也对丁固大加赞赏。后来在孙休执政时丁固为左御史大夫，孙皓即位时任司徒。徐陵先后任三县县长，受到民众称赞，升任零陵太守，朝廷安排为列卿的候选人，虞翻与徐陵徐平父子两人也有很深的交情。这里表现的是虞翻的为人之正和识人之准。

再贬苍梧　《吴书》中说，虞翻虽遭流放，但他心不忘国，常常考虑武陵的五谿蛮族反叛应该征讨。约233年，孙权决意与辽东交往合作（参见3.2.19《与辽东的远交》），虞翻认为辽东与吴国隔海而绝，即便只是使臣往来，尚且必要性不足，现在送去人财以求马，并不是国家之利，恐怕没有什么收获。他本想对孙权劝谏，但又不敢，于是上表让交州刺史吕岱观看，吕岱看后并没有上报，只是根据自己的爱憎向上作了口头陈述，大概是其陈述与孙权心意严重抵牾吧，结果虞翻再次被贬至苍梧郡的猛陵（治今广西苍梧西北）。情况表明虽然虞翻曾上表诉说悲苦，但孙权内心对他并没有丝毫同情。虞翻在岭南又度过了几年，在七十岁时逝世，推算应为239年，其时他在岭南一共生活了十九年。

孙权反悔　《江表传》中说，孙权其后派遣将士到辽东，在海中遭遇大风，船只和人员大多没失，孙权非常后悔。几年后孙权听说虞翻当时有上表劝谏，他良心发现吧，于是发令说："过去春秋赵简子称许多人之唯唯，不如周舍之谔谔。虞翻为人坦荡耿直，会把心里的话说完，这是我们国家的周舍啊。先前如果虞翻在这里，此事必定不搞。"他立即下问交州，虞翻若还活着，就送给他人和船，打发他返回建业；如果已经去世，就送灵柩返还本郡会稽，安排他的儿子任职（参见3.2.21《中年孙权与臣属的交往》）。当时虞翻已经去世，于是将其归葬家族原有的墓地，他的妻子儿女一同返回。

子嗣成名　虞翻有十一个儿子，第四子虞汜最为知名，有些在后来的晋朝任职。《会稽典录》中说，虞汜字世洪，生在南海，年十六岁时父亲去世，后来返还乡里。258年权臣孙綝废黜了幼主孙亮，迎立琅邪王孙休。孙休尚未到达，孙綝准备自己入宫，谋图不轨，他召百官商议，群臣惶怖失色，只是唯唯诺诺而已。只有虞汜出面正言劝阻（参见3.3.5《孙休上

<<< 3.8 功名昭著的江东才士

位》），孙綝心中不悦，但最终还是立了孙休为帝，看来虞汜也是继承了父亲虞翻的耿直秉性。孙休即位初，虞汜与贺邵、王蕃、薛莹均为散骑中常侍，后在孙皓执政的271年为监军使者，领军征讨交趾（参见3.3.14《夺取交趾的战争》），因功升为交州刺史，在全家人流放的岭南之地继续任职，并任冠军将军、余姚侯，不久去世。五子虞忠为宜都太守。六子虞耸为越骑校尉，升迁为廷尉，担任过湘东、河间太守。八子虞昺，为廷尉尚书，济阴太守。引注资料中对几人都有简单介绍。虞翻在遭受流放的艰难生活中仍然培养出了富有才华的虞家子弟。

3.8（2）才士陆绩与吾粲

江南一批文士才人都先后参加了东吴集团，他们在孙策孙权两位君主的属下建功立业，力图实现自己的人生价值，早年出名的陆绩和吾粲就是其中的两位。《三国志·吴书十二》及其引注用不多的文字分别记述了他们两人的事迹，其中表现了他们的个人志向、军政业绩，以及最后不同的人生结局，使人们不禁生出深长的惋惜。

怀橘陆绩的短暂一生　陆绩字公纪，吴郡吴县（今江苏苏州）人，生于188年。他的父亲陆康年少时敦厚孝悌，勤奋于操行的修养，郡中太守李肃察举他为孝廉，后来李肃犯罪伏法，陆康为其收尸，送丧至李肃的家乡颍川郡，直到穿丧服的礼节终了，表现了受恩必报的高尚大义。陆康在职时被举茂才，历任武陵、桂阳、乐安（治今山东高青高苑镇西北）三郡太守，其治绩受到人们的称赞，后来被任为庐江太守。其在吴人谢承所撰《后汉书》中有传，为东汉末期名臣。

陆绩六岁时，随父亲陆康到九江谒见袁术，袁术拿出橘子招待，陆绩往怀里藏了三个橘子。临行拜别时，橘子滚落地上，袁术对他说："陆郎来做客，还要怀揣橘子吗？"陆绩跪着回答说："想拿回去送给母亲。"袁术大概是见他小小年纪就懂得孝顺母亲，因而大感惊奇。这一事情后来被流传而形成了"陆绩怀橘"的典故，陆绩也被后世作为"二十四孝"中的一位典型人物。

孙策占领了江东后，驻扎在吴郡，陆绩成为其宾客。当时张昭、张纮、秦松作为上宾，一起议论关于四海尚未太平，需要用武力来平定的话题，当时陆绩因年少而坐在最后面，他听见大家的议论后在远处大声说："当年春秋时管夷吾作齐桓公之相，九次聚合诸侯，一匡天下，不用兵车。孔子说：'远处的人不服从，只要采用文德就会使他们归顺。'现在议论的人不求以道德怀柔顺取的方法，而只是崇尚武力，我陆绩虽是年幼无知，但内心还是觉得不安。"听到陆绩的言论，张昭等人甚为惊异，他们大概是惊异于陆绩丰厚的学识以及现实应用的能力，同时也为他的大胆和坦率而感慨。

陆绩容貌雄壮，博学多识，星历算数，无所不通。当时虞翻是东吴有名的老臣，庞统也是荆州著名的士人，虽然年龄都比陆绩大，但都与陆绩关系友善。孙权200年主持江东政务后，任用陆绩为奏曹掾，掌管奏议事务，属于三百石的府中官员。陆绩在任上以行事正直而为人所怕，后来出任郁林（治今广西桂平西故城）太守，加任偏将军，让他统领二千士兵。

太守领兵是当时的惯例，加之是在岭南交州边缘之地，他有维持地方治安的责任，所以兼任了军政两职。但陆绩走路脚跛，他又一心追求儒雅，因而为官不是他的志向。虽然身有军务，但平时并没有放弃著述，曾为《易经》作注，解释扬雄的《太玄》，又作《浑天图》，这些当时都曾流传在世。

陆绩自知不久将会离世，便作辞说："汉室志士，吴郡陆绩，幼时熟知《诗》《书》，成年时钻研《礼》《易》，受命南征，遇疾遭厄，命运不幸，呜呼悲伤！"又说："由今开始，六十年以后，车可同轨，书可同文，遗憾我不能看见。"他是预料天下终会统一。陆绩不久于219年离世，时年三十二岁。后来晋朝在280年灭掉吴国，统一了天下，是为陆绩逝后的六十一年，他的预测还是非常靠谱的。

陆绩的长子陆宏，曾任会稽南部都尉，次子陆叡，为长水校尉。引注资料另外记录，陆绩在郁林时所生之女，名为郁生，十三岁时嫁给了张温的弟弟张白。婚后数月，夫家遭遇灾祸，张白死在了外地，当时许多做官的都来劝说郁生改嫁，而郁生心如金石，坚守义节，她义形于色地斥责那些劝嫁的人，甘心为张家的亲人蹈履水火，其志节受到时人的高度赞扬，被称淑妇贞女。

吾粲的早慧与厄运 吾粲字孔休，吴郡乌程（治今浙江吴兴南十二公里）人。《吴录》中记录，吾粲长到几岁大的时候，孤城（乌程县的别称）善相人的郑妪看见他，对他的母亲说："这孩子有卿相的骨相。"吾粲的早慧大概是有些征兆，但真正的发迹是遇到了一位贵人。

当时吴室宗亲孙河在当地做县长（参见 3.4.4《受赐皇姓的孙河支属》），吾粲为县中小吏，他得到了孙河的赏识。其后孙河身任将军，拥有了自选长史的权限，孙河于是推举吾粲担任曲阿县丞，不久升任长史。吾粲在职任上取得了很好的声名政绩，虽然他出身低微，但他与同郡人陆逊、卜静等人比肩齐名。孙权在 209 年被表举任车骑将军后，征召吾粲为主簿，吾粲在孙权身边处理文案，后来外调担任山阴（治今浙江绍兴）县令，入朝为参军校尉，参与军事谋划事务。

222 年，魏文帝曹丕组织三路军队伐吴（参见 1.4.17《三路伐吴》），吾粲与吕范、贺齐等人一道率领水军在洞口（今安徽和县东南长江岸边）抗击魏国将领曹休。当时正值天刮大风，船只的缆绳被扯断，漂到对岸，有的船只被魏军所获，有的船只被风吹翻沉没，还有尚存的大船，落水未死的兵卒都呼喊着攀附船舷，船上的官兵怕人多使船倾覆，就用戈矛刺击水中兵卒，不让他们上船。只有吾粲与黄渊让船上的人将落水者拉上船，身边人认为船只超载定会出事，吾粲说："船只出事，我们就应一起去死！人家陷入绝境，怎能抛弃他们呢！"吾粲与黄渊救活的有一百多人。战事结束后，吾粲被升任为会稽太守。

吾粲主政会稽时征召隐士谢谭为功曹，谢谭推说有病而辞绝，吾粲开导说："创世的应时之龙因为能屈能伸被认为神，凤凰因为善于鸣叫显示珍贵，为什么一定要隐身藏迹于天外，潜伏鳞甲于深渊呢！"吾粲招募聚合起许多人马，被任命为昭义中郎将，与吕岱一起平定山越。后来入朝担任屯骑校尉、少府，又升任为太子太傅，郑妪早年的预言似乎至此成真。

孙权执政晚年，朝中发生了太子孙和与鲁王孙霸之间的二宫之争，朝中官员分成两派。吾粲坚持自己的意见，要求明确嫡庶之分，将鲁王孙霸调离朝廷，让其驻守夏口，并认为孙霸党羽杨竺不得留在京都建业。吾粲还多次将情况传告给驻守武昌的陆逊，陆逊接连上表谏诤。由此吾粲遭到孙霸、杨竺等人的谮毁陷害，在245年被关进监狱处死。具有早慧之才、为东吴事业奉献一生的吾粲，最终遭遇到了险恶的命运。

3.8（3）张温受惩的隐秘原因

张温是吴国公认的高才之士，受到孙权的恩宠，他在出使蜀国时表现优秀，受到了蜀相诸葛亮等群臣的欢迎与看重（参见2.4.3《外事场合的出彩者》），为此在两国名噪一时。但他出使返回不久，就被孙权借故拘禁和放黜，给家族带来了意想不到的灾祸。《三国志·张温传》及其引注记述了张温在吴国政坛上的不多事迹，重点介绍了他出使前后的活动和返回后被罢黜的过程，也表露了人们对他何以遭受惩处的原因推测和后世史家的议论。

张温字惠恕，吴郡吴县（治今江苏苏州）人，193年出生。他的父亲张允，以轻财重士而名显州郡，曾任孙权的东曹掾，不久去世。张温从小就修养节操，他容貌奇异伟岸。孙权听说他后，就询问朝中公卿说："张温能和当今谁相类比？"大司农刘基说："他可与全琮相并列。"太常顾雍说："刘基并不深知其人，张温当今无人可比。"孙权说："如果这样，那就是张允未死啊。"于是征召张温前来相见。张温来到后的谈吐对答令旁观者倾倒，孙权为之改容加礼。会见结束后张温出宫，张昭拉着他的手说："老夫向你托付心意，你应该明白。"张温不久被孙权任为议郎、选曹尚书，执掌选举与祭祀事务，又升为太子太傅，很受信任和看重。

224年，张温三十二岁，他以辅义中郎将身份出使蜀国，这是吴蜀在刘备去世后重建友好关系后的一次正式访问。临行时孙权对张温说："你本不宜远出，只是怕诸葛孔明不了解我所以与曹操往来的用意，只好委屈你出行。如果山越之患全都清除，我们便会对曹丕大举进攻。使者的要义在于，只接受使命而不接受言辞。"孙权是希望张温明白这次出使的目的，但要求他在出使后的外交场合灵活发挥。张温回答说："诸葛亮见识通彻，精于谋划，必定了解您的神思谋虑和屈伸权宜策略，加上他们已受到朝廷

  天大的恩惠,推测诸葛亮的内心,必定没有另外的猜疑。"张温对蜀国掌政人诸葛亮未曾见面时就有极好的评价。

  张温到了蜀国,前往宫廷呈上表章说:"蜀国陛下以聪明的资质,与古代商高宗、周成王等同,依靠良臣辅佐总揽国政,满朝大臣就像群星光耀,远近之人望风顺从,无不欢欣依赖。吴国勤勉使用军力,安定江南之地,愿与有道国家一同平定宇内,倾心协力的决心就像河水一样绝无反顾。只因战事凶猛烦乱,我们军力太少,所以只好强忍鄙辱,派我张温出使表达友好,陛下推崇礼义,不应忽视我的请求。我自遥远的边境直到都城近郊,多次蒙受贵国的问候接待,恩诏不断传至,我承受荣耀而内心恐惧,并感到惊奇不安。谨奉上所带的函书一封。"张温一踏入蜀国的土地就受到了热情周到的接待,增加了他对蜀国的良好印象,在宫廷朝堂上的首次正式场合,他借对蜀帝的上奏机会给了国家执政人以极高的评价,这当然也是外交场合展现本国态度、拉近双方关系的必要方式。在整个出使过程中,张温的行为和对答都显示了优雅而遵从礼节,蜀国非常看重他的才能,临别时诸葛亮组织众多官员为其饯行相送,张温还与蜀国秦宓有一场精彩对话(参见2.4.3《外事场合的出彩者》)。

  张温返回吴国不久,孙权派他到豫章郡的部队领兵出战,事情并没有实现目标。孙权暗中怨恨张温称赞蜀国朝政,又嫌张温的声名过于显赫,普通人都被他所迷惑,担心他最终不能为己所用,就考虑用某种方式来中伤他。正好暨艳事件发生,于是借机发作。

  暨艳字子休,也是吴郡人,与张温同县,张温引荐他开始担任选曹郎,为选曹尚书属下的四百石六品官员。后来他接替张温做了选曹尚书,又选用广陵人徐彪为选曹郎。暨艳生性峭急严厉,好为清议,他看见当时朝中各部门的人员混浊涌杂,在位的多非其人,想要做出考察区别,把能干的和不能干的分别对待;同时他监察百僚,核选三署官员,对其多数都贬高而就下,又减少数量,降级等次,能够保持原位的不到十分之一;那些在位贪鄙、志节污卑的人,打发他们作军队官员,置放在营府中。看来暨艳是利用自己掌管选举的职位进行了一场国家机关的人事调整与精简,因为处事严厉,致使打击面颇宽,因而朝廷积累了不少怨愤,于是就出现了许多告发的谗言。官员们竞相向孙权反映暨艳和选曹郎徐彪的问题，说他们两人专用私情，做事凭个人爱憎而不按公理。后来暨艳、徐彪都因犯罪而被孙权赐死。

张温向来与暨艳、徐彪意见相合，常有书信来往并互致问候，暨艳事发后，吴国为此又判张温有罪。孙权将张温囚禁在有关官署，其后发布命令，为其罗织了好几条罪状，除暨艳事件的牵连外，还有军事上和出使蜀国的外交问题等。最后表示说："推测他的奸邪之心，看来是什么恶事都敢干。因为不忍将他暴尸，现在安排有仆役相随，将其斥还家乡吴郡。"

当时将军骆统向孙权上表暗中说明对几项罪名的看法，他认为张温曾蒙受最隆的恩宠，本人又具卓伟之才，现在是遭遇了谗言之毁。骆统明确表示：暨艳确实与张温有交往，但考察下来，他最早被朱治所任用，后来众人推举他，中间也是朝廷正式任命，暨艳的问题不能让张温负责；关于军事上贻误军令一事，事实是张温一直奉公执行命令，事后军马没有减少，战场上没有退却，军期也没有延误，完全尽心为国，忠君效力，不应该算为他的罪错；至于受命出使蜀国，他盛赞对方的美好，完全属正常的出使习惯，他自己没有屈节，不能说是有辱本国。骆统用较长的上表对张温的几项"罪责"进行了客观解释，认定张温其实是无罪的。他在最后还强调说：自己之所以要为张温辩护，"实在是尽心于朝廷，在为国家考虑，而不是与张温有什么私人关系"。史书上明确表示说，孙权最终没有采纳他的意见，即是说，照旧将张温放逐于原籍。

张温是在出使蜀国当年返回吴国不久就被拘禁并斥还家乡的，到了六年之后病逝，时年约为230年。《会稽典录》中记录说，吴国人物虞俊见到张温后曾感叹说："张温才多智少，华而不实，对他的怨恨如果聚集起来，就有覆家之祸，我已经看见了这样的征兆。"诸葛亮听到虞俊这话心里并不相信，后来刚听到张温被罢官拘禁的消息，弄不清其中的原因；及至获悉张温被放黜家乡后，才叹服虞俊有先见之明。他对张温受惩处的原因思考了好几天，最后说："我想明白了，这个人清浊太明，善恶太分。"不能确定这一记录有多大的真实程度，因为诸葛亮这里的思考结论似乎并不能真正说明现实中张温受惩处的原因，能够确定的倒是张温在出使蜀国后，确实得到了蜀国掌政人的看重和关注。

张温的两个弟弟张祗、张白都有才名，他们与张温一同受到惩处。《文士传》记录，张温的三个姊妹都有节行，受到张温事件的牵连，已嫁出的女性全被"录夺"，官方重新为其配婚。他的二妹先嫁给了顾承，官方决定把她改嫁给丁氏，成婚几天后饮药而死，国人为之赞赏感叹，本地的人还画下图像，将其事迹赞颂流传。张温二弟张白娶了才士陆绩在郁林流放时所生之女郁生，郁生十三岁时出嫁，结婚数月后，张家遭遇了这次灾祸，张白死在了外地，郁生坚守义节而不改嫁，被人们称为淑妇贞女（参见3.8.2《才士陆绩与吾粲》）。

史家裴松之在议论张温一事时应用了庄周的名言："名者公器也，不可以多取。"即认为名誉名声都是公共享有的东西，一个人不可以贪婪多取。他认为："张温所以受到惩处，大概是因为他得到的名声太多了！多了就有弊端，这是古代贤人早就知道的。所以有远见的人士，总是退藏守密，不使名誉高过德行，不让外表的光华伤害内在的真实。如果不能怀揣美玉而身穿粗布衣裳，做个德才充盈而甘处寒微的人；又不能减少清廉回避名誉，想让才能发挥一世，使声名盖过他人，那么采用"不盈"的方法也许可以暂时代替。而张温则正好相反，他的败落是一定的！孙权既然已经心恨他的名誉之盛，而骆统却上表称赞他的善美，说张温"行为卓越而冠群，才华曜世，世人没有能赶上他的"，这简直是在火烧得正旺时，又泼上油使其更加炽烈啊！"看来君主孙权是忌恨张温的名声，尤其是在他国得到的荣誉和名声，这样的认识多少能说明张温受惩处的原因吧。

3.8（4）善于上表谏君的骆统

在孙权执政前期，东吴集团内部的政治局面还是良好的，这是孙权本人在君臣关系上持和善之心而勤勉努力的结果，也与他身边受到高度信任的一批有才之士的真诚劝谏引导不无关系，年轻有为的骆统就是一位极善谏君的人物。《三国志·骆统传》及其引注记述了骆统短暂一生的重要事迹，介绍了他早年的家世经历和高尚情操，以及跟随孙权后的出色军政活动，尤其突出了他自孙权执政起始就坦诚剖心的许多次朋友般直谏，展现了他对稳定东吴政权所发挥的积极作用。

骆统字公绪，会稽郡乌伤县（治今浙江义乌）人。他的父亲骆俊字孝远，有文武之才，年轻时为郡吏，被察孝廉，东汉朝廷补他为尚书郎，不久提升为陈（治今河南淮阳）相。当时袁术准备僭号称帝（参见0.6.1《袁术的称帝闹剧》上），与兄弟袁绍相忿争，天下大乱，众多割据势力并起，陈地与袁术的地界相邻，袁术的党羽和奸慝之徒四周都有，骆俊严整军队保守疆境，叛贼不敢犯境。他在陈国境内周济百姓，极少发生灾害，每年粮食丰收。后来袁术军队缺粮饥困，就近向骆俊求粮。骆俊痛恨袁术，就没有回应。袁术心中愤怒，暗中派人杀死了骆俊，这约是197年的事情。

骆俊去世后，骆统的母亲改嫁给华歆为小妻。华歆在199年曾受虞翻的劝降而以自己镇守的豫章郡归顺了孙策，次年被曹操征召至许都朝廷担任议郎，并兼任司空府属官（参见1.14.4《华歆的人生追求》上）。骆统随母亲到华歆家，对待嫡母（华歆正妻）非常恭谨。在八岁时，他与父亲骆俊的宾客一同返回家乡会稽。当时他母亲相送，骆统拜别后上车并没有回头观看，母亲在后面流着眼泪，赶车的人说："母夫人尚在后面。"骆统说："我不想增加母亲的思念，所以就不愿回头观看。"他到会稽后正逢饥荒，家乡的人大多生活贫寒，吃不饱饭，骆统因为饮食减少而虚弱。他的姐姐很有仁爱行为，当时寡居无子，看见弟弟骆统后非常哀伤，就询问原因，骆统说："士大夫连糟糠都吃不上，我如何能安心独自吃饱。"姐姐说："如果真是这样，为什么不告诉我，却要这样自我受苦呢？"于是将自己的私家粮食拿给了骆统，又把事情告诉了母亲。母亲认为儿子很贤良，于是叫把家里的粮食分施一些，骆统由此名声显扬。骆统在饥荒之年心甘情愿地少吃粮食，而拒绝向姐姐和母亲相求，他是要自觉缩减本人的生活需求，以便良心舒坦。

孙权本以讨虏将军身份兼任会稽太守，在骆统二十岁时，就试用他为乌程（治今浙江吴兴南十二公里）国相，相当于郡守的职务级别。乌程百姓超过万户，都赞叹他的仁惠治理。孙权嘉奖他，召他为功曹，代行骑都尉，并将堂兄孙辅的女儿嫁给他为妻。骆统致力于补救时政，如见到或听

<<< 3.8 功名昭著的江东才士

到什么事情，他绝不把事情拖到第二天早上再处理。他常劝说孙权尊重贤才接纳士人，勤勉探究损益之道。他还建议孙权在飨宴赏赐大臣时，可让大家分别进见，对他们嘘寒问暖，施以亲密情意，诱导他们说出心里话，观察他们的志趣，也让群臣们都感恩戴德，心怀报恩之心（参见3.2.3《战略目标的推进》）。这里涉及君主交人的态度，也是君主交人的方法，刚执政不久的孙权接受了骆统的建议，据说效果非常好。

骆统后来出任建忠中郎将，带领武射吏三千人。大约217年凌统去世后，骆统又统领他的军队。当时东吴税征徭役繁多，民户减少。骆统于是上书给孙权，这次上表是一篇内容充实、逻辑严谨的论说文。

其一，阐述了君对民的依赖关系。他说：我听说君主治理国家，要想富强就需占据疆土，要想尊贵就需控制威福，要想荣耀就需发扬德义，要想国家长久就需更多后裔。然而，财物需靠民众生产，强盛依赖民众力量，威权要借民众势力，福祚要仗民众殖养，德行要借民众兴盛，仁义要依赖民众推行。这六个方面完全具备，然后才能顺应天命、传承福祥，保佑王族巩固国家。《尚书》有言：'百姓没有国君就不能相互安宁，国君没有百姓就无法开疆辟土。'据此来推论，就是民众因君主而得到安定，君主因民众而得到协助，这是不可变更的道理。

其二，指出了目前东吴存在的问题。他说：如今强敌尚未消灭，天下尚未安定，军队有打不完的战争，江岸边有不能松懈的警备。赋税的征调，一直都积累苛烦，加之瘟疫造成的死丧祸灾，致使郡县空虚，田野荒芜。根据所辖城邑的报告，百姓的户口日益减少，又多是残疾和老人，少有青壮男子，听到这种情况后，为臣心中如火焚急。

其三，分析了造成上述问题的原因。骆统说：思考其中的缘由，在于小民无知，他们有安土重迁的习性，又因出外当兵的人，活着的生活没有温饱，死了的尸骨不能归葬，所以他们更加眷恋故土而害怕远行，把远行看得与死亡一样。每次征调劳役，那些家贫而负担重的先被派送；稍有财产的人就出钱行贿，不顾倾家荡产；轻率剽悍之人逃亡山中险恶之地与盗匪为伍。百姓家中空虚无物，饥号愁躁，因此不能安心生产，不生产更加贫穷，更加贫穷则不乐于生存，故此口腹饿急了，奸邪之心就萌生，结群叛逆的人也就越来越多。

其四，辅助说明了兵源不足的重要原因。骆统表示：我又听说在民间，如果家中不能勉强自给的，生下儿子后大多不去抚养，就连那些屯田兵士，也有很多人抛弃孩子。上天让生就这些孩子，而父母却将他们杀害，这种情况冒犯天地、扰乱阴阳；同时陛下开基建国，这是要传之无穷的基业，强邻大敌不是一下子可以歼灭的，边疆防御不是几个月的戍守，而兵民不断减损，小孩儿不得养育，这不是坚持长久得以成功的好事情。

其五，揭示了官员队伍中导致问题的原因。他说：国家有百姓，犹如船行水上，水平静则船安稳，水搅动则船不安，百姓愚而不可欺，弱而不可胜。圣明君主都看重他们，是因为祸福由他们所决定，所以君主要了解百姓的信息，以便观察民情来制定合适的政策。当今官长具有接近百姓的职位，但他们唯以办事干练为能，索取超过目前的急需，很少能以恩惠来治理，这不合于陛下天覆大地般的仁义和勤恤百姓的仁德。

其六，对孙权的国家治理提出了希望。他说："治病要在未恶化前，除患要在其未深之际。希望陛下在日理万机的繁忙中抽出一点空闲，留神深思，补救不足，深谋远虑，抚育这残余的民众，增添人财之用，参与三光同辉之照，与天地等齐。能实现我骆统的这个最大心愿，就足以死而不朽了。"他希望孙权理清思路、抓住时机，彻底解决上述问题。孙权深受感动，对他的意见特别重视。

骆统在上表中从根本上论述了君主和民众的依赖关系，对东吴存在的社会治理问题进行了分析，所指出的几条原因也许有些没有触及问题的根本，但其中反映了国家治理上的不少弊端。他后面向孙权提出了处理与民众关系的具体方法，认为基层官吏只追求贯彻君主旨意的效率，而没有惠民意识，索取过多，致使君主对百姓的大仁大恩并没有落实下去，希望孙权对这一问题能高度重视，在事情没有走到恶劣的极端时就坚决防止，加以纠正。这些都对孙权执政前期的政治清明起到了有益的推动作用。

222年，骆统随大都督陆逊在夷陵之战中击败刘备，他还与朱然、陆逊提醒孙权不宜追击溃退的蜀军，以防止魏国乘虚侵入，战后骆统升任偏将军。同年，在曹魏大军伐吴时，曹仁率军进攻濡须，另派部将常雕等攻袭中洲，骆统与严圭共同抵抗并将其击败，他因功被封为新阳亭侯。

骆统后来担任濡须督，他多次陈述有益时政的见解。224年，骆统为被孙权拘禁的张温辩护上书，虽然表达得有理有据，而孙权并没有听从。但无论怎样说，在朝臣都不敢出面劝谏的时候，唯有骆统敢于直面上书劝谏而毫无顾忌，确实表明了他与孙权的关系非同一般。史书上说，骆统前后上书数十次，他上书所说的都非常好，尤其是他估计招募服役方式在民间助长恶风败坏习俗，容易使百姓产生叛离之心，应当赶快停止。孙权与他反复论证，最后还是按骆统的意见处置。

228年骆统去世，时年三十六岁。一位与君主挚友般的谏臣英年早逝，这对东吴事业造成的重大损失在孙权执政的中后期逐渐体现了出来。

3.8（5）东吴柱石之臣陆逊（上）

在东吴诸位掌军之臣中，周瑜、鲁肃、吕蒙几人在前期都有重要贡献，但他们活动的时间不长，而接替吕蒙掌军的陆逊219年参与主持了袭取荆州之战，其后继续辅政二十六年之久，对东吴后来的几次军事决胜和政治走向发挥了极其重要的影响。《三国志·陆逊传》及其引注记述了陆逊功业丰厚的一生，介绍了他的军事谋略、处事为人及其影响东吴事业的重大事迹。江东吴国军政能够被君臣们守护和支撑许多年，能够看到的是陆逊在前期发挥了柱石般的作用。

陆逊字伯言，吴郡吴县人，出身江东大族吴郡陆氏，183年生，本名陆议。他的祖父陆纡聪明善良，好学深思，曾代理城门校尉。父亲陆骏德行淳美，崇信厚道，深得地方和宗族人们的怀恋，曾为九江都尉。陆逊少年时是孤儿，他的从祖父（祖父的兄弟）陆康当时担任庐江太守，把陆逊带在自己身边。当时袁术与陆康为军粮之事闹得不和，派孙策领军队去攻打陆康（参见3.1.1《"将二代"重整旗鼓》），陆康遂安排陆逊与亲属返还吴郡。陆逊比陆康的儿子陆绩年长六岁，家属返还后陆逊为其支撑门户，而陆康195年在庐江兵败病逝。后来据称吴县人士中，除陆绩和顾邵以博览群书最为知名外，陆逊、张敦、卜静等人的也颇有声名（参见3.6.2《东吴出色丞相顾雍》下）。

地方治理与平定叛乱　孙权在200年接掌东吴之政时，陆逊二十一岁，他进入孙权幕府任职，历任东、西曹令史，负责文秘工作。不久出任海昌（治今浙江平湖东南十二公里）屯田都尉，兼海昌县令。海昌境内连年遭遇旱灾，陆逊开仓赈济贫民，组织生产自救，勉强保障了百姓生活。其时吴郡、会稽、丹阳一带有很多没有注册户籍的隐匿人口，陆逊上书陈述解决的办法，请求让他去招募。会稽山贼大帅潘临，多年来对地方造成危害，官府无法平定。陆逊用手下招募到的部队深入险地讨伐这些山贼，所到之处都能取胜，陆逊的军队很快已拥有二千多人。后来鄱阳贼帅尤突又大肆作乱，陆逊率军前往，配合其他军队将其讨平，他因功被提升定威校尉，屯军利浦（今安徽和县北十公里之长江北岸）。

年轻的陆逊在地方治理中表现了突出的文武之才，孙权大概是为此而看中了他，于是将兄长孙策的女儿许配给陆逊，并多次前来征询对于政务处置的建议。陆逊向孙权提议说："当今英雄割据争雄，就像豺狼在窥测时机，要战胜敌人平定战乱，没有大量的人众就不能成功，而山寇与政府积怨已久，他们依据于深险山地。我们的内乱尚未平定，难以图谋远方敌人，应当扩充武装，从中挑选精锐使用。"陆逊主张用招募散民的方式扩充军队，以此荡平国内山越的叛乱，然后再参与对外竞争的战争。孙权采纳了他的建议，任命他为帐下右部督，统领帐下亲卫部队。

正好当时丹阳山贼头目费栈，接受了曹操送给的印绶，曹操是在东吴境内扶持支持反对势力，扇动山越反叛作乱，企图让他们做魏国的内应。孙权命陆逊率兵前往征伐。费栈人多势大，而陆逊带去的兵少，陆逊于是设置旌旗牙幢，多处分布军鼓号角，夜里派人潜入山谷吹号击鼓，呐喊前进。他采用这种疑兵之计对付山贼，很快击破了费栈的部众。陆逊随后勒令丹阳、新都和会稽三郡山区越族居民迁徙到平原地区，编入户籍，种田纳赋，挑选强壮者从军，得到了精兵数万人。这一措施使山贼与政府的多年宿怨得到消除，又增加了兵源，强化了地方治理，他给孙权的建议在此得到了很好的落实，事后陆逊回驻芜湖。

麻痹关羽以袭取荆州　在219年秋，吕蒙与孙权筹划乘关羽北攻樊城时夺取荆州，当时镇守陆口的吕蒙声称治病返回建业，途经芜湖时，陆逊

3.8 功名昭著的江东才士

前往拜见，陆逊对吕蒙说："关羽与您接邻对峙，您为何要远离？如果事有不测，就会令人非常担心。"吕蒙说："你说的很对！但我病得很重啊。"陆逊说："关羽自恃他的骁悍之气，欺凌别人，现在刚有大功，就意气骄横志向狂肆了。他忙于北进，对我们没有戒心，若听到您病重，必然更加不做防备，如果出其不意发起进攻，自然可以擒获他。您见到主君，应当好好计划。"吕蒙为防止计划泄露，于是敷衍说道："关羽素来勇猛，难以和他为敌，况且他已据有荆州，施行恩信，加之他刚刚北进有功，胆势更盛，不是轻易可以取胜的。"吕蒙回到建业，孙权问谁可以代替他镇守陆口，吕蒙回答说："陆逊思虑深远，才能足以担负重任，从他的谋虑来看，将来定可大用。而现在他还不太出名，关羽并不畏忌他，接替我没有比他更合适的。如果要任用他，应当让他对外自我韬晦，而在暗中观察形势，寻找机会，然后才可以成功。"孙权于是召来陆逊，任命他为偏将军、右部督代替吕蒙，时年陆逊三十六岁。

陆逊到了陆口，即写信给关羽说："前面将军您看准机会而出征，按军律而用兵，小动作就取得了大胜利，战功何其巍巍！敌国失败了，也是我们盟国的利好。听到前线胜利的消息，我们也想跟随进军，以便共同来恢复王室。最近我受命来到西部边境任职，一直在观察仰慕您的战功，思考能给您什么好的建议。"又说："听到于禁等人被俘获，顷刻间我们都非常高兴，觉得将军的功勋足以长留世间，即便春秋晋文公的城濮之战，淮阴侯韩信攻拔赵国的谋划，比起这次战斗也差得很远。听说徐晃领着步骑兵前来助战，我们期待着新的胜利。曹操是狡猾的敌人，他失败后会不顾一切，恐怕还会暗中增兵，以实现他的企图，虽然说他们军队已经师老疲惫，但也不会没有骄悍的行为，况且人们在战胜之后常常会轻敌，古人提醒说军事胜利后一定要更加警惕，希望将军全面考虑，以便取得完全的胜利。我作为书生，虑事不周也不敏捷，所说的也许对您起不了作用，但我高兴看到友邻的威德，喜欢把自己的话说完，虽然不合于您的谋划，尚且可以让您思考。这里表明我对您的敬仰，希望能予留意。"

陆逊在书信中以卑下的言辞尽力吹捧关羽，赞赏他的功德，表示自己对他的仰慕，关羽看信后，感觉陆逊有谦下和依赖的心意，就更加大意，完全丧失了对东吴的警惕，遂把留守后方防御东吴的军队调至北线，全力对付曹军。而陆逊则向孙权报告了荆州兵调离的动向，并陈述了袭取荆州的要点。孙权暗中率军出击，让陆逊与吕蒙为前部，军队到达后即拿下了公安与南郡（参见 3.6.14《勇而增谋的吕蒙》下）。

进军荆州争夺地盘　关羽败亡后，陆逊被安排兼任宜都（治今湖北枝城）太守，被任抚边将军，封华亭侯。刘备早先安排的宜都太守樊友弃城逃走，周边各城的长官及蛮夷族君长都全部投降东吴，陆逊将金银铜各种官印授给刚归降的人员，这是219年十一月的事情。其后陆逊又派将军李异、谢旌等率三千人进攻蜀将詹晏、陈凤，两人分率水军和步兵，首先断绝了险要的道路，很快攻破詹晏之军，俘获了陈凤，又大破房陵太守邓辅、南乡太守郭睦。而秭归大族文布、邓凯等招聚夷兵数千人，企图联合蜀军抵抗，陆逊再次令谢旌进军攻讨，二人兵败逃走，蜀军任用他们为将，陆逊派人前去诱降，文布率众归降。陆逊指挥的军队前后斩获和招降荆州兵及所附蛮夷部卒数万人，夺取了荆州大量地盘，孙权升任陆逊为右护军、镇西将军，晋封娄侯，其时地位已不低于吕蒙。

《吴书》中记录说，孙权为嘉奖陆逊的功绩，想要对他作特别的彰显，于是安排扬州牧吕范任用陆逊为别驾从事，让陆逊在本州官员的职任上举茂才。虽然陆逊已经是将军、列侯，但孙权让他在封侯后再享有茂才的荣选之誉，这种情况是不多见的，孙权以此加重奖赏陆逊在荆州争夺战中的功劳。

3.8（5）东吴柱石之臣陆逊（中）

东吴抚边将军陆逊直接参与指挥了219年袭取荆州的战事，进军后他配合吕蒙兵进公安、南郡的行动，率部队夺得了荆州大量地盘，孙权提升他为镇西将军并设法给了他特别的奖赏和荣耀。战后吕蒙病逝，陆逊成了东吴军职最高和颇得上下信赖的人物。《三国志·陆逊传》记述了陆逊在夺取荆州后几十年间的军政活动，表现了他在东吴事业继续发展中所起到的无可替代的作用。

<<< 3.8 功名昭著的江东才士

打开荆州仕进之路 刚刚争夺到手的荆州由陆逊镇守,当时战事结束,很多制度尚未建立,大量荆州士人返还,陆逊看到这些读书人没有正常进入仕途的路径,于是他对孙权上疏说:"过去汉高祖接受天命后,招延英才,光武帝中兴汉室时,大批才俊前来归附。如果可以弘扬天道并能教化百姓,不必计较人的出生远近。现在荆州开始安定,才俊人物尚未前来,我请求在荆州全面实施选拔擢用的恩惠,让有才能的人可以自我上进,促使四方之民向往和归顺。"史书上没有记述这一建议后来实行的程度和效果,但明确记载说,孙权恭敬地采纳了陆逊的建议。

指挥夷陵之战而败蜀 222年初,蜀国皇帝刘备为报痛失荆州之仇率领大军进入东吴西境,直逼夷陵(治今湖北宜昌东南郊)。孙权任命陆逊为大都督,假节,统领朱然、潘璋、宋谦、韩当、徐盛、鲜于丹、孙桓等五万军队抵御。刘备兵出巫峡,部队至夷陵地界,建立了几十座营寨,并以金锦爵赏引诱诸多夷兵参与,他任命将军冯习为大督,张南为前部,辅匡、赵融、廖淳、傅肜等各为统军将领。蜀军先派吴班率几千人在平地立营,想以此挑动吴军出战。东吴各将领都想出击,陆逊说:"这其中必有诡诈,大家等待观察吧。"诸将以为陆逊畏惧怯敌,心中愤恨,陆逊对众将解释说:"刘备率大军东下,锐气方盛,又利用高地坚守险要,很难一下子攻克,即便攻下,也难于全部歼灭,如果战事不利,我们的损失就太大了。我们现在激励将士,可以等待观察,采取其他方案。如果前面是平原旷野,我们担心的只是两军交战的胜负,现在蜀军沿着山路行军,军力难以展开发挥,他们在石山和植木间自然会消耗疲惫,等他们疲惫时就可制服取胜。"所以吴军只是坚守,一直没有出战。

刘备知道自己的计策难以施行,最后让八千伏兵从山谷中出来了。陆逊看见后说:"所以不允许各位将军出击吴班的部队,预料其中必有诡诈。"众人信服了他的判断。他向孙权上疏说明了战场形势的变化,表明了必胜的信心。当时蜀军已经深入境内五六百里,双方相持已达七八月,他们守住了各个要害之地。陆逊对众将解释动员说:"刘备是狡猾的敌人,他经历的战事很多,在其军开始进攻时,他会思虑精专,没有空子可钻。现在进军时间已久,一直不能与我们决战,兵势疲惫心意沮丧,难以形成制胜之计,击败敌人正在今日。"

陆逊于是派部队先攻蜀军一营,但未取胜。诸将都说:"白白损失了兵力。"陆逊说:"我已知道攻破蜀军的办法了。"下令让军士各人手持一把茅草,火攻蜀营,果然一下子取得了成功。陆逊下令全军一齐进攻,吴军斩了蜀将张南、冯习及胡王沙摩柯等人的首级,攻破四十多个营寨,蜀将杜路、刘宁等穷途无路而请降。刘备被围困在马鞍山,晚间突围逃出,进入白帝城(参见 2.1.23《夷陵攻战的失误》)。夷陵之战是确立三国鼎立政治格局的重要战役之一,陆逊独立组织和指挥了这次战役,他以较弱势的兵力,在战役中力排众议,采取坚守待机、消耗敌人和后发制人的策略,根据敌方弱点最终选用火攻方式,一旦进攻就很快取得了全胜。夷陵之战是陆逊可以作为三国军事战术家而出名的巅峰之作。

对各重关系的妥善处置 夷陵之战不仅是陆逊军事战术的胜利,其中也体现出了他具有妥善处置各重关系的优秀素质。首先看他与东吴宗亲孙桓的关系。当初,孙桓领兵在夷道(治今湖北枝城)抵御刘备的前锋部队,反被蜀军包围,他向陆逊求救,陆逊未予发兵相救,他坚持说:"孙桓能得士卒之心,他现在城固粮足,用不着担心。等我军开始进攻时,他的包围会不救自解。"及吴军全线进攻时,刘备果然全军溃逃。孙桓后来见到陆逊说:"前面确实埋怨你不来相救,而到今天才知你调度自有方略。"(参见 3.4.4《受赐皇姓的孙河支属》)

其次看他处置与同僚的关系。陆逊统领的将军,有的是孙策时的旧将,有的是公室贵戚,他们各自矜持,不相听从。陆逊在这次安排军事方案的会议上曾握着剑说:"刘备天下知名,曹操所惮,现今深入境界,这是我们的强敌,诸君身受国恩,应当相互和睦,共灭此敌,以上报国家。像现在这样不想服从安排,这不是我们应该做的。我虽是一介书生,但受命于主上;国家所以委屈各位让接受我的指令,是觉得我有一点优长处,能宽容大家实现主上的重托。现在各位干好自己的事情,不能推脱责任!军令照常不变,谁都不能违犯。"当时显然是众将领不服从陆逊的命令,后来打败了刘备,大家明白陆逊的方案和指挥是正确的,诸将才非常佩服。孙权听到了这事,询问说:"你为何当初不把违反节度的人报告给我呢？"陆逊回答说："我受恩深重，所担负的责任超过了我的才能，这些将领是君主的腹心、干将或功臣，都是国家所依赖要实现大事的。我虽愚笨，想要成就国家大事，心中尚暗慕蔺相如、寇恂那种恭谦居下的道义。"孙权听罢大笑称赞，加任陆逊为辅国将军，兼任荆州牧，又改封其为江陵侯。陆逊在与诸位将军发生意见分歧时，他把实现国家利益的总目标和铁的军纪挺在前面，自己恭谦处下，以极其宽容的态度对待相互间的分歧，在同僚相处中运用了一种情与法相互交融的高明方法。

  与此相同的一件事情是，陆逊先前于216年在会稽招募士兵征讨山贼，会稽太守淳于式向孙权上表说，陆逊违法征用民众，使会稽百姓受其扰乱而愁苦不堪。陆逊后来返回拜见孙权，言谈之间，提到淳于式是很好的官员，孙权问："淳于式控告你而你却推举他，是什么原因？"陆逊说："淳于式的心意是想休养百姓，所以控告我。如果我再诋毁他以混淆圣听，此类风气不可长。"孙权说："这确实是长者才能做到的事，一般人是不能做到的啊。"当时就对陆逊甚为佩服。

  另外看看陆逊对外部关系的把握。刘备退守白帝城后，吴将徐盛、潘璋、宋谦等人纷纷表示一定能擒获刘备，请求允许他们继续进攻。孙权以此询问陆逊，陆逊与朱然、骆统都认为曹丕大聚军队，表面上声称协助东吴对付刘备，实际上藏有进攻东吴的奸心，因而军队应当全部返还。没有多长时间，魏军果然三路出击东吴。看来陆逊是能准确把握东吴与魏蜀两国关系的实质，力求保持两方关系的平衡，而不为曹丕的口头诺言所迷惑。

  《吴录》中记录，刘备退驻白帝城后听说曹丕大举伐吴，他写信给陆逊说："曹军现已抵达长江、汉水，我将再度率军东下，将军认为我能否这样做？"陆逊给刘备回信说："只恐怕贵军新败，元气还未恢复，所以才与我们和好。应当养伤恢复，不宜穷兵黩武，如果不慎重考虑，再把残兵败将远途送来，那就无所逃命。"（参见2.1.24《战后政局的变化》）当时吴蜀外交上有和好迹象，但相互间的忌恨和防备并没有真正消除，陆逊始终认为刘备的复仇欲望尽管强烈，但事实上不能超出三方鼎立的平衡关系。刘备后来果然也没有兴兵向东。

为吴蜀间的文书交往把关　223年春刘备去世，后主刘禅即位，执掌蜀政的诸葛亮正式恢复了与东吴的同盟友好，自此凡吴蜀间的交往关系，孙权都令陆逊与诸葛亮通信，给了他高度的外交自主权。因为陆逊驻守东吴西部边境，孙权同时又刻下自己的玉玺，放在陆逊的住所。孙权每次与刘禅、诸葛亮的书信，都会先让陆逊看过，让他感觉书信中话语的轻重妥当否，如果有不合适的地方，就让陆逊修改确定，然后就地在陆逊处盖印合封，直接发出，避免来回往返。孙权在这里对他极为信任，陆逊事实上成了吴蜀正式交往的最后把关人，这一角色反映着他在东吴当时的较高地位。

3.8（5）东吴柱石之臣陆逊（下）

夷陵交战不久，蜀国执政集团发生了重大人事变换，执掌国政的诸葛亮促成了吴蜀双方的友好同盟，北方魏国自此成了他们共同的战略之敌。多年驻守西陵（即夷陵）的陆逊在西部边境上少了许多战事。《三国志·陆逊传》记述了这一时期陆逊在北境的多次抗魏之战，以及参与国政事务、多次对孙权进行直言正谏的事迹，展现了陆逊出色的军事才能与政治素质，也显示了他在孙权执政中期对于吴国栋梁和柱石般的存在。

出军皖城击败曹休　228年五月，孙权安排鄱阳太守周鲂写信给魏国大司马曹休，谎称受到吴王责难，打算弃吴降魏，请求派兵接应。曹休当时兼任扬州牧，他立功心切，即率步、骑兵十万人前来皖城接应。孙权拜陆逊为大都督、假黄钺，陆逊统领六师和禁卫军而摄行王事，孙权亲自为陆逊执鞭，令百官向陆逊屈膝。战斗中间曹休发觉上当，但耻于被欺骗，自恃兵马精多，仍与吴军拼杀。陆逊令朱桓、全琮为左右翼，自为中部三路俱进，大败魏军，曹休败走。陆逊率军追杀，直抵夹石（今安徽桐城北），斩擒魏军一万余人，缴获牛马骡驴车乘万辆，军资器械无数。曹休残部得到贾逵接应得以生还，而曹休不久便因气愤发病而死（参见1.10.6《曹家"千里驹"》）。吴军这次完胜，全军返还时经过武昌，孙权令左右把自己车驾的御盖送给陆逊，让他打着御盖出进殿门，给了他极高的荣耀。孙权赐给陆逊的东西都是宫中的上等珍品,其时没有能与这些御物相比的,事后陆逊返回驻地西陵,次年孙权称帝后拜陆逊为上大将军、右都护。上大将军是吴国专门为陆逊在大将军之上所设的职位,地位高于三公。

留守武昌以辅佐太子 229年孙权东巡建业,留太子孙登、皇子及尚书九官在武昌,征召陆逊在武昌辅佐太子,并掌荆州及豫章三郡事务,总管留守于武昌的宫府事宜,另外主持吴国西部军国之事。当时建昌侯孙虑喜好斗鸭,在堂前作斗鸭栏,其中还包含小巧机关。陆逊严厉地对这位皇子说:"您应当勤读经典,增加自己的新知,玩弄这些有什么用?"孙虑当即就拆毁了斗鸭栏。射声校尉孙松是孙权弟弟孙翊的儿子,他在公子中与孙权最亲,但他不整军纪,陆逊当面处罚了他手下负责的官员(参见3.4.3《孙翊与他的寡妻孤子》)。南阳人谢景是太子的宾客,他称赞在魏国干事的同乡刘廙关于先刑后礼的理念,陆逊呵斥谢景说:"人们尊崇礼治比尊崇刑治时间长久得多,刘廙以琐屑的狡辩来歪曲先圣的教诲,是错误的。您如今在东宫侍奉,应当遵奉仁义以彰显道德善言,像刘廙的言论不必讲了。"陆逊为人正直严厉,他把自己负责的事情处置得很好。232年孙登到建业面见孙权时,也述说陆逊的忠诚勤劳,认为武昌那里没有什么顾虑(参见3.4.5《早逝的吴太子孙登》)。

对朝政直言正谏 陆逊虽任职在外,但心中却牵挂着朝廷大事,他处在高层参政位置上,曾对国家诸多事务发表不同的意见,这些意见有些未必起到实际作用,但表明了他处置国家政务的态度和倾向。

其一,主张轻法宽民。陆逊上疏陈述时事说:"我认为法令条例过于严厉,下面违法者较多,近年以来将吏犯罪,虽然应该责备他们,但天下没有统一,应当谋图进取,小事情对下面应该宽容,以安定下层人的情绪。而且国事日增,用人应该首先考虑他的能力,如果不是奸诈污秽之人,就可以容忍他的过错,重新使用,让发挥他的能力,这就是圣王忘过记功,成就王业的道理。而严刑峻法则不是帝业兴隆的方法;有惩罚而无宽恕,不是抚招远方人才归附的大策略。"史书上没有说明这次上疏谏言的效果。

其二，反对远航夷洲。230年春，孙权欲派军队前往夷洲（今台湾岛）、朱崖（今海南岛东北部），曾征求陆逊的意见。陆逊认为没有必要，他在上疏中说："那些地方遥远险恶，人众如同禽兽，得到他们起不了什么作用，没有他们也不缺少什么。"他主张畜养江东民力，等条件成熟时，可以平定中原，实现一统天下。但孙权依然派遣将军卫温、诸葛直率兵一万人出海寻求夷洲和亶洲（今日本之地）。一年之后出海将士返回，兵士得传染病而死的十有八九（参见3.2.20《称帝后的内政治理》上），只掠得夷洲几千人返回。

其三，劝阻远征辽东。233年，辽东公孙渊在与东吴的交往中背弃友好，杀死了使者，孙权闻讯大怒，准备亲自带兵前往征讨，陆逊上书耐心说服劝阻（参见3.2.19《与辽东的远交》上），其他许多大臣也是相同的看法，孙权听取了陆逊等人的意见。

其四，痛恨奸臣吕壹。孙权宠幸的中书典校吕壹善于恃宠弄权，离间君臣，擅作威福，挟嫌报复，且手段又十分残忍。远在武昌的陆逊提过建议，他和太常潘濬为此都很忧心，提起来不禁流泪（参见3.2.22《吕壹惹起的是非》）。238年春孙权发现问题，诛杀了吕壹，并且深深地自责，孙权还就此派遣中书郎袁礼向各位大臣致歉。

其五，主张富民安国。其时吴国人物谢渊、谢厷各自陈述对时政的看法，主张改变一些措施，为国家兴办有益之事。孙权将此事交陆逊审定。陆逊建议说："国以民为本，强盛取决于民力，财货也出自民众。民富而国弱、民贫而国强的事从古未有，所以治理国家，得民心则国治，失民心则国乱。如不让民众得到利益，而想让他们竭力效劳，这是难于做到的。现在只要对民众广施恩德，让百姓安宁富足就行。"陆逊把富民看作第一位的事情，认为其他事情不必考虑，虽然并不全面，但也抓住了治国的根本。

出击魏军屡次立功　陆逊作为吴国出色的军事将领，他多次参加了对付魏国的军事活动，这使他在北方边境上立下不少功劳。

第一次，出军襄阳的斩获。234年孙权率三路大军北征，安排陆逊与诸葛瑾领兵进攻襄阳。孙权在听到不利消息时随即返回，陆逊派亲信韩扁携带表章去见孙权听候指示，半路上被魏国巡逻的人截获，副将诸葛瑾担心自己部队的情况已被魏军获悉，他给陆逊写信表示应当立即撤军，但去催促时，却见陆逊的部众正种菜、种豆，陆逊如同平常一样下棋练射。陆逊是在危急时刻用这种外示安逸的方法安定军心，迷惑敌人，实际上在筹划暗中撤退（参见 3.2.18《配合诸葛亮的一次作战》）；而在船队退行至中途时，陆逊又假称停留打猎，暗中派军将袭击江夏等周边数县。因为吴军突然杀到，魏人恐惧间弃物入城，以至将城门堵住，无法关上，守城士兵砍杀其民，然后得以关上城门。吴军则乘机斩杀俘获千余人后安全撤还。吴国此次出军无功而返，这与军队的全局指挥有关，但进攻襄阳的一路却是唯一有所斩获的部队。

第二次，优待俘获瓦解敌军。陆逊对所俘之人都给予优厚对待，严禁士兵侵扰欺侮；对那些带家眷前来的人，则派人前往照料；如果有妻子儿女去世的，就送给他们衣服和粮食，并厚加慰劳，让他们返回家乡。被俘的人因此受到感动，有的因倾慕而相携前来归附，邻近地区的人们也都向往着跟随陆逊。当时江夏、弋阳（治今河南潢川西五公里）等地的军将及当地夷王头目，就有几位率领部众前来归附，陆逊又拿出财货布帛接续他们的生活。

第三次，离间魏将消除隐患。魏国江夏太守逯式，兼领当地兵马，一直是吴国边境之患，他与魏国老将文聘的儿子、江夏守将文休一向不和。陆逊听说这一情况，假装给逯式回信说："听说了你的艰难处境，知道你与文休已结嫌隙，势不两立，准备前来归附。后面有密信相约，我们即组织军队前来迎接。事情应搞得严密，要告诉明确时间。"陆逊让人把书信放在边界上，士兵拿到后送给了逯式，逯式看后十分惶惧，大概是为了表示自己对朝廷的忠心吧，他主动把妻子儿女送到了洛阳。但家眷回到京城，手下吏士们觉得他并不能与士兵同心，于是不再亲附于他，逯式最后被上司罢免。陆逊以假书信施行离间，为边界免除了一大祸患。陆逊的诸多行为活动都彰显了他对吴国军政事务的准确把握。

3.8（5）东吴柱石之臣陆逊（末）

陆逊是东吴集团中才兼文武、忠厚勤恳又有处世经验的官员，在张昭、周瑜、诸葛瑾等一大批故旧老臣相继离世后，他几次统领和指挥了与外敌蜀魏两国大规模的军事对抗并取得了胜利，对东吴的境内建设和政务处置都曾提出了积极的建议，成了江东政权中最有威望和影响力的大臣。《三国志·陆逊传》及其引注记述了陆逊晚年的主要活动，尤其是他接任丞相后一年间因朝廷二宫之争所到受的委屈，以及他为此与孙权君臣关系恶化后的悲凉结局。

熟悉民情平定三郡 吴中郎将周祗在237年准备赴鄱阳征兵，他曾问计于陆逊，陆逊认为鄱阳百姓易动难安，不招为好，周祗坚持去招募，果然郡民吴遽等人聚众叛乱，杀死了周祗，攻破了周边几县，豫章郡和庐陵郡（治今江西吉水东北）都响应吴遽的反叛。陆逊出军征讨吴遽而获胜，吴遽被招安，陆逊得精兵八千余人，三郡得以平定。

劝诫后生恭谦处世 史书上记述说，当初暨艳大造舆论要改变府署，核选三署官员，（参见3.8.3《张温受惩的隐秘原因》），陆逊曾规劝告诫他，认为必定会由此招祸，果然此事引起了许多告发谗言，并牵连了张温等一大批官员。陆逊又对诸葛恪说："在我前面的人，我一定侍奉他与我一道升迁；在我后面的人，我则要帮助扶持他。现在您气势上侵凌上级，又蔑视下属，这不是巩固德行的方式。"陆逊是在给年轻人物指点为政者如何待人处世的方法，而诸葛恪当时正处于春风得意之时，他并不能理解。广陵人杨竺，年轻时就获得了颇大的名声，陆逊认为他最终会惹祸败亡，劝杨竺的哥哥杨穆应该与杨竺分开生活另立门户，杨竺后来因故被孙权惩处。从陆逊对暨艳和诸葛恪的劝诫之言中能够看到，他是一位崇尚传统文化及其处人风格的官员，在政务活动中必定是自觉地遵循恭谦处下的原则，能够与同僚们融洽相处，并得到大家的认可与尊重。

继任丞相接受重托 244年初丞相顾雍去世，孙权任命陆逊接替相位。顾雍约在孙权称帝之前的225年接替孙邵为丞相，在相位近二十年之久，具有优良的个人品行和处政方式，深得君臣上下尊崇（参见3.6.2《东吴出色丞相顾雍》）。孙权对这一职务是非常看重的，他在选任陆逊后下诏说："我以无德之人，承应天命而登上帝位，天下尚未统一，奸乱之徒当道，因此我朝夕忧惧，顾不上休息。只有你天资聪颖，美德显著，担任上将之职，辅佐国家除乱。有盖世功劳者的人，就应受到光耀宏大的尊崇，兼具文武才干的人，就应担当国家的重任。过去伊尹兴隆商汤，吕尚辅佐西周，那样的内外之任，实际由你一人担当，现在委任你为丞相，让太常傅常作为使者，持节前来授予您印章绶带。你自当发扬高尚的美德，再建美好的功业，恭敬遵从王命，安定四方！你总管三公职事，训导群臣百官，能不恭敬吗？你自勉努力吧！你原来担任的荆州牧、右都护兼武昌留守等职事不变。"很明显，陆逊任职后担负的事务比顾雍的丞相事务更多。吴国高层官员的职任划分似乎并不清晰，陆逊的确是内外双挑，而他的职所是在武昌而不是建业。尽管这样，吴帝孙权仍然对他具有极高的期待。

二宫相争君臣生隙 孙权对陆逊任相寄予了很高的期望，陆逊在职场上也历练多年而不乏应有的经验，但事实情况是，陆逊任职后他们的君臣关系并没有像预料的那样和谐，双方生成嫌隙，产生了不小的隔阂。事情是由二宫相争引起的。

当时孙权已到晚年，太子孙和与鲁王孙霸为了争夺继承权而相互中伤，孙权把两位儿子平等看待，没有明确的嫡庶之分，两宫处于并立地位。朝廷内外的官员，大多派遣子弟侍奉孙和或孙霸，全琮写信向陆逊告知这些情况，陆逊认为这些子弟果真具有才能，也不用担心不被任用晋升，不应该私自交往邀利取荣；如果没有才能，这样做终将会招致灾祸。他还认为两宫如果威势相当，后面必然会出现相互对峙危害国家的问题，这是古人最忌讳的事。

当时全琮次子全寄为孙霸宾客，他依附鲁王孙霸而为党羽。陆逊于是回信给全琮说："你不学习汉武大臣金日䃅杀死恶子，现容留阿寄在家，他终究会给你家门户带来灾祸。"全琮并未听从陆逊的劝告，且对陆逊所言非常不满，两人从此有了积怨。不久全琮全寄父子称陆逊的外甥顾承曾串通陈恂，谎报战绩给自己谋求高位，并说顾氏兄弟亲附太子，致使顾承和其兄顾谭被流放交州（参见 3.6.3《顾氏族亲的不凡才俊》），两人不久相继英年早逝。

《三国志·陆胤传》引注《吴录》中记录了一件事情，当时太子孙和害怕被废黜，而鲁王孙霸更加觊觎太子之位。有一次孙权会见杨竺，他屏退左右与杨竺谈论孙霸的才能，杨竺表示孙霸有文武英姿，适合继承帝位，孙权便答应立孙霸为太子。这时正好有一位侍者藏在床下，他把听到的事情告诉了太子孙和。陆逊的侄子陆胤此时正要前往武昌，他前去向孙和辞行，孙和没有正式会见他，而是微服到陆胤的车上，与其密商此事，他托陆胤传话，让陆逊上表劝谏孙权。后来陆逊多次上表极力劝谏，孙权看到陆逊上表中说的内容，他怀疑杨竺泄露了他们二人的谈话，杨竺说他并没有泄露。孙权便让杨竺找出谈话泄露的原因，杨竺心想近期只有陆胤西行武昌，认定必是陆胤所说。孙权又派人询问陆逊是如何知道自己想改立孙霸的，陆逊如实回答是陆胤告诉的。于是孙权便招来陆胤考问，陆胤为了回避太子，便说："是杨竺向我说的。"孙权于是将二人共同下狱。杨竺不胜严刑，屈打成招。孙权开初只是怀疑杨竺泄露，后来杨竺认罪了，他认定真是杨竺泄露，于是处死了杨竺。杨竺受刑前曾向孙权构陷告发了陆逊二十条罪状，孙权因此对陆逊心生不满和怨望。

太子孙和因为鲁王的夺嫡之争而一直心中不安，太子太傅吾粲遂多次给陆逊写信反映宫中的事情，身在武昌的陆逊连续给孙权上疏陈述说："太子居正统之位，其地位应该像磐石一样稳固。鲁王只是藩臣，给他的待遇应该有所差别，让两人彼此各得其所，上下都能得到平安。为臣在这里叩头流血，希望能听到好的安排消息。"大概也受到陆胤的传话，陆逊一连写了三四份上书，并且要求到京都来面陈嫡庶之分的道理，以匡正得失。但陆逊一直没有听到允许他进京等自己盼望的好消息，得到的反而是两位外甥被流放交州、吾粲因给他写信等事而被治罪（参见 3.8.2《才士陆绩与吾粲》），最后下狱处死的悲伤之事。同时孙权还几次派朝廷使者前来询问和责备陆逊，陆逊不胜其忿，他在任相一年后因心中恼怒而离世，终年六十三岁。

陆逊是孙策的女婿，他是在与孙权君臣关系恶化的情况下忧愤而死的，后世有些史家认为孙权是有意打击孙策的支属，其实全书看不到这样的情景，不能忘记陆逊的婚配是孙权自己安排的。其实陆逊晚年受窘，其间似乎并不是出于孙权的有意迫害，而是两人价值观念、利益关系上的差异导致处政方式的不同，从而引起的政见冲突。孙权在原太子孙登241年去世后重立孙和为太子，这其实并不是他的理想选择，为抑制太子孙和势力的不断增大，以便避免其与父皇将来分庭抗礼，他是有意扶植鲁王孙霸来牵制孙和，这有孙权个人的一己之私掺杂其间，以致引起了朝廷群臣及朝政的分裂状态，这成为孙权晚年吴国政治局势的最大隐患（参见3.2.26《内政之乱》）。身为丞相的陆逊坚持按照传统的礼仪秩序来处置对待两宫间的紧张关系，要求进行嫡庶之分，这自然与孙权个人的想法难以合拍。孙权利用君臣关系中自己所处的主导地位，在具体事情的处置上进行了一系列无原则的操作，使混乱的朝政愈益加剧，也使陆逊等大臣的正当要求成了违抗君主的行为，亲族受贬，友人殒命，道义未伸，国势难振，而自己反受君主猜疑，对糟糕的现状毫无挽救之力，只能眼看着国家政局在自己任相期间走向衰落，陆逊正是为这些状况不堪其愤的。

陆逊的长子陆延早年夭亡，次子陆抗承袭了爵位，另有一番作为。十多年后孙休执政期间，陆逊被追谥为昭侯。陆逊在245年去世后吴国政局加速走向了衰落，他作为东吴柱石之臣的地位从反面得到了进一步的证实。

3.8（6）承继父亲遗业的陆抗（上）

陆逊死后他的儿子陆抗承袭了爵位，并统领他的部队继续驻守武昌，守卫吴国西境的安全。陆抗不仅继承了陆逊的守境职责，同时也继承了父亲的人生志向和精神气质，他也具有父亲那样的文武之才，成了吴国后期御敌守国的栋梁。《三国志·陆抗传》及其引注记述了陆抗自孙权晚年到孙皓执政后期三十年间的主要军政活动，表现了他对父亲未了心志的完成，以及在衰弱国政下力挽狂澜、砥柱中流的精诚努力，展现了陆抗在孙吴亡国之前那颗赤色而透亮的心灵。

陆抗字幼节，吴郡吴县人，226年出生，丞相陆逊的儿子，孙策的外孙。245年陆逊去世时陆抗二十岁，孙权任命他为建武校尉，统领父亲陆逊的五千部众，驻守武昌。陆抗由此开始了他竭忠报国、展现才华的生命历程。

换防柴桑感动同僚　陆逊统军第二年，孙权升任陆抗为立节中郎将，调动他与诸葛恪互换驻守地，于是陆抗屯守柴桑（治今江西九江）。陆抗离开原驻地时，修缮了防守工事和城墙上的房屋哨所，部队房前屋后的桑木果树都不准随意破坏，诸葛恪进入城区，俨然就像新修建的一样。而诸葛恪在柴桑的原有防区却有很多设施被毁坏，他看到眼前的情景感到颇为惭愧。这一细节展现的是两位官二代处事待人的不同方式，显露了他们两人高下有别的做人品格与内心境界。

为父辩白终至"平反"　陆抗在父亲去世当年送其灵柩回家乡安葬，其后他返还建业向孙权谢恩，孙权拿出以前杨竺告发其父的二十条罪状向陆抗查问，其间禁绝他与宾客往来，又派朝廷使者临场相诘。这种查问方式带有强制审讯的性质，大概是想坐实陆逊的某些罪责，对陆抗似乎一点也不客气。而陆抗此时并未询问别人，他对这些罪状逐条予以对答说明，表现了对父亲所行之事的充分信任，孙权由此逐渐消除了对陆逊的怨恨。

251年，陆抗从驻防地回到建业治病，病愈返还前孙权召见他，流着泪对他说："我过去听信谗言，对你父亲在君臣大义上不笃厚，因此亏待了你。我前后责问的材料，一把火烧灭干净，不要让人再看到了。"孙权于上一年已废黜了太子孙和，杀掉了鲁王孙霸，二宫之争以悲惨结局结束后，少主孙亮被立为太子。当时七十岁的孙权经常有病，他的生命在走向终点。这些情况使孙权对陆逊的态度发生了根本的转变，也是由于陆抗为父亲的坚定辩白消除了许多误解，孙权等于在临终为陆逊的"罪状"做了非正式的平反，使陆逊生前的未白之冤得以消解。次年孙权去世，继位的孙亮任陆抗为奋威将军。

抗击魏军镇守边境　257年，魏将诸葛诞在寿春叛魏降吴，朝廷任陆抗为柴桑督，让他领兵去寿春增援诸葛诞。陆抗打败了魏国牙门将偏将军，被朝廷升为征北将军。259年，执政不久的孙休任陆抗为镇军将军，镇守西陵（今湖北宜昌西北），负责从关羽濑（今湖南益阳北的关侯滩）到白帝城（今重庆奉节县东白帝山上之城）段的防务，次年假节，授给他更大的军事机动权。264年孙皓继位后，加任他为镇军大将军，兼益州牧。当时蜀国刚刚灭亡，其地被魏军占领，陆抗的益州牧仅是一种遥领职务。

当时吴国政局变化多端，陆抗在孙权之后三任皇帝的朝廷都受到应有的信任。到了270年，大司马施绩（又为朱绩）去世（参见3.7.13《朱家后裔的功业》），朝廷任陆抗都督信陵（治今湖北秭归东南十五公里）、西陵（治今湖北宜昌东南郊）、夷道（治今湖北枝城）、乐乡（今湖北松滋东）、公安诸军事，驻守于乐乡（今湖北江陵西南）。

忧心国家陈述建言 陆抗听说吴国各地政令大多有缺，他为此思考得非常深远，于是上疏说："为臣听说德行相当的国家则民众多的胜过民众少的，国力相等的国家则安定之国制服混乱之国，这就是六国所以被强秦兼并，西楚所以为汉高祖打败的原因。如今敌国跨据四方，并非只有关右之地；他们割据九州，不只是鸿沟以西的土地。现在我国外无盟国可援，内无西楚那样强大，政务缺乏生气，百姓不得安定，而议论国事的人所看重的，只不过是大江高山围隔着我国的疆域，这不过是守卫国家末位的条件，不是明智之人首先考虑的方面。我常常想起战国各国存亡的迹象，近观刘汉王朝灭亡的征兆，考证典籍，应验实事，深夜抚枕不能入睡，面对饭菜忘记进餐。当年匈奴未被消灭，霍去病辞却了宅第；因为治道未得完美，汉朝贾谊为之哀泣。况且我具有王室血脉，世代蒙受恩宠，个人的身名安危与国家休戚相关，生死离合义无苟且，早晚忧虑这些事情，想起就十分痛心。事君的大义在于犯颜直谏而不欺瞒；为臣的节操不在躬身殉命，谨陈当今时务十七条如下。"远驻乐乡的陆抗心忧国家治理的缺失，根据自己发现的问题陈述了十七条具体建议，史书上称："十七条失去原本，故此未做记载。"这里是他上疏的总论，其中指出了本国在天下竞争中的弱势境遇，也提到了自己作为具有王室血脉之人应有的道义担当，表达了他对孙吴事业的无限忠诚。

劝谏孙皓勿用小人 当时宦官何定在孙皓的朝廷玩弄权势，干预朝政（参见3.3.15《忠奸不分的昏乱作为》），陆抗上疏说："我听说创建国家继承家业，都不可任用小人，《尧典》对此做过告诫，雅致的人就此作诗怨刺，仲尼为此而叹息。从春秋下至秦汉，朝代灭亡的原因，没有不是由此引起。小人不明治国的道理，见识浅陋，即使他们竭尽心力献出生命，也不能胜任，何况他们一直存有奸心，爱憎之情变化无常！他们害怕失去，所以做事情无所不至。如今委他们以朝廷重任，假借给他们专制权威，而希望和乐的声音出现，清明纯正的风气兴起，这是不可能的。如今任职的官吏，具有特殊才能的虽少，然而他们或是王室贵族的后代，自小受到道德教化的浸染，或是清苦自立之人，其资质才能值得任用。应该根据人们的才能授官任职，这样抑制和黜退小人，然后社会风气才会清纯，政务也就不致污秽。"陆抗这里是要论及人才任用的问题，意在提醒朝廷应该清除何定那样的小人参政。但他不能点名直诉，绕了许多弯子，说得有些隐晦，孙皓未必能明白他的真正心意，或者明白了也可装个糊涂，史书上总之没有说明这次谏言的实际效果。

争夺西陵大胜晋军　272年八月，担任西陵督的步阐举城叛降晋国，晋武帝司马炎诏命步阐为都督西陵诸军事，任卫将军。陆抗闻讯，急遣将军左奕、吾炎、蔡贡等部队包围西陵。司马炎则命荆州刺史杨肇到西陵接应步阐，命车骑将军羊祜率步兵五万进攻江陵，令巴东监军徐胤率水军进攻建平（治今湖北秭归）以救援步阐，吴晋双方于是围绕西陵展开了规模较大的争夺战。

陆抗命令西陵各军迅速筑造高峻的围墙，从赤溪（今湖北宜昌西北五里）一直到故市（今宜昌葛洲坝），既围困步阐，也用以抵御晋兵。这时羊祜军队首先到了江陵，准备借大坝阻住的水流以船运送粮草，陆抗让张咸急速毁坏大坝，羊祜只好改用车子运粮，耗费了许多人力和时间。十一月，晋将杨肇到达西陵，陆抗命令公安督孙遵沿着南岸抵御羊祜，水军督留虑抵御徐胤，他自己亲率大军凭借长围与杨肇对峙。陆抗料定敌军会先打夷兵防守之地，于是当夜更换夷兵，全部用精兵把守。次日杨肇果然攻打原来夷兵守地，未料吴军猛烈反击，箭石如雨，杨肇的部众死伤极多。到十二月，杨肇无计可施，夜里逃走了。陆抗担心自己兵力不足，只是擂鼓警示，作出要追赶的样子，杨肇的部众恐慌之下丢弃铠甲而逃，羊祜之军也随后撤还，陆抗于是全力攻克了西陵，处死了步阐以及与他同谋的将吏几十人，取得了西陵保卫战的全面胜利（参见 3.3.13《对晋国的战争》），战后陆抗被朝廷加封为都护。

这次战斗中陆抗利用自己对西陵地形的熟悉，多次准确预料到敌人的军事部署，他在指挥上运筹出奇，自信而果决，表现了与父亲陆逊指挥夷陵之战时同样的高超谋略，《晋书·羊祜传》中称吴军不到三万人战胜了晋国八万多军队，这是吴国在后孙权时代战场上少有的大捷，陆抗也因此成了当时吴国最出色的优秀将领。

3.8（6）承继父亲遗业的陆抗（下）

吴国后期最优秀的军事将领陆抗在 272 年指挥三万军队全胜晋国三路部队八万人马，攻克和守护了西陵，他入城后修治城围，不久东还乐乡。立有大功却始终面无骄矜，恭谦如常，表现出了少有的人格涵养。《三国志·陆抗传》及其引注记述了陆抗西陵胜敌后镇守荆州几年间的军政活动，介绍了他在国政衰弱背景下与敌军的对峙策略以及针对国家政治情势的多项建言，展现了他对国家至死不渝的忠贞赤诚。

驻守边境与敌和睦 晋国车骑将军羊祜在西陵争夺战后返回，被朝廷贬为平南将军，继续驻守荆州之地。当时晋、吴各占有原荆州地盘的一部分，双方在此有很长的边境线。《汉晋春秋》《晋阳秋》与《晋书·羊祜传》中记录说，羊祜回到驻军地，坚持用推崇德信的怀柔方式对待吴国，争取敌国人物前来归附。吴将陆抗也总是告诫将士们说："他们崇尚德信，我们如果用暴戾方式，那就是不战而自服。现在各保分界而已，不要贪求小利。"双方将领在边境上推崇起了春秋时代的"侨札之好"，即郑国执政公孙侨（子产）与吴国公子季札那样互赠缟带纻衣、深相结交的友好往来。边境上的百姓放在田地里的余粮，另一方并不夺取和侵犯；牛马跑过边界进入对方地境，说清楚就可以领回；在沔水沿岸打猎，一方如果获得了对方先射伤的禽兽，都会全部送还。

每次两军交战，羊祜都会预先与对方商定交战的时间，从不搞突然袭击；对于主张偷袭的部将，羊祜用酒将他们灌醉，不许他们再说。羊祜的部队过吴境行军，他们如果收割了田里的稻谷，都会根据收割数量用绢偿还。有一次陆抗生病，羊祜派人送药给他说："这是上等药物，我最近自己配制的，还未服，听说您病急，所以先送给您。"吴将劝陆抗不要服用，陆抗说："羊祜岂会毒杀人吗！"他无所怀疑地服下。吴主孙皓听到陆抗在边境的做法，就此责问陆抗，陆抗回答说："一村一乡，尚且不能没有讲信义的人，何况一个大国呢！我不这样做，正好彰显了他羊祜的德信，对他本人毫无伤害的。"

　　陆抗在边境驻守中推崇德信，看来更多是出于对羊祜行为的被动应对，充其量只能消弭对方对吴国和平瓦解政策的实际效力而已。但在晋国与吴双方军事政治力量悬殊的情况下，弱小的一方并不能掌握双方斗争的主导权，这也就成了吴国守境者所能采取的上好方式，其间也能等待某些幸运的机会，起码可以延缓本国被对方瓦解和灭亡的进程。也有史家认为，北方强大的势力与江南政权对峙四十年间没有越过长江，所以羊祜决定采取大同而非战的德信方式，以便促成江南百姓的归附和政权的瓦解，陆抗看见自己一方国家弱小而君主暴虐，又看见晋国德盛而势昌，对方将领又对吴国非常和善，辖区内的百姓有向往晋国、抛弃君主的想法，他于是也想采取这样相对应的方式镇定民心，安宁内外，以等待事情的变化。这一说法不无道理，而综合各种事实，至今人们无法怀疑陆抗对国家和孙吴政权始终如一的忠诚，他对羊祜和平策略的应对，自然有不得已的因素，但应该不仅仅是持有一味消极无为的心态。

　　心忧国事劝君宽恕　　像父亲陆逊一样，陆抗驻守边境但仍关注国家的政务大事，他听说武昌左部督薛莹被逮捕关押，于是上疏说："才德出众的人是国家的宝贝、社稷的财富，各种政务依靠他们才获得条理，四方之人有了他们才得以教化成德。已故大司农楼玄、散骑中常侍王蕃、少府李勖，都是当世优秀才俊，一代出众人物，他们当初蒙受主上恩宠，正常任官履职，而后很快受到诛杀，有的被灭族绝嗣，有的还被贬弃到荒远之地。《周礼》上有赦免贤人的刑法，《春秋》中包含宽恕善者的大义。《尚书》中说：'与其杀害无辜，宁可违犯律法。'当时王蕃等人的罪名尚未确

<<< 3.8 功名昭著的江东才士

定,就被处以极刑,这不是很痛心吗!况且人已受刑,已经没有知觉,还把他们焚烧后投到江流中,抛之于水滨,恐怕并不合于先王制定的正典。也不是周朝制法人甫侯的禁戒之意。这样做的结果使百姓哀伤,士民悲戚。现在王蕃、李勖的事情过去了,后悔无及,只是希望陛下赦免楼玄出狱,而现在又听说薛莹被逮捕。薛莹的父亲薛综曾为先帝献策,辅佐过文皇帝(指孙皓的父亲、原太子孙和),薛莹继承了父业,他注重内修,盛有名望,现在犯了罪,但罪可宽恕。为臣担心主管官员不知事情详情,如再将他诛杀,更加失去百姓的期望,乞求君主下垂天恩,赦免薛莹的罪过,哀怜众多犯律者,清理法纲,这就是天下的幸事!"陆抗在上疏中提到了孙皓几项残暴待臣的事情,他是满腔忠诚,心忧国家,希望君主能宽容人才,挽回民心,以使国势逐渐强盛。

主张息兵强国待时 孙皓一直被所谓运数与谶纬之言所蛊惑,他当时频繁用兵南北征讨,致使百姓疲弊。陆抗为此在272年上疏说:"我听说《周易》看重时机,《左传》看重事情的征兆,所以夏桀罪孽多端,商汤王才出兵讨伐;商纣荒淫暴虐,周武王才授钺出征。时机不到,商汤王宁肯被囚禁于玉台忍受忧伤,周武王宁愿在孟津撤军而不轻举妄动。"陆抗还指出了国家不致力于富国强兵,勤耕积粮,反而穷兵黩武,结果敌人并未因此衰弱,自己却已困乏不堪的不当行为,明确提出应该停止用兵征战的计划,以积蓄国家的力量(参见3.3.16《对群臣大施淫威》)。陆抗是吴国当时最善指挥作战的人物,但他仍然坚持慎战息战的原则,认为吴国应该把富国强兵摆在事情的首位,以逐步扭转衰弱局面,创造出战略制胜的趋势。这是陆抗对国家主事人真诚的劝谏,表现着他忠君爱国的肺腑之情。从后来的史实看,孙皓并未听从他的建言。次年陆抗被拜大司马,受任荆州牧,所幸他对东吴事业的忠心并未受到君主的质疑。

临终提议西境增兵 274年夏,陆抗持续生病,他向孙皓再次上疏说:"西陵、建平(治今湖北秭归)两地都是国家的屏障,它们处在下游,两面受敌。如果敌军乘船顺流而下,很快就会到达,其他地方的部队不可能迅速到达救援,这里关乎着国家的安危,并非边境侵扰的小祸患。我父亲陆逊过去驻守西境时曾说:'西陵是国家的西大门,虽说易守,但也容易失掉。如果守不住,非但失去一郡,整个荆州也就非吴所有了。如果这里遇到麻烦,应当以全国力量来争夺。'我过去驻守西陵,遇到和我父亲同样的问题,先前请求给予三万精兵,而来到的都是平常兵卒,有些也并不愿意前来。自步阐驻守西陵以后,损耗更多。现今我所守御的千里边境线,有四处受敌,对外防御强敌,境内镇抚百蛮,而上下仅有兵卒区区几万,疲惫日久,难以应对特殊变故。另外我以为十一位皇子诸王年幼,尚未涉猎国事,可以选立傅相,辅导他们提高才质,不需要配给那三千兵马,妨碍他们的主要事情。同时宫中宦官招募士兵,因百姓怨恨劳役,往往逃避而来应募。请求发布特别的诏令,对他们统一考察检阅,整编后补充边境上的重要防御处,让我这里的部队达到八万,减少其他事务,赏罚必信。那样的话,就是韩信、白起再生前来进攻,也难以施展用兵技巧。但如果原来的招募办法依旧不变,不增加军队,想要解决边境上的大问题,我就感到非常悲观。我死之后,请求对于西方边境给予重视。希望陛下考虑我的提议,那我死了就像活着一样。"这年秋,陆抗病逝,时年四十九岁。他的五个儿子陆晏、陆景、陆玄、陆机、陆云分别统领他的部队。

陆抗即便到了临终之际,心中所考虑的仍然是荆州边境的防守,他提到父亲陆逊当年的主张和自己的观察,强调了西陵、建平两处防守对吴国的极端重要性,指出了这里防守力量的不足。他也提出了国家兵役制度变革的某些设想,幻想以此调节人力,实现对西境的增兵。陆抗是希望即便自己死后,国家也能以上好的军事安排阻止强敌入境,保证孙吴社稷的延续,而昏庸的孙皓看来并没有重视他的提议,五年过后,魏国龙骧将军王濬的部队乘楼船顺流东下,所到皆克,直达建业附近(参见3.3.18《吴国的败亡之战》),正发生了陆抗所顾虑的情景,导致了吴国的灭亡。这位继承父亲遗志一心忧国的将军为守护东吴既成的事业竭尽忠诚,而最终死未瞑目。

3.8(7)陆抗几位儿子的不幸

陆逊与陆抗父子为开创和守护东吴的宏图大业相继忠诚不懈地奋斗了

六十多年，他们都才华出众，文武兼济，参与国家的军政活动，以自身的存在改写了本国的历史进程，先后成了支撑吴国政局的柱石之臣与栋梁之材。274年四十九岁的陆抗病逝，吴国按照先前的惯例，让其儿子陆晏继承了他的爵位，陆晏与弟弟陆景、陆玄、陆机、陆云划分统领了父亲陆抗原有的部队。当时吴国的政局进入了大厦将倾、难以逆转的境地。《三国志·吴书十三》在陆抗本传之后，于篇末记述了陆玄之外的陆抗几位儿子在亡国境遇下的活动事迹，并采录了多篇引注资料，力图详尽介绍江南大姓陆氏后人的艰难人生及其不幸，表现了这些才华横溢的"官三代"们在国亡家破的背景下壮志难酬的悲哀和难于把定的人生飘零。

丧命疆场的陆晏 陆晏袭爵领兵后被朝廷任为裨将军，担任夷道监，即驻今湖北枝城部队的监察官员。280年晋军大举伐吴，龙骧将军王濬带领水军顺流直下，所战皆克，晋军在荆门、夷道与吴军发生交战，陆晏这年二月被王濬属下的军队所杀。《三国志·虞翻传》引注《会稽典录》中记，当时晋军来攻，夷道监陆晏、其弟中夏督陆景与虞翻的儿子虞忠坚守城池，城破后均被害。而《晋书·王濬传》中称，王濬的部队在交战中俘获了陆晏。后来的史家认为当时兵乱之际，人们对战场情况的回忆不同，出现不同的记录应属正常的情况，但这也使人们对不同资料的记录无法辨析。总之陆晏在自己的职任上坚守到最后一刻，他多半是当时殉身疆场，时年三十多岁。

命运跌宕的陆景 陆景字士仁，他与其他兄弟应是同父异母。据《文士传》中说，张昭的儿子张承当年续娶了诸葛瑾之女为妻（参见3.6.1《辅佐两主的张昭》下），他们夫妇所生的两个女儿，一个为孙权原太子孙和之妃，这位张妃生有孙皓等几个子女；一个为陆抗的小妻，即为陆景的母亲。因为陆景的母亲是诸葛恪的外甥，253年诸葛恪被诛后，陆景的母亲受牵连被拘禁贬黜，陆景由他的祖母（即陆逊夫人、孙策的女儿）所育养。陆景后来亲上加亲，娶了孙和张妃的生女为妻，妻子是孙皓的亲妹妹。264年孙皓在做了吴国皇帝不久，即拜妹夫陆景为骑都尉，封毗陵侯，毗陵县治在今江苏常州。274年陆景领父亲兵众后被拜偏将军，担任中夏督，负责总督驻今湖北松滋北的水军部队。晋将王濬280年率军东进时与

167

吴军在夷道城大战，陆景在城破后与兄长陆晏相继被害，时年三十一岁。

官三代陆景处在了前世积累起来的复杂政治化血缘关系中，由于吴国政局的变幻无常，致使陆景在不长的生命历程中经历了跌宕起伏的命运：因为母亲是诸葛恪的外甥，他出生不久就成了失去母亲的孩子；因为妻子是孙皓的妹妹，所以他较早被封侯任职，进入了吴国高层政治圈；由于当时吴国政治的衰败和国家气势的衰落，担任军队重要职务的陆景最后忠诚履职而战死疆场。史书上说，陆景年轻时就洁身好学，曾有著述几十篇。据说梁朝、唐朝时尚有陆景所著《典语》十卷、《典训》十卷流传在世，宋时亡佚。一位才兼文武的非凡人物以悲壮而遗憾的方式结束了自己难以把握的人生。

歧途殒命的兄弟　陆机与陆云在文学上非常出名，他们却前往洛阳误入世俗功名之途，在晋国政治极为黑暗的八王之乱中身败名裂，成了陆抗后人中最遗憾的事情。陆机当年根据吴国惯例分领父亲属下兵众时十多岁，被封为牙门将，实际统领当然应是别人负责。280年吴国灭亡时二十岁，他回到了家乡故里，闭门勤学十年之久，在文学造诣上极有盛名。大约289年他与弟弟陆云前往晋都，当时正逢晋惠帝司马衷继位之初。晋时所流传的记录他们两人事迹的《机云别传》中称，陆机和陆云在洛阳一同拜访了晋国掌管宗庙祭祀及选试博士的太常张华，张华见到他们后大为称奇，他说："国家平定吴国，其好处就是获得了二位才俊。"陆机在文学上富有天才，他的文藻之美，在天下首屈一指，陆云也善于文章，文字清新赶不上陆机，而口才论辩则有过之。当时陆机有文章呈给张华，张华于是为他们大造声誉，并推荐给朝廷诸公。不久太傅杨骏征召陆机为祭酒，为府中尊贵职位，在杨骏被诛后转任太子洗马，为辅助太子的属官，其后任尚书著作郎，即尚书兼掌修国史。陆云为吴王司马晏的郎中令，后来主政浚仪（治今河南开封）县，他在政务中仁爱施惠，深得吏民怀恋，生前民众就为之立祠。

其时晋朝正进入"八王之乱"的时期，陆机、陆云一度依附于成都王司马颖，司马颖任用陆机为平原相，陆云为清河（今河北清河）内史，不久陆云转任为右司马，很见器重。但时间不长，司马颖与长沙王司马乂发

<<< 3.8 功名昭著的江东才士

生矛盾,于是兴兵进攻洛阳,陆机代理后将军职务,督率王粹、牵秀等几位将领二十万人马出击,陆云曾写有《南征赋》以赞美其事。资料中说,陆机来自江南吴地,他在北方中原并没有势力,一下子位居各将领之上,众人心中不服。而陆机屡战失利,军中战死与逃散的超过一半。当初宦官孟玖是司马颖所嬖幸的人,他恃宠弄权,陆云多次数说其过错,司马颖并不接受,孟玖因而在司马颖身边不断诋毁。进攻洛阳之战,孟玖的弟弟孟超也带领部队配合陆机,但却不奉军令,陆机对其依法逮捕,孟超宣称说陆机准备反叛,而牵秀等人乘机向司马颖进献谮言,说陆机心持两端,加之孟玖在内诬陷,司马颖于是相信了,他派人收捕了陆机,同时抓获了陆云和他的弟弟陆耽,将他们一并诛杀。这里又出现了先前未分领陆抗军队的兄弟陆耽。

应该说,陆机被杀的一个重要原因首先是他不具有军事指挥的高超才能。当年陆逊在指挥夷陵之战时也是众将不服,但最后战役的胜利终究使大家折服;而在这里因为陆机用兵能力上的缺失,他打不了胜仗,又损失过多,于是才造成了一系列的其他问题,谗言恶语也自此而生成。《世说新语·尤悔篇》中记叙说,陆机河桥(洛阳东北富平津的黄河渡桥)兵败后遭受谗言诬陷,他临刑感叹说:"我想再听到华亭的鹤鸣之声,不知还能如愿否?"陆机被杀时四十三岁,他临死应该是后悔一朝误入歧途,永远难回平常人的生活了。

东晋学人干宝所撰《晋纪》中称:"陆抗在272年攻克西陵,将步阐家族一百多口人全部杀光,当时有识之士就指责他做得过分。等到陆机、陆云被害时,陆氏三族也被全杀。"这里似乎要表达天道循环、因果报应的意思,其实显得比较牵强。清代史家何焯认为:"一个家族的人三世为将,从来就是忌讳的事情,况且陆机、陆云本来应当与吴国共存亡,但他们在国家灭亡之后,并没有悲伤和自屏于世,反而到敌国去追求做官,又结交地方诸侯,终于致罪遭殃,导致非常痛惜的结局。"这样的论说指责当然不无道理。

事实上,陆机二十岁遭遇亡国之痛,当时至少有两位兄长死于敌手。陆机自然难以奋起抗争,他选择了回乡读书的艰辛路径,并且依靠自己的

169

文学天赋取得了不小的名声，而他在文学路途上显示出莫大潜力、本来可以摘取更大成就之时，却轻率地前往洛阳去追求虚幻的功名，这里既有政治理念上的颠倒差失，也含有职业选择上的懵懂妄为。当年秦将蒙恬被二世皇帝冤杀前称自己家族在秦国积功三世（前有祖父蒙骜、父亲蒙武）。何氏所言三世为忌，也许包含了这些前世的认识经验，但无论如何，陆机陆云兄弟把握不住自己的人生道路，不顾故国破亡的痛楚，希望在掩埋了陆家三世鲜血的废墟上侥幸捞出自己的不洁功业，本身就是一种荒唐错误的选择。他们虽然死得悲惨，但当时并没有博得更多人的理解。

3.8（8）逆鳞谏君的陆凯（上）

对东吴政治影响颇大的陆氏家族在三国时代涌现出了不少军政人才，除过才士陆绩和一脉相承的陆逊陆抗三世豪杰外，还有陆瑁、陆凯、陆胤等文武兼备、留名史册的不凡之士。史家陈寿在《三国志·吴书十六》中用较长篇幅和文字记录了陆凯在孙吴四位君主（孙权、孙亮、孙休、孙皓）属下四十年间的军政活动，尤其记述了他面对昏聩残暴的孙皓而逆鳞强谏，多次表达出来的正确理念和主张，从中能看到一位才识博雅之人在险恶政治环境中为挽救国家命运而展现出的勇气与智慧。

陆凯字敬风，吴郡吴县人，生于198年，丞相陆逊的族子。他举孝廉出身，大约二十岁被征召任用，从此开始了他大展才华而不负人生的职业生涯。

几十年的军政业绩 约在221年孙权受封吴王之后，陆凯被安排担任永兴（治今浙江萧山）、诸暨（治今浙江诸暨）县长，因为在任职的两县都有很好的政绩，所以被选用为建武都尉，进入军界任职，统领军队。陆凯虽然带兵，但手不释书，他喜好西汉扬雄所撰《太玄》，于是推演其意，用卜筮加以验证。在242年七月，他被安排遥领儋耳（今海南岛西部）太守，与将军聂友统兵三万征讨珠崖（今海南岛东北部）地方反叛，因为斩获有功，升任建武校尉。陆凯在孙权手下干事约三十年，一直在县和郡两级职位上任职。

>>> 3.8 功名昭著的江东才士

255年，在孙峻辅佐少主孙亮执政期间，陆凯领兵前往零陵征讨山贼陈毖，作战取胜并斩杀了陈毖，被任巴丘督（驻地在今湖南岳阳的统军都督）、偏将军，封都乡侯，不久转任武昌右部督，驻今湖北鄂州，这是进入了朝廷直属的军事重镇，并分担统领职责。257年与诸将随孙綝共赴寿春援救归降吴国的诸葛诞，返还后先后升迁为荡魏将军、绥远将军。258年孙休即位后，陆凯被任征北将军，假节，兼任豫州牧。264年孙皓为帝后，任命陆凯为镇西大将军，都督巴丘，兼任荆州牧，晋封嘉兴侯。孙权逝后十二年间，大约因为陆凯业绩的突出和东吴故旧老臣的相继离世，他的军政职位在不断提升。在吴国朝政变化频繁、政治局势不曾稳定的二十多年间，许多臣僚未得善终，陆凯能够平稳渡过长时期的政治风险而未见差失，这就已经表现了他非同寻常的处世之能。

对暴君孙皓的劝谏 陆凯的职位逐步升迁，在孙皓即位后，近七十岁的陆凯已达到了可与皇帝面对面相处议事的地位。孙皓是吴国执政人物中最暴戾的君主，陆凯对君主的劝谏都是发生在这一时期。史书中记述在孙皓执政之初，陆凯对君主的荒唐行为有过三次劝谏：①孙皓与刚刚代汉建立的晋国和好，使者丁忠自北方晋国返还，向孙皓说到可以进攻弋阳（治今河南潢川西五公里），孙皓准备同意，陆凯劝阻了这次军事冒险。陆凯升任左丞相。②孙皓生性不喜欢别人注视他，君臣相见时，没有人敢抬眼看他。陆凯向孙皓说明了君臣之间不可以不相识的道理，孙皓于是听凭陆凯注视。③孙皓265年接受了西陵督步阐的建议，把国都从建业迁到了武昌，扬州百姓溯流运送粮食，非常劳苦，陆凯对其进行规劝，次年底孙皓又迁回了建业（参见3.3.10《孙皓的折腾与识见》）。面对荒诞暴虐和难于对付的君主，陆凯的谏言是起到了作用的，同时他还被孙皓提升为左丞相，他是以劝谏方式的策略而成功。

对迁都武昌的上疏谏言 孙皓迁都武昌后，陆凯上疏陈言，他从多方面说理论证，表现出了他独具风格的劝谏方式。①首先表明君民关系的一般道理："我听说有道之君，想办法让民众快乐；无道之君，则是让自己快乐。让民众快乐，这种快乐能长久；让自己快乐的，还未快乐就已灭亡。老百姓是国家的根本，应该看重他们的吃饭，珍爱他们的生命。百姓

171

安则君主安，百姓乐则君主乐。"陆凯用自己的语言表明君主治国的根本原则，作为陈说的基础。

②说明君民关系上出现的问题及其原因所在："多年以来，君主的威势被桀纣伤害，君主的英明被奸雄遮蔽，君主的恩惠被孽臣屏障。致使没有灾祸而百姓丧命，没有做事而国库财空。现今我们与邻国交好，边境无事，正应当停止劳役休养士兵，充实廪库，以待天时。但现在却倾动天下，骚扰万民，使百姓不安，人人呼号，这不是保国养民的办法啊。"这里先有一般性的陈述，相继提出了本国目前发生的严重现实问题。

③论证国家的兴衰存亡完全取决于执政者的自我作为："我听说吉凶跟随天，就好像影子跟随形体，响声跟随声音一样，形体动则影子动，形体止则影子止，这里的定数是有内在根据的。过去秦国所以灭亡，原因在于赏轻而罚重，政刑错乱，为了自己的奢侈而穷尽民力，眼中只贪美色，心里只求财宝，奸臣在位，贤良隐藏，百姓劳碌，天下愁苦，所以形成覆巢破卵之忧。汉朝所以强大，是因为君主躬行诚信，倾听谏言招纳贤才，广采博察，以成就自己的心愿，这是往事所证明了的。近世汉室衰落，三家鼎立，曹魏失去纲纪，所以晋得其政；同时益州地势险要，兵多精强，本来闭门固守可保万世长久，但刘氏向百姓取予错乱，赏罚失所，君主恣意奢侈，民力穷尽于不紧迫的事务，所以为人所灭，君臣做了俘虏，这是目前所明验了的。"陆凯是在强调国家存亡有定数，他用历史上几组正反事例说明执政者是否尊崇民众和选用良才，决定着国家的兴衰存亡。这里促使孙皓对吴国的现实状况作出反躬自问，结论由他自己得出。

④适时的自谦："为臣我大道理不懂，上疏文不及义，智识浅劣，没有什么期望，只是私下为陛下珍惜天下而已。我说只是耳目所闻见的有关百姓劳作烦苛、刑政作为错乱的事实，希望陛下停止大功之念，减少多种劳役，务必对民宽荡，不要施加苛政。"陆凯通过这种自谦，更加突出了他思考问题的出发点在于仅仅替"陛下"珍惜天下！

⑤指出武昌为国都的劣势："武昌的土地，实际是地势险要却很贫瘠，不是王都安国养民的地方，船在江上不沉则漂，居住在山陵则高峻而危险，这里有童谣说：'宁饮建业水，不食武昌鱼；宁回建业死，不在武昌

居.'我听说翼星为变,荧惑星能作妖,童谣的言语,是天心所生,将武昌的安居与死相比,完全可以明白天意所在,那是知道百姓会因此受苦。"陆凯既从土地贫瘠和居住不适的角度,又从星象和谶纬的方面说明,不宜以武昌为都。

⑥提出应当减少宫女人数:"我听说五音使人耳不聪,五色使人目不明,这是对施政无益,却对事情有害的东西。自先帝(指孙皓的祖父孙权)时起,后宫女人及纺织的人,总数不满一百,有蓄积的粮食和剩余的财货。先帝离世后,幼帝(指孙亮)、景帝(指孙休)在位时,开始变得奢侈,不遵先帝的前例。我听说纺织的和犯罪的奴婢就有上千人,这不为国家增加财货,还要坐食官廪,年年相承,没有任何益处,请陛下认真考虑,把她们嫁给无妻之人,这样上应天心,下合地意,天下人就非常幸运。"陆凯从圣贤教诲和先帝前例上提出禁绝奢侈的问题,要求首先减少宫女人数,以增添民众的幸运。

⑦提出用才无拘的建议:"我听说殷汤王取士于商贾,齐桓公取士于驾车之人,周武王取士于背柴者,大汉取士在奴仆中。明王圣主取士只看贤能,不拘卑贱,所以功德洋溢,名流史册,而不是看人的长相、衣着、口辩、容貌。我感到当今内宠之臣,在位的并非其人,任职的不当其量,不能辅国救时,反而结党相扶,残害忠良并隐蔽贤能。请陛下察检文武之臣是否各勤其职,如果州牧督将和藩镇僻远处的公卿尚书,都能修养仁德,上助陛下,下拯百姓,各尽其忠,拾遗补阙,就会出现刑法置而不用的局面,太平的颂歌就会重现。愿陛下留意,考虑为臣所言。"

陆凯对君主的劝谏有他自己的方式,他特别注意事理的阐述和事实的举证,明确表示是替君主考虑问题,以此避免对方可能产生的心理对抗;他也能够抓住君主治国最关注的问题加以发挥,启发对方理解具体事情应有的正确做法,以此促使君主接受他的意见。

3.8(8)逆鳞谏君的陆凯(中)

在孙皓朝廷担任左丞相的陆凯出于对国家的热爱和对孙吴事业的忠诚,他以自己的方式对昏聩君主孙皓进行过多次直言相谏,表达了对于朝政事务的正确主张。面对残暴君主孙皓,这样敢于逆鳞劝谏的朝臣是不多的。《三国志·陆凯传》及其引注同时记述了陆凯与孙皓君臣间表面容忍平静而内心相怨恨的事实,表现了老臣陆凯为了扭转朝政衰落趋势而在晚年所做的种种努力以及无可奈何的情势。

欲废孙皓而中止　史书上记载,266年十二月,陆凯与大司马丁奉、御史大夫丁固密谋,想乘孙皓节日拜谒宗庙的外出机会将其废黜,然后扶立孙休的儿子即位为帝。当时左将军留平领兵为先驱,他们遂把计划密告留平,留平加以拒绝,但发誓绝不泄露,所以这次谋划没有成功。不久太史郎陈苗向孙皓上奏说,天气久阴不雨,风气回逆,将会发生阴谋活动。孙皓听了这话非常恐惧和警惕。《吴录》中记录说:拜谒宗庙的旧例是,需要选择兼职大将军领三千士兵作护卫。陆凯准备依靠这批士兵来实施他们的行动计划,所以告诉负责选将的官员选曹,让他选用丁奉。但孙皓这次却不同意,对选曹说:"另选人。"陆凯认为虽说是暂时性的兼职,也应该是合适的人才行,他让选曹据理相争,但孙皓后来说:"任用留平。"陆凯让儿子陆祎将他们的打算告诉了留平,大约是希望留平予以配合。留平平时与丁奉有隔阂,陆祎还没有来得及说是父亲陆凯的意思,留平就对陆祎说:"我听说有野猪闯进了丁奉的营寨,这就是不祥之兆。"说这话时面露喜色,应该是心里希望丁奉遇上倒霉之事。陆祎看到这种情况,就没有敢多说,他返回后向父亲报告了上述情况,所以陆凯中止了废黜孙皓的行动计划。看来,陆凯爱国但并非忠诚于孙皓,他是下决心废黜和更换这位皇帝的,可惜条件总不成熟,最有可能实现计划的一次行动也因故而停止。

劝阻修筑宫殿　孙皓在267年时大兴土木,兴建宫殿(参见3.3.11《荒唐的治政》),《江表传》中记录,陆凯为此上表劝谏,孙皓并没有接受,陆凯于是再次上表说:"我听说要大兴宫殿,晚上睡不着觉,所以不断上表,却被执事人扣下,没有上报。本想叹息作罢,但昨天吃饭时送来诏书说:'你谏言中陈述的是大道理,但不合我的心意。原来的宫殿居住不利,理当回避,难道能长坐在不利的宫殿中吗?就像父亲不得安宁,儿子有什么依靠呢?'我拜读了纸写的诏书,不觉胸中气结,泪如雨下。我年已六十九岁，荣耀和俸禄已经超过了期望，还有什么可求？所以屡次进言，就是觉得大皇帝当年创业艰难。现在强敌在侧，西蜀已经灭亡，我们就应当广畜民力，以备不测。即便宫室不利，也应当克己复礼，体恤百姓的痛苦。如果只修宫室，却不去修养德行，即便住上殷辛的瑶台，秦皇的阿房，难道就能保证不丧身覆国、宗庙变成废墟吗？何况做父亲的安宁了，如果使儿子无所依靠，这是促使儿子疏离父亲，相当于臣民疏离了陛下啊！请陛下仔细想想。"陆凯这里是看到了孙皓对自己上书的否定性回复，而重新撰写了反驳之辞，他的话是尽量说得客气些，但内心的愤懑却是难以掩饰的。

一次直白的急忿谏言　《江表传》中另有一段叙述：孙皓的行为更加暴虐，陆凯料知必然亡国，于是上表说："我听说作恶不可积累，罪过不可伸长；积恶过长，这是乱政丧国的根源。我感到陛下没有警戒的心思，反而有积恶的迹象，为此非常忧虑，所以想简略地写尽我的愚见。陛下应该克己复礼，修养德行，不可放纵奢侈之心。为臣我不懂天命，但以心忖度，败亡超不过二十个年份。我常忿恨亡国的夏桀、殷纣，也不想让后人再忿恨陛下。我三代人蒙受国恩，在晚年遇到陛下，如果像比干、伍员一样因忠诚而受戮，自己也会觉得满足，没有什么悔恨，只要进九泉之时没有辜负先帝就行。"陆凯这里对孙皓已近于斥责了，这似乎不符合陆凯行事的一贯风格。尽管难以判断这两段引注资料的真实性，但所表达的内容应该与陆凯当时的内心情绪相合而不相违。

贬斥何定与临终交代　担任皇帝身边侍从武官的殿中列将何定善于投机钻营，他受到孙皓的宠幸而用事，陆凯曾当面斥责何定说："你看前后侍奉君主不忠诚，倾乱国政的人，有哪一个能善终天年吗？你为什么专门干那些奸邪的事，蒙蔽君主的视听？应当自我勉励改正，不然就会看到你有无法预料的灾祸！"何定为此非常痛恨陆凯，暗中中伤他。但陆凯不以为意，他用心公事，说话义形于色，上疏都是直说具体事情而不掩饰，他的忠诚恳切之情发自内心。

269年陆凯病重，孙皓派中书令董朝前去询问陆凯最后有什么话要交代，陆凯上言说："何定不可以重用，让他担任京城以外的职务，不应向他委托国事。奚熙是个小官，却在浦里自家田园，想恢复严密所建浦里塘的旧规模，这事不能听从。姚信、楼玄、贺邵、张悌、郭逴、薛莹、滕脩以及我的族弟陆喜、陆抗，他们或者忠诚勤奋，或者资质才智上卓越丰茂，都是国家的栋梁干才与优良辅佐，希望陛下看重和留意，遇事咨询，使他们各尽忠诚，补正陛下万一出现的过失。"陆凯在临终交代中继续贬斥了何定，推荐了一批可以信赖的人物。浦里塘是今安徽当涂东与江苏高淳、溧水交界处的石臼湖，都尉严密曾在260年在此建成陂堰。临海太守奚熙大概是想恢复原来的浦里塘，陆抗在此也给出了自己的态度，他临终对这位内心并不喜欢的皇帝还是给予了最为诚恳的盼咐。不久陆凯病逝，享年七十二岁。

君臣间的内心怨恨 陆凯的儿子陆祎，最初任黄门侍郎，出任京外统领军队，被任命为偏将军。陆凯死后，他入朝为太子中庶子，为孙皓太子孙瑾的属官。右国史（分掌国史撰修）华覈上表举荐陆祎说："陆祎正值中年体质方刚之时，才干出众，其统率军队的才能，鲁肃也不能超过。这次受到征召，他直接回到京都，路过武昌时头也不回，器械军资一无所取。他在军事上果断刚毅，在钱财面前能守定节操。夏口（在今湖北武昌蛇山北侧）是敌军进击我国的要塞，应当挑选名将镇守防戍，我私下考虑，没有比陆祎更合适的人选。"史书上没有了下文，应该是孙皓并没有任用陆祎在夏口统军吧。

孙皓当初怨恨陆凯多次违逆旨意而不顾情面的劝谏，加之宠臣何定不止一次地恶意中伤，所以对陆凯更为愤恨。但因陆凯是朝中重臣，不好借法律去惩罚，而他的族弟陆抗当时又是驻守边境的大将，有所忌讳吧，故此唯有采取容忍之策。陆凯离世五年后的274年陆抗去世，孙皓在第二年就将陆凯一家迁徙到建安郡（治今福建建瓯）。没有了对陆抗的顾忌，孙皓对陆凯的内心怨恨很快就表现了出来。

《世说新语·规箴篇》中叙述说，孙皓早先曾有一次问陆凯说："你的宗族有几人在朝任职呢？"陆凯回答："两个丞相、五人封侯、十多位将军。"孙皓说："真是兴盛啊！"陆凯说："君主贤明而臣下尽忠，这是国家的兴盛；父母慈爱儿女孝顺，这是家庭的兴盛。现在国家政务荒废，百姓困苦，我担心的是国家灭亡，还敢说什么兴盛呢！"陆凯对孙皓时期的国家政局明显持有悲观的态度，表现的当然是他对孙皓的内心怨望，这样的情绪孙皓不会无所感觉，他是在陆凯离世后的适当时候给了这位丞相以适时的报复。

3.8（8）逆鳞谏君的陆凯（下）

晋初史家陈寿对敢于逆鳞谏君的陆凯有不错的评价，称他忠诚刚强，质性正直，有梗梗志节与气概，具备大丈夫的处事格局。他在撰写史书时大概非常留意相关资料的收集，其中就从来自荆州、扬州的人那里得到了陆凯劝谏孙皓二十件事的奏章。在《三国志·陆凯传》的末尾，陈寿附上了这篇奏章，并做了应有的说明，可以作为了解陆凯思想心性，把握其与孙皓君臣关系，以及加深某种历史认识的参考。

陆凯给孙皓有过多次奏表，有一次孙皓的亲信赵钦来见陆凯，口头传达孙皓对上次奏表作回复的诏书说："我做事必定是遵循先帝的遗教，有什么不服的呢？你的谏言不对。另外，建业宫居住不吉利，所以要避开，西宫的房屋也已腐坏，应该考虑迁都，为什么不能搬迁呢？"陆凯于是再次上疏，针对孙皓强调他"遵循先帝"而做事，陆凯说："陛下执政以来，阴阳不调，五星未能正常运行，官吏做事不忠，奸党相扶，这都是陛下不遵循先帝遗训所招致。"陆凯一连列举了二十个问题，认为孙皓并没有遵循先帝遗训。

【1】帝王的兴起受命于天，这由德行修养而成，与宫室好坏无关！陛下不咨询公卿辅佐，便动用兵马随意驱驰，使六军流散忧惧，逆犯天地，天地降了灾祸，儿童唱出警示的童谣。纵使陛下一人安稳，而百姓愁苦，怎么能治理天下？这是不遵先帝遗训的第一条。

【2】治理国家要以贤才为本，夏桀诛杀直臣关龙逢，殷汤获得良臣伊尹，这是前朝的明效，为今天作榜样。中常侍王蕃生性通达情理，在朝廷处事忠直，是社稷的栋梁，吴国的龙逢，而陛下忿恨他说话逆耳，讨厌他直言陈对，在殿堂上将他斩首，还把尸骸抛露弃市，使国人伤心，有识者悲痛，都认为这是吴国夫差再现。先帝亲近贤能，陛下正好相反。这是不

遵先帝遗训的第二条。

【3】为臣听说宰相是国家的柱石，不可不强壮，故此汉朝有萧何、曹参的辅佐，先帝有顾雍、步骘为相。而万彧以琐屑平庸之质，先前曾为家奴，现在跨进皇宫，对他已够恩重了，职责远超能力，而陛下喜爱其细芥之能，不了解他有什么大志，就使他身居尊辅之位，对待上超过了旧臣，贤良愤慨，智士惊诧。这是不遵先帝遗训的第三条。

【4】先帝关怀民众超过婴孩，百姓中没有娶妻的，就把小妾送给为妻；看见穿单衣服的人，则把布帛送给他；对尸骨未收的，就取回来掩埋。而陛下做得正好相反。这是不遵先帝遗训的第四条。

【5】从前桀纣亡国起因于妖妇，周朝幽、厉的祸乱缘于嬖妾，先帝以此为鉴，躬身为戒，他身边不安置淫邪女色，后宫没有旷怨之女。现今后宫女子上万，却不置嫔嫱，外面鳏夫众多，旷女却空叹宫中。风雨不调，正由此而起。这是不遵先帝遗训的第五条。

【6】先帝为国忧劳日理万机，尚且担心会有过失。陛下登基以来，游戏于后宫，迷惑于女色，使政事多有荒废，下属官吏容纳奸徒。这是不遵先帝遗训的第六条。

【7】先帝崇尚朴素，服饰并不一味华丽，宫室没有高台，物用不雕刻镂饰，故此国富民足，奸盗不起。而陛下征调州郡财货，竭尽百姓财力，地面铺上玄黄的丝帛，宫中充塞朱衣紫绶。这是不遵先帝遗训的第七条。

【8】先帝治外依仗顾雍、陆逊、朱然、张昭，在内则亲近胡综、薛综，所以政事和睦协调，境内清明整肃。现今在外的不能担当职任，在内用非其人，陈声、曹辅，本是斗筲小人，先帝弃而不用，而陛下却宠幸他们。这是不遵先帝遗训的第八条。

【9】先帝每宴见群臣，都节制饮酒，臣下不会发生怠慢之失，百官众吏都能表达自己的陈述。而陛下却要求臣下有瞻视之敬，用无节制的饮酒使其恐惧。酒是礼仪之物，过量则败坏德行，这无异于商纣王长夜之饮。这是不遵先帝遗训的第九条。

【10】汉朝的桓、灵二帝亲近宦官，大失民心。现今高通、詹廉、羊度，他们是黄门宦官中的小人，而陛下却把尊贵的爵位赐给他们，使他们

掌有军权。如果长江一线有了危难，战火四起，则羊度等人的用兵，很明显不能抵御敌人。这是不遵先帝遗训的第十条。

【11】如今后宫旷女已多，而黄门宦官还去州郡，持文告强招民女，出钱的就放过，无钱的强夺其女，怨声载道，母女永别。这是不遵先帝遗训的第十一条。

【12】先帝在世，也养育诸王太子，如果选雇乳母，她的丈夫免除徭役，赐给钱财，送给食粮，不时遣乳母归家，看视自己的子女。现今不是这样，夫妇生离，丈夫被派劳役，子女随后夭折，致使其家成了空户。这是不遵先帝遗训的第十二条。

【13】先帝感叹说："国以民为本，民以食为天，衣服其次，这三者，我常记在心中。"现今则不然，农耕桑织一并荒废。这是不遵先帝遗训的第十三条。

【14】先帝选择官员，不拘卑贱，使他们任职乡间，观察他们办事的成效，举荐人不会虚假，任职者不会妄作。现今则不然，浮华不实者登上高位，结党营私者被提升进用。这是不遵先帝遗训的第十四条。

【15】先帝时的士兵，不派给其他劳役，他们春季只从事农耕，秋季只专心收割。长江沿岸发生战事，责令他们拼死效力。如今的兵士，被派给多种劳役，没有粮食赡赐给他们。这是不遵先帝遗训的第十五条。

【16】赏赐用来鼓励立功，惩罚用来禁止作恶，赏罚不公允，则吏民就人心涣散。现今守卫江岸的将士，死后不被哀怜抚恤，辛劳而看不到赏赐。这是不遵先帝遗训的第十六条。

【17】现今各地监察职任已很烦多杂乱，又有朝中使者外出后四处扰乱，一个百姓十个官，怎么承受得了！过去景皇帝（指孙休）时期，交趾反叛，就是这种情况引起。这是陛下跟从了景帝的过失、不遵先帝遗训的第十七条。

【18】安排侦查刺探的校事之人是官员民众的仇敌。先帝晚年，虽有吕壹、钱钦，但不久全被诛杀，以此向百姓谢罪。现今重新建立校事部门，放纵这些人员告发他人。这是不遵先帝遗训的第十八条。

【19】先帝时期，任职者都是久在其位，依据考绩确定其升迁罢黜。

179

现今州郡官员，有的到位任职不久，便被征召升迁转任，迎新送旧的纷纭来往在道路上，非常伤财害民。这是不遵先帝遗训的第十九条。

【20】先帝每次审查已被判决的案件报告，常留心推究案情，所以狱中没有受冤之囚，被处死的人无话可说。现今则违背这种做法。这是不遵先帝遗训的第二十条。

在做了上述二十条比较对照后，陆凯写道："如果为臣所言能采纳，可将它藏在保存文书的盟府；如果认为所言虚妄，就惩治我的罪过。希望陛下留意。"可以看出，列举了上述二十个条目，陆凯是要集中说明孙皓并没有遵循、反而是处处违背了先帝孙权的治国方法。他文中作两相比较时，在不少地方美化了先帝孙权的治国行为，而对孙权执政期间的许多失误避而不谈，这里既有为先帝避讳之情，也是有意在拉开与孙皓对照中的优劣差距，给后者形成愈益强烈的警示，是希望孙皓能认识到自己的错误，坚决改正许多具体问题上的过失。同时也能看出，陆凯列举的二十个问题固然凑了整数，且数目骇人，但却未做归并和分类，难免有类别上的重复和层次上的模糊，显然不是一份作了充分准备可以呈送皇帝的正式奏章，称其为一时愤懑情绪的发泄文字，倒是比较合适的。

陈寿当年看到这篇奏章后觉得其中文辞特别耿直急切，感到是孙皓容忍不了的，于是怀疑这究竟是不是陆凯撰写。他说自己询问过吴国许多人，多数人表示没有听到陆凯写有该表，有人认为是陆凯将此文写出后藏在身边竹箱里，未敢上奏。在他病重之时，孙皓派董朝前来探望并询问有什么话要说，陆凯即把该篇文字交给了董朝。因为陈寿终究不能确定陆凯作此奏章的真实性，所以没有将其放置于正文中，他希望后世人能看到指责孙皓过失的这些言论，作为行事的鉴戒。

3.8（9）陆氏二相的两位弟弟

陆凯在回答孙皓询问族人任职情况时称，他们陆家"两个丞相、五人封侯，十多位将军"，这里提到的两位丞相即是国家柱石之臣陆逊和逆鳞谏君的左丞相陆凯，陆逊与陆凯叔侄俩应是陆氏家族中成就最大的人物，而他们各有一位才具出众的弟弟名载史籍，这就是陆瑁与陆胤。《三国

<<< 3.8 功名昭著的江东才士

志·吴书》在不同篇章中为两人作传，分别记述了陆瑁在任职前后的见事之敏和谏言之效，及陆胤不同寻常的军政活动，表现了传主的高洁清雅和识辨之能，以及他们以忠诚恩信为人处世而建就的功业，展现了他们令人钦佩的不俗人生。

善评人物事件的陆瑁　陆瑁字子璋，吴郡吴县（今江苏苏州）人，丞相陆逊的弟弟。他年少时爱好学习，信守情义。陈国人陈融、陈留人濮阳逸、沛郡人蒋纂、广陵人袁迪等，均出身贫寒而心有大志，他们都与陆瑁交游相处，陆瑁会分出自己的物品与他们共同享用。以至于与陆瑁素不相识的同郡人徐原，移居到会稽后临死留下遗言，把自己幼小的孩子托付给陆瑁，陆瑁给徐原修建坟墓，收养教育他的儿子。陆瑁的叔父陆绩去世很早（参见3.8.2《才士陆绩与吾粲》），留下两男一女，都只有几岁就返归乡里，陆瑁将他们接来抚养，到长大后才分开。州郡征召举荐他，他都不去就职。

当时尚书暨艳热衷于对人物作褒贬评议，在选议三署官员时，喜欢宣扬他人不体面的过失，以显示他的贬处正确（参见3.8.3《张温受惩的隐秘原因》）。陆瑁给暨艳写信说："圣人嘉奖善良同情愚昧，忘人过失记人功绩，以此成就美好的教化。加之如今帝业刚刚建立，将来要一统天下，这是汉高祖弃人瑕疵而录用人才的时代，如果能使善恶分明，崇尚汝颍名士许邵、许靖兄弟'月旦评'（指每月初评议人物）的做法，的确可以整肃风俗、昌明教化，然而恐怕不容易做到。应该远效孔子泛爱天下，中仿郭泰普救他人，近则考虑有益于帝王大业的推进。"陆逊也对暨艳这位后生的为人处事做过规劝（参见3.8.5《东吴柱石之臣陆逊》末），而暨艳不能照陆瑁兄弟所说的去做，终于招致败亡。

陆瑁同郡的闻人敏来到国都建业等待任用，有关部门对他的待遇优厚超过了名士宗俲，大概是对前者非常看好吧，只有陆瑁不以为然，应是认为他的实际能力赶不上宗俲，后来果然与他所料相同。史书上对此记述简略，所涉及的两位人物没有其他另外的任何记录，以至于后世史家认为没有必要记录这一信息。其实这里是表明陆瑁在识别人物上有其过人之处。

232年，朝廷公车征召陆瑁，任他为专事顾问应对的议郎。孙权忿恨

孙吴落花　>>>

燕王公孙渊巧诈反复，打算亲自领兵前往辽东征讨，陆瑁上疏劝谏说："我听说圣明的君主对待远方夷族之人，只是笼络关系而已，不会长久保有其地。所以古人划分国土，称这种地方为'荒服'，是说那里恍惚无定，不能长久保有。现在公孙渊就是东夷小丑，远隔在海角，虽有人的面孔，但与禽兽无异。国家舍弃财宝赐予他们，并不是嘉奖他们的德行道义，只是想通过诱导愚弄，谋取他们的马匹。公孙渊骄横狡诈，凭借地处僻远而违背王命，这是荒蛮夷人的常态，哪里值得过分惊怪呢？从前汉朝各位皇帝也曾一心处好外夷，使节驰骋在路上送去财货，中原产物充满西域，虽说外夷有时也恭敬顺从，然而他们杀害使者，没收财物不可胜数。"陆瑁从利益获得的角度论说问题，还列举了历史事实，认为越海而远途进攻是没有什么意义的。

因为孙权没有同意，陆瑁继续上书，认为北方的强敌魏国一直伺机侵犯，如果大军出征辽东，既会耗费兵力难有获得，也会引起魏国趁机来犯。他还用前朝优秀君主汉文帝招抚南粤王尉佗的事迹作例证，说服孙权放弃军事行动（参见3.2.19《与辽东的远交》上）。当时对孙权出征辽东一事，包括陆逊在内的众多朝臣多有劝诫，而陆瑁的分析说理最为全面和透彻，孙权再次阅览他的上书，赞赏他言词有理正直真切，最终放弃了这次行动。陆瑁后来为执掌选任官员的选曹尚书，239年去世。他的次子陆喜也涉猎文籍，喜好交友，为当时的散文家。在孙皓主政时曾任选曹尚书，后来在晋国为散骑常侍。

陆瑁早先是作为社会名流而交友，并发表对于人物的看法，自从接受征召而任职议郎起，在朝廷做事只有七八年时间，他分析征讨辽东之事，对阻止孙权冒险出征发挥了重要作用，由此在吴国事业的发展史上留下了精彩的一笔。

诚信为人善治交州的陆胤　陆胤，字敬宗，陆凯的弟弟。起初担任朝廷御史、尚书选曹郎，太子孙和听到他的声名，以特殊礼节接待他。适逢全寄、杨竺等人亲附鲁王孙霸，与孙和分庭争斗，暗地相互谗毁结怨，挑起了二宫相争。孙和曾托陆胤在去武昌时顺便去向陆逊转达宫中一些信息，并请陆逊向父皇孙权再作劝谏，孙权后来询问和追究宫中泄密之事，

<<< 3.8 功名昭著的江东才士

陆胤受陷获罪入狱，他受尽酷刑，而始终没有提到孙和（参见 3.8.5《东吴柱石之臣陆逊》末），这对太子起到了很好的保护作用，展现了一种为人忠诚的品格，后来陆胤被任命为衡阳督军都尉。

248 年交趾和九真（治今越南清化）的夷族反叛者攻陷城邑，交州骚动不安。朝廷任陆胤为交州刺史、安南校尉，他成了交州岭南之地的军政首脑。陆胤进入南方地界，以恩信告喻当地民众，尽量推行招安纳降方针，高凉（治今广东阳春东南二十公里）寇首黄吴等党羽三千多家都出寨投降。陆胤率领军队继续南行，再次宣示朝廷的招纳诚意，赠予钱财，于是有贼首一百多人，民众五万多家，以及深山中以往不受教管的人，都前来稽首归附，交州境内清净太平，陆胤被加授安南将军。他随即又征讨苍梧郡建陵（治今广西荔浦西南二十五公里）的贼寇，将其打败，前后选出八千多人补充自己的军队。陆胤以推崇恩信的方式，在孙权执政后期的交州治理上做出了非常显著的成绩。

258 年，陆胤被征召为西陵督，封都亭侯，后转任左虎林，即分督虎林（今安徽贵池西三十公里的长江南岸）驻军的军事统领。中书丞华覈上表举荐陆胤说："陆胤天资聪明，才智通达，品行高洁，当年被用作选曹官职时，其政绩就可圈可点。后在交州奉命宣扬朝廷恩典，流民归附，边远之境太平。苍梧、南海年年有暴风和瘴气危害，暴风可折断树木，飞沙走石，瘴气毒雾郁结，飞鸟不能经过。自陆胤到过交州，暴风和瘴气完全绝止，商旅平安行路，再无疾疫流行，田地庄稼丰稔。交州濒临大海，海水秋天特咸，陆胤教给百姓蓄水之方，民众吃上了甘甜的饭食。他的恩惠之风吹拂各处，教化之功感动人神，于是凭借天威，招集流散之民。当他接到诏书要离开交州时，百姓感念他的恩德，以至顾不得眷恋故土，竟扶老携幼，甘心像影子一样随从他，百姓不怀二心，不烦劳军队驻守。从来将领集合民众都靠威力胁迫，没有像陆胤那样依靠恩信成事的。他奉命在州府任职已有十多年，本来宾客会带上地方风俗，本地人都赏玩土产的珍宝，而陆胤的内室却没有粉黛挂珠的妻妾，家中无玳瑁犀角象牙之类，相比于如今的大臣，实在难以多得，他应该在京城宫中，在君主身边作辅佐，以便参与推动唐尧盛世的实现。驻守长江这些较轻的事务，不能尽其才，选任虎林都督，能胜任的人也很多。如果将陆胤召回京都，宠赐他更高的职位，则能修治朝政，国家会由此得到很好的治理。"同僚华覈欣赏陆胤的德才及政绩，希望孙休的朝廷能对他作出更重要的任用，但是书上并没有交代朝廷做出的些许反应。

　　陆胤去世后，他的儿子陆式承袭了爵位，被任命为柴桑督、扬武将军。275 年，陆式与堂兄陆祎一起被流徙建安（参见 3.8.8《逆鳞谏君的陆凯》中），这是孙皓对陆凯的积怨延续到了陆胤父子身上。278 年，陆式被召还建业，恢复了将军之职与侯爵之位，这已到了吴国被晋灭亡的前夕。

3.9 守成时期的功臣与术士

孙吴政权自从占有南方交州和夺取了荆州之地后即停顿了开疆拓土的事业,执政者的注意力转移到了守卫疆土和对内部反叛的平定上。在这样的守成时期,诸多将军的功名出自对山越叛众的围剿与安抚,而沉淀于下层的某些文人学士则以他们的神秘方术蛊惑君主,求取功名。这是特定社会在某一发展阶段上表现出来的特征。

3.9(1) 境内平叛的不败将军贺齐(上)

江南之地的许多山区僻远处分布居住着不少越族之民,可能由于当时文化交流的稀疏,他们被当地汉民称为山越,各地山越民众经常会与地方政府发生管束上的冲突,被视为反叛,因而江东境内的地方冲突与平叛一直是东吴政权所长期面临的艰难任务,在此也涌现出了诸多功业卓著的将军,贺齐就是其中最突出的一位。《三国志·贺齐传》及其引注具体介绍了贺齐早年被孙策招纳后的三十多年间在东吴地方政权建设中所做出的贡献,尤其记述了他多次在地方平叛活动中的不败军功及后期抗御魏国的事迹。贺齐是历史小说和后世人们忽略了的名将,他出色的军事才能和在地方政权建设上的功绩在东吴应该是首屈一指的。

贺齐字公苗,会稽郡山阴(治今浙江绍兴)人。年轻时为郡吏,后来代理剡县(治今浙江嵊州)县长,这是东汉朝廷的地方长官,贺齐由此开始展现出了他不同凡响的军政才能。

霹雳手段威震山越 在剡县任职时,县吏斯从轻薄放荡,常做奸邪之事，贺齐想惩治他，主簿劝阻说："斯从是本县的豪门大族，山越人附从他，今天惩治了他，明天贼寇就会前来。"贺齐闻言大怒，当即斩杀了斯从。斯从的族人党羽便相互纠合，聚众千余人兴兵进攻县城。贺齐率领官吏百姓守御，突然打开城门发起进击，大获全胜，由此威震山越。贺齐是用霹雳手段处置了斯从，并以同样手法击败了聚合作乱的叛军。对付这些邪恶势力，他没有丝毫的犹豫，也从未想过要留下周旋的空间，他对自己的处置方法应是充满自信的。后来，太末（治今浙江衢江东北三十公里）、丰浦（今浙江浦安县境）两地发生叛乱，贺齐被转任太末县长，他在任上诛恶扶善，仅用一月时间就使全县平定。

归服孙策智胜强敌　孙策在196年平定江东占有了会稽，察举贺齐为孝廉。当时王朗逃奔东冶（治今福建福州），侯官（治今福建福州境内）县长商升帮助王朗抵抗孙策，孙策派永宁（治今江苏宜兴西四十公里）县长韩晏兼南部都尉，带兵讨伐商升，调任贺齐接替韩晏为永宁县长。但韩晏在作战中被商升打败，孙策又委任贺齐为南部都尉，让他继续进击。商升畏惧贺齐的威名，派人来请立盟约，贺齐于是告谕商升，向他陈述对抗的祸福利害，商升于是送上印绶，走出府邸请求投降。叛军头领张雅、詹强等人不愿商升投降，反而一起杀死了商升，张雅自称无上将军，詹强自称会稽太守。因为叛军人多而贺齐兵少，无力前往征讨，于是贺齐驻军休息。张雅与他的女婿何雄发生争夺产生嫌隙，贺齐便想办法让山越人与他们相构陷，使他们猜忌对立，各自拥兵图谋对方。贺齐于是领兵进讨，一战大败张雅，詹强党羽震慑恐惧，率众前来投降。贺齐是在被孙策举孝廉后成了东吴集团中的将官，他积极支持了孙策对原会稽太守王朗党羽的征讨，先后用说服和分化瓦解的手段制服了军力强大的商升、张雅和詹强三位对手，表现了对孙吴政权的忠诚和智胜强敌的策略。

建安树威败敌建政　侯官平定后不久，东吴政权在200年由孙权接替掌控。203年会稽郡南部建安（治今福建建瓯）、汉兴（治今福建浦城）、南平（治今福建南平）等地再次叛乱，贺齐受命进军建安，他在此建立自己的都尉府署，行使南部都尉的职权。郡里派给各县五千士兵，让县长统领，他们又都受贺齐调度。贼首洪明、洪进、苑御、吴免、华当等五人，各率万户在汉兴一带相连驻军，吴五率本部六千人屯兵大潭（今福建建阳），邹临率六千户另外屯驻盖竹（今福建建阳南）。贺齐率军讨伐汉兴要经过余汗（治今江西余干东北），他觉得山越人兵多，自己兵少，担心军队深入进军会被山越人断了退路，所以安排松杨（治今浙江松阳西）县长丁蕃率所部留在余汗。丁蕃本来与贺齐为相邻之县的县长，现在耻于成为他的部属，所以推辞不肯留下，贺齐按军法将丁蕃斩首，于是全军震惊，没有不服从命令的。贺齐分兵留下防备，其余进击洪明等叛军，接连大胜。临阵斩杀洪明，其余吴免、华当、洪进、苑御四将全部投降。贺齐又乘胜进军盖竹，转击大潭，吴五、邹临二将相继投降。

这次贺齐出军讨平东冶，共斩叛军六千首级，山越名将全部擒获，收编精兵万余人，恢复了原设县邑，稳定了秩序。贺齐被拜为平东校尉。205年贺齐率军又转讨上饶（治今江西上饶），划分建安之地设置建平县（治今福建建阳东南四公里），他在军事胜利之后立即强化地方政权建设，以此将军事成果巩固了下来。

铁戈斩山奇袭顽敌 208年贺齐升任威武中郎将，他受命讨伐丹阳的黟县（治今安徽黟县）、歙县（治今安徽歙县）地方强族反叛。当时武彊（在今浙江淳安西北三十里的聚落）、叶乡（今浙江淳安西北）、东阳（今浙江金华附近）、丰浦（约今浙江浦安县境）四个乡首先投降，贺齐上表提请在叶乡设置始新县，而歙县贼首金奇率万户山越民屯守安勒山（今安徽歙县北），毛甘率万户屯守乌聊山（今安徽黟县城内东南隅），黟县贼首陈仆、祖山等率两万户屯守林历山（今安徽黟县东南五公里）。贺齐在这次出军中仍然不失时机地推动地方政权合理设置，尽管这样，他仍然面临着几股强大的对手，他于是选择了先打关键之敌。

林历山四面悬崖绝壁，高数十丈，山路危狭，人经过时没法携带刀楯，叛众居于高处掀下石头，难以上攻。贺齐的军队好久攻不下来，将吏们都很忧愁。贺齐亲自出营绕山察看地形，他暗地里选择善于轻捷攀越的士卒，为他们备下铁戈，又悄悄在叛军不备的隐蔽处，让他们用铁戈斩山作为攀援之道，勇士们夜间上了山，又垂下布拉上了更多的士兵，共有百余人，然后他们按约定四面分布开来，一齐鸣响鼓角。陈仆、祖山的部众夜间听到四面鼓角，以为大军已全部上山，因而惊惧慌乱，不知所措，那些在险要处把守的士兵，都放弃扼守的山道逃归大营。贺齐的军队本来就在山下整装待发，这时一起冲上了山，一举打败了叛军，斩首七千多，其余金奇、毛甘所率的叛军都全部投降。

贺齐在林历山争夺战中以他的奇思妙想对付据险对峙的敌人，最终出奇制胜，大获成功，为山地攻坚战创造出了出色的例证。这次出兵平定了黟、歙地方反叛，稳定了丹阳。战后他再次上表，提议划分歙县为新定、黎阳、休阳三县，连同黟、歙及始新共六县。孙权接受了他的提议，并将六县合置为新都郡，以贺齐为郡太守，郡治设在始新县，加授贺齐为偏将军。一系列巨大的军事胜利为他的地方政权建制提供了重要保证，而地方政权建制的完善又提升了当地的社会治理水平，不仅巩固了已取得的军事胜利成果，也逐步改变和消弭了形成叛乱的社会土壤，贺齐本人的社会影响与地位也被他多次建就的功业所推高。

3.9（1）境内平叛的不败将军贺齐（下）

东吴将军贺齐自196年归顺孙策后，多年间一直活跃于江东政权平定山越反叛的战场上，林历山之战更是创造了山地攻坚的典型案例。他不仅始终保持了战场不败的纪录，而且善于把地方政权建设与军事平叛的成果结合起来。《三国志·贺齐传》及其引注记述了贺齐更多的境内平叛与北线抗魏的军事活动，介绍了君主孙权对他的高度赞赏和看重，表现了一位优秀战将非凡的军政才质。

林历山的神奇传说　东晋葛洪所撰《抱朴子》中有一段对林历山之战神奇化的记录说：当年东吴派遣贺齐将军征讨山贼，反贼中有会使用禁咒法术的人，每当交战，官军的刀剑就拔不出来，射出的箭都朝向自己部队，行动总是不利。贺将军经过长时间思考后说："我听说有刃的金属可以被施禁咒之法，有毒的虫也可施禁，而无刃的物和无毒的虫则不可施给禁法。贼众中必是有能施禁我们兵器的人，但他肯定不能施禁到无刃之物。"于是用硬木制作了许多白棒，选出有力气的精兵五千人做先锋，人

<<< 3.9 守成时期的功臣与术士

人手握木棒。山贼觉得自己军中有施法术的人,没有做严密防备,于是官军手持白棒奋勇冲击,对方用法的人果然难以施展,官军击杀山贼万余人,最终获胜。《抱朴子》把林历山之战做了改写,借以渲染道术引起的神奇变化,这也表明贺齐及他指挥的这次攻坚战在历史上的影响之深。

君主赞赏舞象作乐 211年,吴郡余杭百姓郎稚纠集宗族叛乱为寇,随即又有数千人加入其中,贺齐出兵征讨,很快打败了郎稚,他上表请求分出余杭地盘设置临水县(治今浙江临安北)。贺齐来京都受命后返回新都郡,待他将要起程时,孙权亲自出来为他饯行,以大象起舞来作乐。《吴书》中记录,孙权对贺齐说:"当今平定天下,在中土上建国立都,拿出特异的风俗与贡珍,让狡兽带头起舞,这样的快乐不与你同享还能与谁呢?"古人认为百兽起舞,表明鸟兽也感到了当时治理的德性,是社会和谐的象征。孙权此话既是要表达击败山越后一种快乐的心情,也是重点要赞赏贺齐在平定境内反叛中做出的功绩,表示这种快乐只值得与贺齐同享。贺齐回答说:"殿下以神武之质顺应天运,拓展王业,我有幸碰上了这样的时机,能够在麾下驱驰疆场,跟在大家的后面佐助王业,发挥鹰犬一样的力量,这是我本来的心愿。如果说享有特异的风俗与贡珍,让狡兽带头起舞,这完全靠的是殿下的圣德,是我所做不到的。"当时孙权尚未称王,将他称为"殿下"是合适的。贺齐是把安定境内的功劳归于君主,认为自己只是在其中发挥了应有的作用,而兽类起舞以及其他特异的快乐,都与自己没有关系。他非常清楚作为臣子能够得到的荣誉应止于什么地方,似乎对大象起舞等过分夸张的表演不感兴趣。

史书上说,孙权赐予贺齐有帷幕的车子和骏马,酒宴之后没有离开,特意让贺齐坐到自己的御车上,贺齐辞谢不敢坐,孙权叫左右将贺齐扶上车,令吏卒兵骑就像在郡中举行仪式那样为其开道。孙权望着仪仗阵容笑着说:"人应当努力,不积累勤奋的行为和功绩,这些决不可得到。"车行百余步开外才转去。

豫章鄱阳两度平叛 213年,豫章郡东部的彭材、李玉、王海等起兵叛乱,聚众万余人。贺齐讨伐平定,诛杀了首恶,其余全部降服。他挑选其中精健者当士兵,另一些安置为本县编民。这次平叛后贺齐被升为奋武

189

将军。216年，鄱阳百姓尤突接受了曹操所赐的印绶，他引诱带领民众作乱，丹杨三县陵阳（治今安徽太平西北）、安吴（治今安徽泾县西南四十公里）、泾县（治今安徽泾县西北三公里）等地都与尤突相呼应。贺齐与陆逊出军征讨，击败尤突，斩首几千，剩余的叛乱者震恐归服，丹阳贼寇也全部投降，贺齐从中挑选精兵八千人充实军队。战后他被授予安东将军，封山阴侯，负责镇守长江江面，督扶州（今南京西南的江中之洲）以上直到皖城的水域。

贺齐在后期的平叛中特别注意把胜利成果转化为强化军队建设的资源，这表明一直被视作社会稳定负面因素的山越之民，至此已成了强化东吴政权的积极力量，这是贺齐等一批优秀将军们长期努力的结果。他们的功绩是得到了君臣上下一致的认可，贺齐的军中地位和担负的责任都在不断提升。

合肥之战情感君主　境内的平叛大体结束后，贺齐被安排在了北线抗魏的战场上。215年贺齐跟随孙权围攻合肥，魏将张辽率八百士卒出城迎战，一直突击到东吴的中军大旗下，徐盛受伤丢失了长矛，贺齐率军拒击，捡到了徐盛的长矛。《江表传》中另有记录说：孙权征合肥，准备返还时，在逍遥津北岸受到张辽的掩袭，情况非常危急。贺齐当时率三千兵在南岸迎接孙权（参见3.2.7《与曹军的反复较量》）。孙权退至南岸进入大船，与诸将饮宴，贺齐下席哭着说："君主至尊，经常应当小心谨慎。今天的事情，几乎造成重大灾难，我们都非常惊恐，如同天塌地陷，希望君主终身记住这一教训。"孙权上前为贺齐擦去眼泪说："很惭愧！我将铭记在心，不仅仅写在束身的带子上。"贺齐在北线战场上仍然是活跃在君主身边颇得赏识的优秀战将。

洞口战场气势雄壮　222年魏军三路伐吴，其中曹休督率张辽及各郡县二十余路人马，在洞口（今安徽和县东南长江岸边）进击吴将吕范的部队。贺齐因路远而后到，驻扎在新市（治今湖北京山东北）抗击魏军。当时洞口的部队晚间遭遇江上大风，主力水师的船缆皆断，船队漂到北岸，受到魏军击杀而损失惨重，将士惊恐失色。多亏贺齐尚未渡江，部队完好无损，诸将才得以保全。贺齐生性讲究奢侈华丽，尤其在军事方面，他的兵甲器械极为精良，所乘的船只雕镂彩饰，用的青色篷盖与绛色帷幔，桅杆、桨橹及戈矛上都描绘花卉和爪牙的纹图，弓弩矢箭选取上等材料制作，这次他的部队到达后，大型的艨艟战舰前后相连，望去就像山峰，使曹休等魏军将领颇为忌惮。魏军这次大军伐吴在半年间没有取得多大战果，加之军中流行疫情等原因，他们不久引军退还（参见1.4.17《三路伐吴》），而贺齐所领部队对洞口战场的支持，以及部队装备的雄壮气势也是促使曹休他们退兵的原因。吴军返还后贺齐升任后将军、假节，兼任徐州牧。

突袭蕲春擒获叛将　223年，东吴戏口守将晋宗率军叛吴投魏，魏文帝曹丕封其为蕲春太守，令其还镇蕲春（治今湖北蕲春蕲州镇西北），在边界上袭扰乐安（今湖北鄂州东）等地。孙权以此为耻，非常恼怒。这年六月盛夏，时值酷暑，本来不利出军，而孙权令贺齐督领糜芳、刘邵、鲜于丹等部，出其不意地突袭蕲春，战斗中生擒了晋宗（参见3.2.17《与魏国的较量》）。蕲春突袭是史籍所载贺齐的最后一战，这次出战四年后贺齐去世，时为227年。

贺齐的儿子贺达和弟弟贺景都有很好的名声，为吴国良将。《会稽典录》记录说，贺达意气放纵，有过多次犯讦，所以虽有征战之功，而爵位不高，但他轻财重义，胆烈过人。儿子贺质，位至虎牙将军。贺景为灭贼校尉，对部下严而有恩，兵器的精良和修饰，在当时可谓首屈一指，可惜英年早逝，他的儿子贺邵是一位史书有传的优秀人物。

史书与资料中没有说明贺齐去世时的年龄，他的出生之年因而也难以确定，推测应该在173年前后，终年五十多岁。贺齐应该是东吴集团中极有才华、战功卓著，对江东政权稳定最有影响的优秀战将之一，历史小说和后世之人忽视了他的存在，而史家始终给了他以明亮的印记。

3.9（2）君主信任的"驸马"全琮

在东吴集团的臣属中，全琮是一位出场不早但一直得到君主信任的人物，孙权甚至把爱女再嫁给他做继室。《三国志·全琮传》及其引注介绍了全琮在江东政坛上成名和成功的一生,记述了他的多项战功和处事风格,展现了一位成功人士有得有失的职业生涯。

全琮字子璜,吴郡钱唐(治今浙江省杭州)人。他的父亲全柔,汉灵帝时举为孝廉,补任尚书右丞,佐助尚书仆射的官员。董卓之乱时弃官归乡,扬州刺史任用他为本州别驾从事,朝廷发诏书任其为会稽东部都尉。196年孙策进兵江东,全柔举兵归附,孙策表奏他为丹杨都尉,成为东吴政权属下的官员。全琮的做事与出名是从东吴赤壁败曹后次年他父亲全柔安排的一件事情开始的。

散尽谷米振济士人 孙权在209年被刘备表奏为车骑将军,他任用全柔为长史,出任桂阳(治今湖南郴州)太守。全柔指使儿子全琮运谷米数千斛到吴地进行交易,而全琮到吴地后,散尽谷米,空船而还。全柔大怒,全琮顿首道:"我认为谷米交易的事情并非紧急,而士大夫正处在生命危急的困境,所以就以米赈赡,来不及启报。"听了这话,全柔为儿子的志向感到惊奇。资料中看不出全琮当时的年龄,但他由此赢得了极好的名声。

关于全琮私自处理父亲交代的财产一事,后世学人有不同的看法,东晋学人徐众评论说,按照传统之礼,儿子处置父亲的财产,是不能私自给人的,认为全琮抛弃父亲的意思为自己邀取名誉,属于未尽父子之礼。裴松之则认为,子路曾问孔子"闻斯行诸"?听到好的事情是否就可行动?孔子说:"有父兄在",意思是必须听从父兄的安排。全琮这里散尽了父亲的财物,当然不合于为子之道,但考虑到那里的士大夫性命攸关,权衡事情的轻重,应该首先考虑士大夫的急需,这也等同于战国冯谖焚券市义、西汉汲黯赈救灾民一类事情,而非邀名。

当时中州士人来江东避乱的人很多,其中依从全琮的数以百计,全琮倾尽家财给予周济,有无与共,于是远近显名。后来孙权任命全琮为奋威校尉,授兵数千人,让他讨伐山越。全琮开募召卒,得精兵万余人,出屯牛渚(今安徽当涂西北十公里的长江边),升为偏将军。

建议孙权讨伐关羽 219年,关羽自荆州围攻樊城、襄阳,全琮向孙权上疏陈说可以讨伐关羽之计,当时孙权与吕蒙已经暗议袭取荆州,恐怕

3.9 守成时期的功臣与术士

事泄,因此对全琮的上表搁置起来未做回答。后来擒杀了关羽,孙权在公安设宴,他对全琮说:"你之前曾给我说过这事,虽然没有回答你,但今天获得这样的胜利,也有你的功劳。"(参见 3.2.10《与部属的和善关系》)于是,封全琮为阳华亭侯。全琮关于夺取荆州的建议与孙权的部署不谋而合,孙权由此看出了他的全局谋划能力,因而赐给他侯爵。

北境抗魏屡有斩获 222年,魏将曹休领水军大出洞口,孙权使吕范督领徐盛、全琮、孙韶等将领带军队前去拒敌,双方军营相望。魏军数次出动小船袭击,全琮时常带盔甲持兵器严阵以待,伺机对付。不久,敌兵数千人出于江中,全琮出击败敌,将魏将尹卢枭首。洞口交战吴军开始因大风吹断缆绳而导致不小损伤,全琮是此战中少有斩获的将军,因而他被升迁为绥南将军,晋封钱唐侯。225年孙权使全琮假节,兼任九江太守。228年孙权到皖城,使全琮与辅国将军陆逊合击曹休,大败曹休于石亭。

率军平叛招诱充军 当时丹杨、吴郡、会稽的山民反叛为寇,攻陷邻近的县城,孙权遂划分三郡险地为东安郡(治今浙江富阳),安排全琮兼任太守。全琮到任时,明于赏罚,招诱叛众降附,几年间共收附万余人。可能是对东安郡的治理很有成就吧,孙权后来召全琮重回牛渚驻军,撤掉了东安郡。《江表传》中记录,全琮返还时经过钱唐,他整修并祭祀家族坟墓,在家中盖起了高大光耀的房舍,请来村上的知己友人和宗族六亲,施散给他们财物数千上万,家乡的人都以他为荣。

身为驸马坦直谏君 孙权在229年称帝后,全琮升迁为卫将军、左护军、徐州牧,并娶孙权之女孙鲁班为妻。孙鲁班先嫁给周瑜的儿子周循,周循逝后改嫁给全琮为继室,被称全公主(参见 3.2.23《孙权身边的女人们》上),全琮由此更加深得孙权的信任。《吴书》中说,全琮作为将军非常勇决,每当面对敌人和危险时他会奋不顾身,大约身为驸马后常做督帅,此后则养威持重。如234年孙权与蜀国约定日期同时进攻魏国,吴国向新城进军,朱然与全琮就分任左右督军。237年全琮与朱桓一起率军前往魏境迎接准备降吴的庐江主簿吕习(参见 3.2.25《与魏军的再较量》),因为吕习的事情败露,吴军无奈返还。

《江表传》中记录,孙权使太子孙登出征,出军后到达安乐(今湖北

193

鄂州境内），群臣莫敢劝谏。全琮暗中上表说："自古以来太子未尝偏师出征，所以跟随部队时称为抚军，驻守后方时称为监国。现在太子领兵东出，这不合于古制，臣私下很是忧虑。"孙权听从他的意见，命孙登回军，人们为此都称赞全琮有大臣之节。

督军伐魏有得有失 全琮此后多次统领过北境战场抗击魏军的战斗。233年他督步骑五万出征六安（治今安徽六安北十公里），六安之民都四散而走，手下将领打算分兵捕获。全琮说："乘对方危急以侥幸取胜，行动不会有完全的把握，也不合国家的大体。如今分兵捕民，得失相半，能有完全把握吗？即便有所获得，也不足以削弱敌人，不符合国家利益。如或再有差池，所得到的损失必然不小。与其获罪，我宁愿以身受之，不敢为得功以负国。"全琮这里是宁愿担负对敌方民众放纵不捕的责任，也不做侥幸求功而有负国家的事情，表现出了一种勇敢担当精神。

241年全琮作为大都督，率军与魏征东将军王凌、扬州刺史孙礼等战于芍陂（今安徽寿县南），战斗中间情况反转，吴军处于不利境地。参战的张休、顾承奋力抗击，阻挡了魏军的进攻。当时全琮的儿子全绪、全端同为军中将领，他们乘敌军被阻止后出兵攻击，王凌军队因此退却。战后论功行赏，典军陈恂认为阻止敌军进攻的功劳大，使敌军撤退的功劳小，所以张休被升扬武将军，顾承被升奋威将军；而全绪、全端只升为偏将。而全琮父子多次反映说，张休、顾承与典军陈恂串通一气，因而陈恂夸大了顾承两人的功劳。这次战后评功引起了许多是非，后来导致顾承和哥哥顾谭、张休一起被流放交州，有的英年早逝（参见3.6.3《顾氏族亲的不凡才俊》）。作为统军的大都督出面为儿子争功，无论其是非判定如何，都会给父子的职场生涯带来不利的消极影响，这一行为似乎与全琮一贯风格不相符合，应是全琮职业历程上的一大败笔。

谦虚待人忠诚对君 史书上说，全琮被孙权亲近重用后，他的家族子弟一道受宠显贵，所受赏赐累计千金，而全琮仍然谦虚待人，从无骄矜之色。246年全琮升任为右大司马、左军师。他为人恭顺，善于应承别人脸色而接受规劝，言辞从不严厉冒犯。

当时孙权准备出兵围攻珠崖和夷州，先询问全琮，全琮说："凭我圣朝的雄威，怎能所向不克？然而远方异域，被大海隔绝，水土中自古就有毒气，兵民混杂而处，一定会生发疾病，相互传染流行，前去的人恐怕不能再回来了，怎会有大的收获呢？损失大江两岸的军队，希望去获得万分之一的小利，愚臣对此忧心不安。"孙权未采纳他的意见。出兵一年，兵卒生病染疫死去的十之八九，孙权深为后悔。后来谈及此事，全琮回答说："在当时情形下，群臣中不作劝谏的人，我认为不忠诚。"

全琮249年逝世，其子全怿继承了爵位，257年全怿领军前往寿春救援诸葛诞时中了魏将钟会的离间计，恐惧之下领着侄儿全祎、全仪、全静等宗族子弟投降了魏国（参见1.14.3《钟会的成长与作为》中）。全琮的长子全绪在孙亮执政时，任镇北将军，四十四去世；次子全寄，因依附鲁王孙霸而被赐死；小儿子全吴，为孙鲁班所生，是孙权的外孙，封都乡侯。深得君主信任的全琮在吴国政坛上春风得意，而他的后嗣却有完全不同的归属和结局。

3.9（3）平乱靖邦的长寿名将吕岱（上）

东吴有一位在扫除内叛和安定南部国域上做出了突出成就的将军吕岱，他在孙权掌政之初开始投身东吴事业，一直干事到少帝孙亮即位后期，可能是三国时代最长寿的东吴名将。《三国志·吕岱传》及其引注介绍了吕岱一生主要在孙权执政时期的重要事迹，尤其记述了他在地方平叛和主政交州时期的政治军事成就，以及与东南亚诸多国家的联络交往，展现了他卓越的军政才能和对东吴事业的突出贡献。

吕岱字定公，广陵海陵（治今江苏泰州）人，生于161年。早年做过家乡县吏，这段东汉年代的活动没有资料介绍，后来他为避乱来到江南。孙权执掌江东政权时，年近四十的吕岱在其府署任职，稍后担任吴县县丞，从此开始了他平乱靖邦的第二场职业生涯。

在地方治理中经受考验 吕岱任吴县县丞期间，有一次孙权要亲自查看几个县上的仓库储存和在押犯人，请县长和县丞都来相见，吕岱依照规定应对孙权所提问题，很合乎孙权的心意。孙权于是任命他为将军府负责文案工作的录事，不久出补余姚县长，吕岱在任上招募强健士卒一千余人组建军队。211年，会稽、东冶五县贼寇吕合、秦狼等人率众作乱，孙权以吕岱为督军校尉，与西部校尉蒋钦等率兵前往征讨，生擒了吕合、秦狼（参见3.7.4《护卫过主君的蒋钦与周泰》），五县平定。经过这段地方治理和率军平叛，吕岱的才能得到了很好的发挥和展现，他被任命为昭信中郎将。

在争夺荆州中显露身手　215年，吕岱督率孙茂等十将跟随吕蒙夺取长沙、零陵、桂阳三郡，与关羽的部队相对抗。而安成（治今江西安福西三十公里）、攸（治今湖南攸县东北二十公里）、永新、茶陵四县的官吏一道进入湘东郡的阴山城，聚合兵众抗拒吕岱，吕岱进攻围寨，对方全都投降。后来刘备与孙权划湘水为界，平分荆州，东吴占有了三郡（参见3.6.13《鲁肃的功过》下），孙权于是留下吕岱镇守长沙。不久安成县长吴砀及中郎将袁龙等响应关羽，再次反乱。吴砀占据攸县，袁龙守在醴陵（治今湖南醴陵）。孙权派遣横江将军鲁肃攻打攸县，吴砀突围逃走；吕岱受命进攻醴陵，抓获了袁龙并将其斩首。吕岱在这里表现了比主将鲁肃更出色的战场功绩，孙权升任吕岱为庐陵太守。

在主政交州初多次平叛　孙权在219年底袭取荆州擒杀关羽之后，为了对付刘备军队的复仇进攻，孙权调步骘率领交州（治今广州）义士一万人出兵前线，吕岱替代步骘为交州刺史（参见3.6.7《步骘的功绩与家族败落》）。吕岱到交州后，高凉（治今广东阳春东南二十公里）贼首钱博乞求归降，吕岱承袭旧制，以钱博为高凉西部都尉；又郁林（治今广西桂平西）叛夷进犯周边郡县，吕岱讨伐并将其击败。其时桂阳（治今广东连州）、浈阳（治今广东英德东翁水北）两县贼寇王金聚众于南海边界，带头叛乱为害，吕岱受命征讨，战斗中斩首和生擒叛军一万多人，王金被抓获传送到京都。吕岱升为安南将军、假节，封都乡侯。吕岱初来交州的战场胜利，很快稳定了局势，掌控了对地方的治理权。

对交州政治态势的改造　226年，任交趾太守四十年之久的士燮去世，当时士氏家族在交州的势力颇大，孙权大约是想加以削弱，于是将交州作了划分，以合浦（治今广西合浦东北）之北为广州，安排吕岱任刺史；其余交趾郡以南为交州，任命戴良为刺史，交州的地盘大大缩减，治所设在龙编（今越南河内东北）。又派陈时接替士燮为交州下属交趾郡太守，改任士燮的儿子士徽为安远将军，兼任九真郡（治今越南中部清化）太守；并命交州刺史戴良和交趾太守陈时立即南去就职。

士徽应是感到这种划分和任命对自己不利，因而不服从命令，发兵防守海口（今越南河内以东红河三角洲沿海一带）以抵拒戴良等人。吕岱于是上书孙权请求征讨士徽抗命之罪，他督领三千军士日夜渡海进军。有人对吕岱说："士徽凭借他们几代恩宠，被全州民众所依附，不可轻视。"吕岱说："现在士徽虽然心怀反叛，不会料到我们突然杀到，如果我军隐蔽疾进，攻其无备，一定能打败他。但如果我军滞留而不快速前进，使他有所准备，固城坚守，那七郡之地的百蛮之民，到时云集响应，即使富有智谋的人，又有谁能制服他们？"于是进军，经过合浦时，与戴良合兵共进。士徽听说吕岱前来，果然大为惊惧，不知如何是好，当即率领兄弟六人赤膊跪迎吕岱。吕岱将他们全部斩首，并送首级至京城（参见 3.5.3《交趾士燮家族的兴衰》）。士徽手下大将甘醴、桓治等率领官吏百姓攻打吕岱，吕岱奋击将他们打败，晋封为番禺侯。

吕岱在这里与吴国朝廷相配合，采取改变区域建制、调任地方官员和军事突袭等手段，最终取得了对士氏地方势力的摧毁性打击。不久孙权又取消广州建制，将岭南七郡合并为交州，吕岱仍为交州刺史。吕岱乘胜进军讨伐九真，斩获敌军万余人，战斗取胜后，他多次派官员向南方宣示国家的招抚方针，还联络境外的扶南（今柬埔寨）、林邑（今越南中南部）、堂明（约今泰国境内）等国，这些国王各派使者至吴朝贡。

孙权嘉奖吕岱的功劳，提升他为镇南将军。吕岱在南方交州的军事胜利，是内地政权对于地方割据势力的削弱和打击，保证了东吴政权对岭南的实际统治；他在交州刺史职任上与东南亚一带各国的联络，开启了我国与海南诸国的正式往来，是中华对外交往历史上具有重要意义的活动，史家认为其功绝不在周瑜、鲁肃之下。

3.9（3）平乱靖邦的长寿名将吕岱（下）

交州刺史吕岱在岭南及交趾取得了一系列军事胜利，保证了江东政权对该地域的实际治理，他与东南亚各国的联络交往，开启了我国与南海诸国正式往来的先河，对后世的南域开放有着极大的影响。《三国志·吕岱传》及其引注还记述了吕岱调离交州之后所经历的重要活动，表现了他为吴国事业忠诚勤奋贡献的完整一生。

调驻沤口后的周边平叛 231 年，孙权在称帝建国两年后考虑到南方已经安定清平，于是召吕岱率军驻扎在长沙郡沤口（今湖南资兴东沤江入耒水之口）。时逢武陵（治今湖南常德）地区少数民族骚动，吕岱与太常潘濬共同领兵讨伐平定（参见 3.2.20《称帝后的内政治理》上）。次年孙权命令吕岱率领潘璋的部队驻扎陆口（今湖北嘉鱼西南），后迁往蒲圻（今湖北赤壁）。235 年，庐陵（治今江西泰和西北）贼寇李桓、路合，会稽东冶（治今福建福州）贼寇随春，南海（治今广州）贼寇罗厉等人同时起乱反叛，孙权诏令吕岱督率刘纂、唐咨等人分兵讨伐，随春当即率先投降，吕岱任命随春为偏将军，让他继续率随旧部，随春于是成为讨贼将领的一员。这次平叛直到 238 年结束，吕岱所督领的官军取得胜利，李桓、罗厉都被擒获斩首，首级传送到京都。可以看到，从交州返回后驻军沤口之后，吕岱仍然担负了周边地区的平叛任务，他采取灵活的手段瓦解敌军，几年间取得了平定周边叛乱的战场胜利，因为打击的对象分散于不同地区，这样的胜利的确来之不易。

这次平叛后孙权向吕岱发诏令说："罗厉凭借险地犯上作乱，自己招致杀头，李桓凶残狡诈反复无常，投降后又再叛乱。前后讨伐多次，历年未能擒获，如果不是你的谋划，谁能将他斩首？您忠武的节操，在此事上更为显著。元凶已除，大小贼寇被震慑，其余小股匪寇就可扫地清除。从今以后，国家已无南顾之忧，三郡（指发生叛乱的庐陵、会稽、南海）安定，没有了惴惴不安的惊恐，又能获得叛恶之民提供的赋税徭役，值得深深赞叹。奖赏不超过一月，这是国家的常规与合适的制度，请考虑接受。"

这里提到该次平叛的背景、过程和战胜贼寇的意义，同时还反映出朝廷给吕岱具有丰厚而及时的奖赏。

协助陆逊处置武昌留守事务 239年，潘濬去世，吕岱接替潘濬担任荆州文书，协助留住于武昌的陆逊处理荆州及西境事务，并继续督管蒲圻。吕岱在武昌上任两月时有一次远途出征平叛活动，一年后又返回武昌。史书上说，吕岱当时年已八十岁，但他的身体一直精健勤奋，依然亲自处理政事。当时奋威将军张承给吕岱写信说："从前周公、召公辅佐周天子，人们作《周南》《召南》歌颂他们，现在您与陆逊就像他们二人，带头忠诚勤奋，将功劳谦逊相让。功劳是暂时的成就，但你们却将其化与道义相合，君子赞叹你们的品德，普通人则喜爱你们的美好。加上公务文书繁多，宾客终日不绝，你们疲惫而不放下公务，劳累而不诉说疲倦。又知道您上马总是自己跃上马背，不用跨镫，这样看来您就胜过廉颇了，每件事情对您竟然都是快乐的！《周易》上说，礼仪讲究恭敬，道德讲究弘扬，您如何占尽了这些美质啊！"

资料中没有记述吕岱在武昌任职期间的具体事迹，但通过张承的书信描述，基本能看到吕岱在职任上的工作态度和在臣僚中的威信之高。这里还特别强调了吕岱的年龄，据此可以推算出他出生在161年，同僚把他与廉颇相比并认为有过之而无不及，看来都是真实的情况。张承称赞了他的谦逊待人，认为他把谦逊行为与人世间的道义相融合，已经是化作了一种做人的品德，也赞赏他始终是快乐地对待每一件事情。已经能够看到，谦逊、乐观、与天道相合的品行，为他的高寿搭建了坚实的基础。

245年陆逊去世，诸葛恪接替了陆逊职位，孙权于是分武昌为两部，吕岱督领右部，自武昌而上至蒲圻，升任他为上大将军，他的儿子吕凯被授予副军校尉，任蒲圻监军。

主动出击平定廖式反叛 吕岱在武昌任职两月时，跟随吴将蒋秘南征的都督廖式在军中反叛，杀了临贺郡（治今广东贺州东南）太守严纲等，自称平南将军，与弟弟廖潜一同攻陷了荆州所属的零陵、桂阳，煽动苍梧（治今广西梧州）、郁林（治今广西桂平西）各郡起乱，聚众数万人。吕岱闻讯后上表主动请战出兵，他星夜兼程。孙权派遣使者追授吕岱为交州牧,并派遣将军唐咨等人陆续前往增援(参见 3.2.24《后期的国务处置》),攻讨了一年,将廖式打败,斩杀了廖式及其任命的临贺太守费杨等伪官员,收编了其部属,郡县全部平定后重新回到武昌。

廖式反叛是当时影响颇大的事件,在武昌任职不久的吕岱一听到此事就立即组织军队主动出击,他等不及朝廷派来的其他援助部队而星夜赶路,表现了为国事而迎战艰险并奋不顾身的无畏气概。他出色的军事战术已经经过了多次战场的考验,战胜敌军应该有更多的把握,而对于一个年已八十的老者来讲,这里表现出来的精神气质尤为珍贵。252 年孙亮在孙权逝后即位,朝廷任命吕岱为大司马。

为人与交友的事例 吕岱逝后,他的许多生前事迹被人们回忆和流传。他不仅在任职做事的地方都有政绩可述,而且清明守正廉洁奉公,不谋私利。当初在交州时,他多年未给家中钱财,妻子儿女遭受饥饿之困。孙权听说后大加叹息,为此责备群臣说:"吕岱出去在万里之外做事,为国勤劳,现在家中如此困顿,而我却未及早知晓。你们作为股肱耳目,责任哪里去了?"于是加倍赏赐吕家钱米布绢,每年都有定数。另有一件交友的事例:吕岱早先与吴郡人徐原亲近友好,徐原为人慷慨且有才志,吕岱知道他能成大事,便赏与他头巾、单衣,经常与他谈论时事,其后徐原得到举荐选拔,官至侍御史,为侍从皇帝处理政务的官员。徐原秉性忠直,喜欢直言,吕岱时有过失,徐原总会当面谏争,又公开在众人面前议论这些事。有人将这些情况告诉吕岱,吕岱赞叹说:"这正是我看重徐原的地方。"等到徐原去世,吕岱哭得极为悲哀,他说:"徐原是我吕岱的益友,如今不幸而逝,我再能从什么地方听到过失呢?"人们谈到这件事都对他们的友情大加赞美。两件事情反映了吕岱一生为人和做事的高洁品格。

256 年九月,吕岱在武昌逝世,时年九十六岁,他的儿子吕凯继承了爵位。吕岱生前吩咐家人:"殡葬用没有油漆的棺木,穿戴用粗布衣服和头巾,丧葬礼仪务必简单节俭。"吕凯完全根据吕岱的遗言来行事,将其归葬于家乡。长寿将军吕岱在孙权之后走完了自己辉光闪烁的生命历程,他为三国时代江东政权的稳固、为岭南交州民众的福祉、为华夏与南海诸国的友好交往奉献了自己的忠诚和才智，也为后世职场人如何在勤奋干事下实现生命长寿提供了生活处事的样板。

3.9（4）诈降诱敌的周鲂

三国时期的军事争斗常表现为许多复杂的形式，在国家层面上安排边境官员以诈降的手段诱敌深入，是吴国对北方强敌曾经采取过的战争策略，由于中原国家及其执政官员的某种文化优越感，以及对传统招抚策略的自信，他们往往相信诈降的真实性，导致战场上的误判。《三国志·周鲂传》记述了周鲂以此引诱魏国大司马曹休深入吴境，万余魏兵几被全歼的皖城之战，介绍了周鲂接受任务、实施计划直至战斗取胜的整个过程，显示了一位智谋官员为国家利益竭尽忠诚的重要事迹，也表现了战争形式的复杂多样。

周鲂字子鱼，吴郡阳羡（治今江苏宜兴南）人。他年少好学，被举荐为孝廉，任宁国（治今安徽宁国）县长，又转任怀安（治今安徽铜陵东）县长。其时钱唐（即今钱塘江）寇首彭式等聚众作乱，朝廷任命周鲂为钱唐侯相，他是代表钱唐侯全琮作地方治理的，不到一月便斩杀了彭式及其党羽，因此被升为丹杨郡（治今江苏南京）西部都尉，居于石城（丹杨郡西部），不久升任丹阳都尉，这里已经显示了他谋略善战的才质。孙权为吴王之时，鄱阳贼寇头领彭绮225年叛乱，攻陷鄱阳所属城池，朝廷任命周鲂为鄱阳郡（今江西北部）太守，与胡综协力攻讨，经过近两年的战斗最终擒获了彭绮，将其押送武昌，周鲂被加任昭义校尉。

当时吴魏边境争战频繁，而双方都难以取得重大的胜利，吴国于是决定采用引诱敌方大规模入境，其后围而歼之的策略。228年，边境官员周鲂受命暗中寻求山中各聚落为魏国人知晓的出名头目，想让他们诱骗魏国大司马、扬州牧曹休率兵入境。周鲂回答说："恐怕这些小头目不足以依靠，假如事情泄露出去，就难以诱使曹休前来，请求派出我自己的亲信之人。"周鲂是决定自己出面诈降魏国以引诱曹休。

周鲂派亲信向魏国驻守边境的曹休送出秘密信件，陈述了他所以投降魏国的七条理由，其中大意是：①表达了他对魏国的真诚向往，说明这次特派亲信董岑、邵南等前来托付叛降的决心,以及请求曹休予以接纳的希望。②诉说了他在吴国遭受到的谴责、目前遇到的灾祸与危险,表明了他无可奈何的冒险选择。③介绍前任太守王靖在决定归降魏国时事情败露而致全家被杀的情况,表明了他在此继任后的惶恐不安心情,说明本郡百姓都有归降之意,提出让曹休率领一万人马前来接应,鄱阳郡就可以大规模地聚兵反叛吴国;同时透露了当时吴国的兵力部署,显示了这一接应计划的可行性。④说明了送信人董岑、邵南两人对自己的亲近性,表明如果魏国对自己归降尚有怀疑,可以留下两人中的一个做人质。⑤给曹休指出了最好的行军路线和招徕吴地百姓的最佳方式,也告诉了如何牵制吴国部队的最好方案。⑥说明了吴国军队大体会采用体弱新兵在前,精兵置后的方案,提醒曹休进入吴境后的救援一定要快速且机密,表示如果救援及时,必定大功告成。⑦请求曹休赐以将军、侯爵印玺各五十纽,郎将印五十纽,校尉、都尉印各二百纽。表示他起事时要将此分别授予各头领,以鼓励他们的士气;同时请求赐予魏军旗盖几十副,作为标识,使郡中的官兵百姓都能看见,促使他们早点作出去留何方的选择。书信的文字叙述冗长,本传中全文载录,后世将周鲂写给曹休的该书信命题为《诱曹休笺七条》。周鲂是在信中表示了自己的决心,透露了吴方的"机密",提出了魏军救援的"最佳"线路和方案,煞有介事地表明要组织全郡吏民的反叛,只等曹休率军前来接应。

　　周鲂又另写了一份给孙权的秘密奏章,大意是说:北方贼寇顽固地拒守黄河、洛水,擅自盘踞北方国土,为臣我没有奇计奉献,非常忧心,夜里难以入睡。现在让我寻找山林中为敌寇所熟知的头目,派他们与北方联络。我担心这类人不会很快寻到,即使得到,只怕也不可信,不如让臣亲自诱骗曹休,这样能更为妥当地实现计划,也使为臣能实现多年的心愿。正好这是千载难逢的一次机会,我将竭尽心力。现把撰写给曹休的书信内容另附于纸。为臣听说唐尧总是先请示上天,而上天不违他的意旨,如今朝廷神谋,要把曹休引入筹划的圈套,神灵赞助,曹休必定自送上门,使六军囊括以尽,一个也不漏网,我朝威势如同雷电,天下为之幸庆。这篇奏章文字较长,后世将其命题为《密表呈诱曹休笺草》,本传中也予以全文载录。

<<< 3.9 守成时期的功臣与术士

周鲂的筹谋计划被孙权批准施行，大概是他受命诈降的秘密行动有些反常吧，起初不断有不知实情的部门派郎官奉诏前来诘问查究各种事情，周鲂于是前往鄱阳郡门前，剃去头发以示谢罪。曹休听说了这事后，果然更加相信周鲂的投降，他统率步、骑兵十万之众，辎重车辆沿路都是，径直前来皖城。魏主曹叡另派司马懿率军向江陵，豫州刺史贾逵向东关，两路军队配合曹休的行动。孙权则命陆逊为大都督，朱桓、全琮为左、右督，各领三万军队迎击曹休。南北双方在此展开了一次大规模的军事冲突。其中周鲂也集中部队，随陆逊截断曹休队伍（参见 3.8.5《东吴柱石之臣陆逊》下）。曹休的军队被有准备的吴军所分割围攻，四散瓦解，一败涂地，被斩杀俘获者数以万计，多亏贾逵率军冒死救应，才避免了全军覆没（参见 1.14.14《多彩的贾逵》下），但曹休退军后气闷郁结，不久生疽而逝。吴军这次取得了战场上的重大胜利，周鲂立有大功。

战斗结束后军队凯旋，孙权召集各位将领欢宴，酒兴正酣时，孙权对周鲂说："你落发载义，成就国家大事，你的功名定当记入史册。"他加授周鲂裨将军，赐予关内侯爵位。历史演义小说依据这次战斗描写了"周鲂断发赚曹休"的情节，其中把周鲂受到本国有关部门诘问追查时在郡门前剃发认罪的事情，改写成当面向兵临皖城的曹休断发以示诚信，可能更合于普通大众的认知和理解。

后来，周边贼寇首领董嗣凭借险阻抢劫抄掠，豫章（治今江西南昌）、临川（治今江西南城）二郡都受到他的危害。吾粲、唐咨曾用三千兵马攻打其防地，一连几月都未能攻破。周鲂上表请求停止进兵，准备采取另外的方式。周鲂派出间谍，授给他们具体的计策，引诱董嗣并将其阻击杀死。周鲂看到其中作乱为害的关键是贼首董嗣，因而设法把军事攻陷转化成间谍出面的个人谋杀，清除了地方上的隐患。后来董嗣的弟弟感到恐惧，他前往武昌向陆逊投降，乞求出山到平原生活，并表示将改恶从善，于是几个郡都不再有什么忧惧担心的事了。周鲂选定的除害方式看来是代价颇小而效果极佳的制胜策略。

周鲂在郡守职位上十三年后去世，他奖善惩恶，恩威并用。他的儿子周处，也有文武才干。在孙皓执政后期被任东观令，为掌管国家经典书籍与国史修撰的官员,又改任无难督,这是统领朝廷精锐禁兵无难营的官员,吴国亡后入晋朝任职干事,《晋书》中有传,也是留名史籍的人物。

史书与资料中没有关于周鲂生卒年月的任何信息。如果周鲂在225年彭绮叛乱当年任职鄱阳太守,那在职十三年就应是238年去世。晋代史家徐众撰有《三国评》,其中认为做臣子的人应该按自己的本分追求功名,应该坚持守义的原则,做自己该做的事情。他认为周鲂身为郡守,本职工作是治民,而不是参与战场上的诈降诱敌,包括受髡剃发的事情,虽然得到了功名和爵位,但都不是君子所该赞美的。徐众也许有对晋由所出的魏国有更多的感情偏爱,在与吴国较量的是非判断中,倾向于为北方魏晋的国家尊严辩护。实际上对于吴国而言,从来就不会有边境郡守不得参与战争的道德限制,周鲂以郡守之尊,主动替换和承担一位山区聚落头目的诈降诱敌责任,把事情做得更大和更保险些,他愿意为国家的利益而亲冒风险,无论如何都是一种值得赞赏的行为。陈寿评价他"谲略多奇",就指他的战术和用兵,周鲂其实正是一个擅长作出战场谋划的军事人才。

3.9(5) 钟离牧的功业与苦闷

在孙权执政后期吴国涌现出了一批年轻人物,他们在国家政治的混乱和衰败时期,依然按照自己固有的价值理念去行事,力图以自己的忠诚和才智推动国家事业走向兴盛,钟离牧就是其中典型的一位。《三国志·钟离牧传》及其引注介绍了钟离牧在吴国政坛上建功立业的重要事迹,叙述了他特有的思想理念和军政才能,也表现了他在衰败政治局面下壮志难酬的内心苦闷。

钟离牧字子干,会稽郡山阴县(治今浙江绍兴)人,东汉时鲁相钟离意的七世孙。《会稽典录》中说:钟离牧的父亲钟离绪,任楼船都尉,他的兄长钟离骃,为上计吏,负责地方官员考核事务,年轻时与同郡人谢赞、吴郡的顾谭名声相同。钟离牧幼年时则言行迟讷,不被人看好。钟离骃常对人说:"钟离牧必定会超过我,不可小看了他。"当时人们都不以为然。

关于弃田予米的仁让行为　钟离牧早年曾来到永兴县(治今浙江萧

<<< 3.9 守成时期的功臣与术士

山）居住，并在当地亲身垦田，耕种了二十亩稻子。稻米将要成熟时，有一县民声称土地是他的，钟离牧说："本来以为是荒地，所以才开垦的。"于是把稻米给了那人。永兴县长听说了这事，将这位县民收捕入狱，准备要依法惩处，而钟离牧却为他求情。县长说："你倾慕汉代承宫的为人，可以自己履行仁义之事；我是百姓之主，则应以法令约束百姓，怎能不顾公法而顺从你的心意呢？"汉时学人承宫曾与妻子到蒙阴山（今山东蒙阴西南二十五公里）居住，在此勤奋耕种，粮食即将成熟时，有人前来认领，承宫不与计较，推让给他而离去。钟离牧遇到的情况与承宫完全相同，但永兴县长在这里要坚持按国家法规办事，钟离牧说："这里是会稽郡的境界，本来是顺着您的意愿暂住于此，现在因少许稻米而杀此人，我还有什么心思再留这儿呢？"钟离牧于是回去整顿行装，打算返回故乡山阴。永兴县长亲自前往劝阻，并将那位县民释放。县民感到惭愧和畏惧，带领妻儿舂出拿去的六十斛稻米送还给钟离牧，钟离牧关起门不予接受。那位县民将稻米放在他家路边，竟没有人领取，钟离牧由此而出名。

钟离牧推让稻米的行为是否可称为仁义，晋人徐众评论说，应该按照孔子的仁义标准作出判断才对。当年孔子的学生原宪问老师说："不做那些好胜、自夸、怨恨、贪欲的事情，可以称为仁吗？"孔子说："可以说是难能可贵，是否可以称为仁，我就不知道了。"（见《论语·宪问》）又说："讨厌不仁的人，这才可以为仁。"现在那位小民没有动手，却要拿走别人耕种的稻米，这是非常的不仁，而钟离牧却把稻米给了他，又为他求情免罪，这就不是孔子所说的讨厌不仁者。如果不讨厌不仁的人，怎么能称为仁呢！钟离牧受到侵犯而不报复，那人归还了粮食又不拿取，可以称为难能可贵，但不能称为仁让行为。圣人主张的是以德报德，以直报怨，而钟离牧却是以德报怨，这与孔子主张的仁是不同的。徐众在这里对问题分析细腻，论证严密，逻辑上似乎也没有问题。

主政南海的功绩与好评　242年，身任朝廷郎中的钟离牧补任太子孙和所属的辅义都尉，后又升任南海（治今广州）太守，这是岭南交州下属的七郡之一。东晋虞预撰写的《会稽典录》中记录，高凉县（治今广东阳春东南二十公里）的盗贼仍驽在当地抢掠百姓，残害吏民，南海太守钟离牧越过郡界讨伐，十多天内就将其降服。揭阳县（治今广东揭阳西）贼首曾夏等人聚众数千，十多年来官方发通告，以侯爵和千匹杂缯的奖赏购募捉拿，都没有获得，钟离牧派出使者说服和安抚，他们都全部归服，志愿改为良民。当时的高凉县属于交州合浦郡，不在南海辖区，而钟离牧以积极有为的态度越境前往平定；对南海郡属下的揭阳叛乱，他采取安抚招降的方式，也取得了多年未有的上佳成效。

始兴（治今广东韶关东南）太守羊衜给太常滕胤写信说："钟离牧我以前知之不深，现在看见他主政南海，在吏民中很有威望，智勇非凡，加之个人操行清纯，有古人的淳厚风尚。"时人对钟离牧主政南海的政绩有很高的评价。钟离牧在南海任职四年，后来因病离职。

回朝任职及监军平叛 钟离牧从岭南返回后担任丞相长史，转任丞相司直，这是辅助丞相的二千石职位，在司隶校尉之上，主要是检举不法。后来又升任中书令，这是执掌枢密、参与机务的三品官员。正逢建安（治今福建建瓯）、鄱阳和新都（治今安徽淳安西）三郡山越人作乱，钟离牧出任监军使者，出兵讨伐并平定骚乱。叛贼首领黄乱、常俱等人交出他们的队伍，以充实兵役。朝廷封钟离牧为秦亭侯，任命他为掌管宫中宿卫越骑校尉。

平定内外勾结的五溪叛乱 263年，魏军攻至成都，蜀汉灭亡。吴国武陵郡（治今湖南常德）的五溪夷族与蜀汉接界，当时谈论此事的人都担心那里会发生叛乱，于是朝廷任命钟离牧为平魏将军，兼任武陵太守，让他前往郡所就任。此时曹魏派遣汉葭（治今四川彭水东北）县长郭纯试任武陵太守，率领涪陵百姓进入蜀地的迁陵县（治今湖南保靖东南）境内，驻扎在赤沙（今湖南保靖东北十公里），引诱招致这里的夷民首领，有的首领果然起而响应，郭纯又进攻酉阳县（治今湖南永顺东南三十五公里），郡中之人震惊恐惧。

面对外部势力引诱支持下的五溪夷民反叛，钟离牧问府中官员说："蜀汉灭亡，我们边境受侵，现应如何抵御？"众人都说："这两县山势险阻，各蛮夷都拥兵自守，不可派军队去惊扰，惊扰就会使他们联合在一起。应当逐渐安抚。可以派遣有恩德信义的官员告谕教化并加以慰劳。"

钟离牧说："不对！现在外敌入侵，骗诱百姓，应当在他们根基未稳之时将其攻灭，这是救火之时贵在快速的情势。"于是下令迅速整装，官员有阻挠非议者按军法处置。抚夷将军高尚劝钟离牧说："从前太常潘濬督率五万部队，然后才能讨伐五溪夷兵。当时又与蜀汉结盟和好，诸夷部落也都遵奉教化。现在没有过去那种外部援助，而郭纯已占据迁陵，您仅以三千兵卒深入险地，我看不出会有什么好处。"钟离牧说："非常的事情，怎么能依循旧例！"当即率领部队日夜兼程，沿着山中险路行军，走了将近两千里，到达边塞，斩杀了存心反叛的夷民和首领百余人，以及党羽一千多人，郭纯等人四散奔逃，五溪得以平定（参见3.3.8《孙休执政的终结》）。

对付内外勾结的五溪反叛，钟离牧手头的兵力虽然不多，但他抓住对方各自分散、凭借险要地形而侥幸，以及远途无备的特点，迅速组织力量，毫不犹豫地长途奔袭而出战，打了对方一个措手不及，其间表现出了战胜叛军的坚强意志和无所动摇的信心，最终取得了出其不意的胜利，创造了地方平叛的出色战例。战后钟离牧被升任为公安督、扬武将军，封都乡侯。

身任濡须督时的忧戚苦闷　不久钟离牧从公安督转任濡须督，驻军今安徽巢县西巢湖。《会稽典录》中记录了钟离牧在濡须督的职位上谋图为国进取，而不敢向朝廷陈述自己策略方案的事情：当时朝中东观令朱育宴见他叹息不乐的样子，以为他在为自己的功名爵位而忧戚，于是诚恳相问。钟离牧回答说："我的功劳微不足道，而现在得到的赏赐和地位已经超过了期望，还有什么遗憾呢？只是国家并不信任相知，看见的是对朝臣的迫害，所以只好默默不敢有所陈述。如果不是这样，我就会提出国家应该进取的计划方案，以报答所受到的恩惠，不光是谋求自守而已，我是以此而悲愤叹息。"当时吴国孙皓执政，这位昏聩皇帝实行了一系列荒唐残暴的治国措施，君臣关系恶化，国家政局走向衰落，身为濡须督的钟离牧尽管拥有推进国家走向健康发展的良好方案，自然也没有能够陈述的条件。

后来钟离牧再任前将军、假节，兼任武陵太守，他最终逝于该任上。家中没有剩余财产，官民都很怀念他。他儿子钟离祎继承了爵位，接替他带领部队。次子钟离盛，为人恭敬谦让，为尚书郎。他的弟弟钟离徇领兵为将，受任偏将军，守御西陵，279年晋军平吴时兼任水军督，临阵战死。

钟离牧与他的亲人们未能扭转吴国的衰落之势，但为国家的事业奉献了全部的忠诚和力量。

3.9（6）自蜀归吴的干才潘濬

东吴高官中有位来自蜀汉的归降之人，他在吴国职场上勤恳做事二十年之久，并不像人们想象的那样畏缩拘谨，反而有极好的君臣关系，深得高层信任，这就是荆州干才潘濬。《三国志·潘濬传》及其引注记述了潘濬曲折的从政历程，介绍了他在孙权诱导劝说下的心志转变，以及为吴国发展忠诚奉献的事迹，展现了一位才智之士对事业与世情的兼顾与把握。

潘濬字承明，荆州武陵郡汉寿（治今湖南常德市汉寿县）人。他的父亲潘仁早年远游荆州，师从名士司马徽、宋忠接受古学。潘濬二十岁跟从宋忠受学，他为人聪慧明察，说话机敏有条理。当时避乱来到荆州的名士王璨见到后对其非常敬重，潘濬由此出名，被武陵郡征召为功曹，由此开始了他的职场生涯。

在荆州干事的职位与升迁　潘濬不到三十岁时，荆州牧刘表任用他为驻江夏部的官员，其时下属的沙羡（治今湖北武昌金口镇）县长贪赃枉法，潘濬将其处死，全郡震慑。他被任为湘乡（治今湖南湘乡）县令，在此留下了很好的政绩。209年刘备兼任荆州牧，任命潘濬为治中从事，为州府内部事务的总管。潘濬先后在刘表和刘备属下做事，职位屡次升迁，刘备更是表现了对这位年轻才俊的极大信任。211年刘备率军进入西川协助刘璋守防北境，临行留下潘濬让他参与荆州事务。

在孙权抚慰下的感化归顺　潘濬留守荆州时与守将关羽不和。《江表传》中记述，东吴袭取荆州后孙权进入江陵，荆州官员纷纷归降，只有潘濬称病不见，孙权派人带床到家将他抬来，潘濬脸朝下涕泪纵横，孙权对他说："承明啊，过去的观丁父是鄀国（今湖北宜城东南）的俘虏，楚武王任他为将帅；彭仲爽是申国（今河南南阳）俘虏，楚文王任他为令尹。这二人都是你们荆楚的先贤，虽做了囚俘，后来都被提拔任用，成了楚国名臣。你不愿学他们归降，是认为我没有古人那样的雅量吗？"（参见

3.2.10《与部属的和善关系》上）说着用手巾擦干他的泪水。潘濬于是下地拜谢，孙权任他为治中，经常向他咨询有关荆州的事务。

在樊伷反吴时的明察与平叛　当时武陵郡（治今湖南常德）从事樊伷引诱夷族部族，想使武陵依附益州刘备，有人上书请求派遣一万人征讨，孙权特召潘濬询问，潘濬回答："派五千部队就足可获胜。"孙权说："你为何如此轻敌？"潘濬回答说："樊伷是南阳世家大族，有口才但没有实际才能，过去他为州中人设宴，直至中午客人仍无饭菜可吃，十余人起身离去。这就像观察侏儒体型，看一个骨节就可知道他的高矮了。"孙权大笑，即派潘濬率五千将士前去征讨，果然将樊伷等人斩首，平定了叛乱。潘濬这次对武陵作乱的判断与平定既表明了他对人物的聪慧明察，也显示了他对东吴孙权的忠诚效力。潘濬率军返回后孙权升他为奋威将军，封高迁亭侯。

关于潘濬归降东吴，后世史家多有否定性的评价。北宋学人唐庚推崇乐毅离燕去赵后，拒绝率军攻打燕国的行为，按照乐毅这样的价值理念，他认为潘濬曾为蜀国将官，如果一见孙权就去攻打忠诚蜀国的樊伷，就不能是无罪的。清代学人王懋竑认为，刘备入川后安排潘濬留守荆州，其责任应该不小。傅士仁在东吴偷袭时叛降，潘濬仅仅称病不见就能了事？樊伷谋图以武陵归附刘备，不失旧臣之义，而潘濬率兵将其斩首，更是一种没有人心并违背道义的行为。蜀人杨戏在241年撰写了文论《季汉辅臣赞》（参见2.10.1《陈寿眼中的杨戏》），其中把潘濬列于糜芳、傅士仁两位叛降者之后作讥贬。尽管当时潘濬归降东吴可能有不得已的一面，也有孙权真诚恭谦所引发的感情因素，但后世学者还是倾向于对其进行道德申讨。

在留守武昌时的五溪平叛　226年奋武中郎将芮玄去世，潘濬统领他的部队屯驻于夏口。孙权在229年称帝后，潘濬任少府，晋封刘阳侯，后升任太常。孙权当年东巡建业，留太子孙登、皇子及尚书九官在武昌，潘濬与陆逊共掌留守事务。231年二月，孙权授予潘濬符节，命其与吕岱督军五万讨伐五溪（武陵的五个部落）蛮夷（参见3.9.3《平乱靖邦的长寿名将吕岱》下）。潘濬在军中赏罚必行，严格按法规办事，到234年结束，斩杀俘获几万人，自此五溪蛮夷逐渐衰落。平叛结束后他仍然回到武昌。

孙吴落花　>>>

在太常职位上受到极大信任　当时骠骑将军步骘屯驻于沤口，请求在各郡招募军队以增加地方兵力，孙权询问潘濬的意见，潘濬说："豪将在民间，会造成混乱引起祸害，加之步骘有名有势，他是被身边人谄媚，不可同意。"潘濬是认为地方部队如过分强大，必会影响局势的稳定，所以要限制其规模，不得随意增加，孙权听从了潘濬的建议。孙权喜欢射雉，潘濬多次劝谏，孙权说："上次分别后，就没有像以前那么常射雉了。"潘濬说："天下未定，有很多事务要处理，射雉不是要紧的事。弦和弓坏了都能造成伤害，请您特为臣下停息这事。"他离开时看见雉毛做的隐蔽车盖还在，就用手将其弄坏，孙权自此再没有去射雉。

潘濬是荆州人，姨母家在零陵郡湘乡县，表哥蒋琬跟随刘备进入西蜀，235年升任蜀汉大将军（参见2.8.1《盛名难副的掌政人》上），接替诸葛亮掌政。《江表传》中记录，有人当时把这一情况报告给了武陵太守卫旌，并说潘濬派密使与蒋琬联络，有自我托付的打算。卫旌把事情上报给了孙权，孙权说："承明不会做这种事。"当即把卫旌的上表封存起来送给潘濬观看，同时召卫旌回建业，免除了他的职位。这里表现出来的是孙权对潘濬无所置疑的高度信任。当然，向他送去卫旌的检举性上书，也有观其动静以待决断的意味，这当属于权术君主的一种手段，而孙权与潘濬更多地表现为君臣互信。

潘濬与孙权家族有双重婚亲关系，一是孙权把姐姐陈氏的女儿嫁给潘濬次子潘祕为妻，潘祕遂被调任湘乡县令；另一是潘濬的女儿嫁给孙权的第三个儿子孙虑，孙虑232年二十岁时早逝（参见3.4.8《太子的三位兄弟》），没有子嗣，因此不清楚这位潘女儿的结局。但无论如何，双重婚亲加深了君臣两人的亲近与信任，这也许是潘濬乐意得到的结果。

在对待奸臣上态度鲜明　孙权宠信校事吕壹，吕壹操弄权势，曾弹劾丞相顾雍和左将军朱据，二人一度受到软禁，不得随便出入和会见亲友。黄门侍郎谢厷有次问吕壹说："顾公的事如何？"吕壹回答："情况可能不大好。"谢厷又问："顾公如被免职，谁会代替他？"吕壹没有回答，谢厷说："会不会是潘太常？"吕壹过了一阵才说："你说得非常接近。"谢厷说："潘太常恨你咬牙切齿，只是路远没机会。他今天接替顾公，恐怕

210

明天就打击你。"吕壹大为恐惧，顾雍的事便不了了之。

潘濬请求朝见孙权，想要极力劝谏，到了之后听说太子孙登早就说过多次但未被接受，他便宴请百官，打算在宴会中杀死吕壹，可惜计划泄露，吕壹托病未去。潘濬遂趁每次面见孙权之时力陈吕壹的奸险，因此吕壹的宠幸逐渐衰微，最后在236年被诛杀（参见3.2.22《吕壹惹起的是非》）。孙权为此引咎自责，向大臣致歉，同时他称赞陆逊和潘濬忧心为国。

在儿子犯错时公开痛责　《吴书》中记录，魏国人隐蕃前来归降吴国，其人善于口辩，江东不少豪杰与其交好（参见3.2.17《与魏国的较量》），潘濬的儿子潘翥也与隐蕃交往甚厚，向他馈赠粮饷。潘濬听说后大怒，他写信痛责潘翥说："我受国家厚恩，志在以命报效，你人在京都，应当心存恭顺之念，亲贤慕善，为什么却与归降的外虏相交好，还把粮饷送去？我在远处听到此事，内心震惊，脸上发烧，难受了几十天。见到信后，请赶快到信使那里接受一百杖责罚，并立即索回送给的粮饷。"当时人们都不理解潘濬的做法，而隐蕃果然不久谋图叛乱而被吴国诛杀，众人这才佩服潘濬的先见之明。潘濬本是外来的归降之人，因而对自己和家人的结交非常谨慎。儿子是非不清，交非其人，潘濬在处罚时张大其事，让更多的人知晓他的态度，更是出于一种避嫌免祸的考虑。

239年潘濬去世，其子潘翥继承了爵位，代替潘濬领兵，被任骑都尉。能力超群的荆州干才潘濬自蜀归吴后，以忠诚做事、谨慎为人的风格走完了自己不凡的一生。

3.9（7）诚实做人的是仪

江东政权的众多官员中有一位被称为没有过失的高寿人物，他历经职场坎坷，心性聪明遇事多有主见，能够坚守正义而不说假话，深得君主的看重信任和同僚的尊敬爱戴，这就是在孙权身边工作了四十多年之久的是仪。《三国志·是仪传》及其引注介绍了是仪自东汉末年开始六十年的职场经历，着重记述了他接受孙权征召后任职几十年间行事做人的迥异风格，展现了三国时代一种能被社会各层广泛认可的良好处世德行。

是仪字子羽，本姓氏，北海营陵（治今山东潍坊南）人。东汉末期他在家乡营陵担任县吏，由此开始了他的职业生涯。

随遇而安的职场吏员　县吏氏仪不久调往所在的北海郡（治今山东昌乐西）任职。189年底名士孔融受朝廷权臣排挤来到北海任相（参见0.8.2《孔融守北海及其学者人格》中），当时北海郡已改郡为国，相国是地方的最高行政长官，氏仪是在孔融手下干事。孔融有次开玩笑说："氏"字是"民"无上，即指"民"没有了头盖，建议他可改为"是"，氏仪于是就改姓为"是"。

是仪后来依附刘繇，避乱到了江东，196年主政扬州的刘繇被孙策打败而出逃（参见3.5.1《败于孙策的扬州牧刘繇》），是仪于是迁居会稽，应该是没有官职的平民。200年孙权接替孙策执掌江东政权后，特意下发文书征召是仪，是仪来到后受到孙权的看重任用，他在孙权身边专门负责机要事务，被授予骑都尉之职。

深有主见受到君主看重　219年，吕蒙图谋袭取关羽，孙权就此事询问是仪，是仪很赞同吕蒙的计划，劝孙权采纳其方案。是仪随从孙权征讨关羽，被任命为忠义校尉，是仪陈述情由加以推让，孙权命令说："我虽然不是古代的赵简子，您怎就不委屈自己做一个周舍呢？"《韩诗外传》中说，春秋时赵简子的臣属周舍有一天在大门外站立了三天三夜，赵简子问他："你想见到我说什么事情？"周舍回答说："愿做个谔谔之臣。"这是敢于提出反对意见的诤臣。

从是仪对吕蒙袭取荆州方案给予积极支持的表态看，他是一个很有主见的人，而夺取荆州的成功也证实了是仪意见的正确性；但另一方面，是仪又是一个谨慎做事、不愿出头的人。孙权看到了这些情况，他给是仪任以校尉官职，既是对他工作的奖赏，也是对他有更多的期待。孙权以赵简子的诤臣周舍形象勉励是仪，正是希望他能在自己身边积极大胆地发表意见，以便为东吴事业的发展奉献出更多的才智。

拒绝统兵反而立功升职　220年东吴夺取了荆州全境，孙权定都武昌后，任命是仪为裨将军，封其为都亭侯，暂摄侍中，侍中为侍从君主以应对顾问的二千石三品官员，这里是仪署理着比他本人官阶更高的职位。孙

<<< 3.9 守成时期的功臣与术士

权想再授给他领军之任,因为当时军队上的立功比较容易,有功名欲望的人物都是希望在部队上实现夙愿,孙权也是希望是仪在职场上有更多的发展机会,而是仪坚持认为自己不是统兵的人才,对孙权授予的部众坚辞不受,他是一心一意地要搞好侍中的署理之任,专注于搞好文案的工作。

孙权还是想办法让他在部队上立了一次战功。228年鄱阳太守周鲂诈降魏国,引诱魏国大司马曹休进军皖城,驻军皖城的吴将刘邵正在等待曹休前来入彀,这应该是一次稳操胜券的战斗,孙权派遣是仪前往刘邵军中就职。曹休部队到来后,被吴军打得大败,战后是仪因功升为偏将军。

立功后的升职与多重事务 是仪在皖城之战中立下军功,不久入朝总领尚书事,并总管朝廷外诸官,兼管诉讼事宜,孙权另外又请他教众公子读书学习。229年孙权称帝后迁都建业,安排陆逊、潘濬等人留守,掌管原属武昌的诸多事务,他特命是仪留下辅佐太子孙登,这是针对特定人物的专职工作。

孙权应该是敬重是仪的处世为人,这里是希望他对太子孙登有更多的人格引导。当时孙登对是仪十分敬重,有事都先咨询他,然后才实施推行。应该是辅佐出色吧,是仪其后被晋封为都乡侯。232年是仪随从孙登回到建业,再被任命为侍中、中执法,察举各位官员的非法行为,而兼管诉讼事务如前未变。这时候,是仪几乎统揽着朝廷内外的许多重大事务,他显然是君主孙权非常信任的可靠之臣。

面对强权威逼坚持不说假话 典校郎吕壹经常诬陷朝中官员,一次吕壹诬告江夏太守刁嘉谤讪国政,孙权非常愤恨,他抓捕了刁嘉,询问在场的官员有没有听闻刁嘉诽谤国政的言论,官员们因畏惧吕壹,都说听到,唯独是仪说没有。孙权多日严厉追问,所发诏文中的言辞非常厉害,群臣听到后连大气都不敢吐出,而是仪一口咬定说没有,他回答孙权说:"现在刀锯已经架在我的脖子上,我怎么敢替刁嘉隐瞒,自取砍头身灭,做不忠之鬼呢?只是觉得如果听说了那就应当有根据啊!"他据实回答,说出的话未曾改变。孙权后来释放了他,刁嘉也没有被处罚,这是孙权最终相信了是仪所说的话才是真实的。

对担负的任务认真履职 234年蜀汉丞相诸葛亮去世,孙权关注蜀汉情况，派是仪出使蜀汉，以加强结盟友好。相信孙权也是想借此机会了解蜀汉在诸葛亮身后的政局变化动向，他特派谨慎细心，做事诚实的是仪担负这一关键时刻的重要使命，应该是有所考虑的。史书上说，是仪出使期间的言行举止很合孙权心意，他返回后被任命为尚书仆射。

太子孙登早逝后，孙权在242年立孙和为太子，封孙霸为鲁王，是仪兼任鲁王的老师。但是仪认为，孙和与孙霸的待遇相同，这是不合适的，他于是上疏说："为臣私下认为鲁王天资卓群，敬修美德，兼备文武才干，如今适宜的安排，是让他镇守外地，作为国家的屏障。本来宣扬美好德行，大力显耀威灵，这是国家的优良传统，以使天下人共同瞻望。只是为臣才识粗疏，不能完全理解君上心意。我认为二宫应当有所抑制，以端正上下之序，显明教化的根本。"他在上疏中声称不能完全理解的地方，其实正是感觉到的不恰当之处，是仪一连上书了三四次。作为孙霸的老师，是仪竭尽忠诚，不断加以规劝，他对上勤奉，处人恭敬。

清廉节俭及良好的个人品行 是仪清廉而不治家产，不接受别人的施惠，房舍财物能供给日常生活就行。邻居有人建起大宅，孙权出行望见，询问是谁建起大宅，身边的人回答说："好像是是仪家。"孙权说："是仪俭朴，一定不是他。"一问果然是别人家。孙权对他的了解和信任就是如此之深。是仪的衣服都不精细，吃饭不看重膳食，他时常救助贫困的人，家中没有储蓄。孙权听说后曾到他的家中，请求看视他的饭菜，并亲口尝之，吃罢对着是仪叹息，当即为他增加了俸禄赏赐，并扩大了他的田地住宅，但是仪多次辞让。

是仪经常举荐人才进献良谋，从未说过别人短处。孙权常责备他不谈论政事，不分辨是非，是仪回答说："圣主在上，为臣守职，担心的是于职不称，实在不敢以愚笨的管见言辞，来干扰陛下的天聪视听。"实际上他并非不辨是非，而是是非分明但不愿意轻易讲出来，以免引起更大和更复杂的是非，他甚至认为在非原则问题上就没有根本的是非之分，因而在臣僚和君主面前就干脆闭口不谈。是仪在吴国干事几十年，从未有过失，吕壹在朝时肆意告发将相群臣，有的官员被检举有罪达四次之多，唯独没有告发是仪。孙权感叹说："如果人人都像是仪一样，又何须科律法规呢？"

是仪病重卧床时，他留下遗嘱要求用一般棺木安葬，穿戴平时衣服入殓，一切务必节省简约，时年八十一岁。史书上没有标明是仪的逝年，如果他是在朝中二宫相争初期逝世，那很可能是在陆逊离世之前的244年，根据年龄推算他应是出生于164年，在孔融手下任职时为二十五岁稍过，受孙权征召任用时约为三十六岁，为江东政权奉献了四十五年之久。是仪是以默默无闻的干事与处世风格赢得了君臣上下的尊崇，塑造了一个诚实做人的良好形象。

3.9（8）孙权的亲信之臣胡综

孙权有一位几乎与他同龄的臣属胡综，两人十五六岁时一同读书，及孙权十七岁执掌江东政权后，安排他在身边掌管军政机要。文才出众的胡综也把自己的一腔忠诚奉献给了东吴事业。《三国志·胡综传》及其引注记述了胡综在江东近五十年的职场历程，表现了他的才华及其对孙权的密切配合，从中能看到高层政治圈中一种不易得到的君臣关系。

胡综字伟则，豫州汝南郡固始（治今安徽临泉）人，生于183年。他自幼丧父，母亲带他到江东避难。当时孙策兼会稽太守，胡综十四岁，被用为门下循行，为郡府中没有定员的低级小吏，开始了投身孙吴的职场生涯。

很早就为孙权所亲信　胡综在孙策属下任职时曾于吴郡与孙权一起读书，200年孙策离世后孙权掌控江东政权，胡综被任为金曹从事，跟随讨伐黄祖，其后任鄂县（治今湖北鄂州）县长。孙权209年任车骑将军时，驻京口（治今江苏镇江），他专门设置了书部从事，征召胡综担任此职，让他与是仪、徐详共掌军政机要，胡综应是很早就成了孙权的亲信之臣。221年刘备出兵伐吴，孙权因兵力很少，派胡综到各县挑选士卒，得到六千人，于是设立两部解烦兵，这是隶属东吴君主直接指挥的精锐部队，徐详与胡综分任左右部督。孙权后来迁都建业，任命胡综和徐详同为侍中，晋封为乡侯，两人兼左右领军。

协助将军立功疆场　胡综也不时被孙权派上战场助军。223年，东吴将领晋宗叛吴降魏，魏国任命晋宗为蕲春太守，他在长江北岸几百里处驻军，多次侵扰东吴境内城池。孙权任命胡综和贺齐轻装掩袭，最后生擒了晋宗（参见 3.9.1《境内平叛的不败将军贺齐》下），胡综因功被任为建武中郎将。当年魏国封孙权为吴王，孙权遂封胡综、是仪和徐详三人为亭侯。

许多年后，魏国庐江主簿吕习准备降吴，请求东吴接应，孙权派全琮统军前往，并派胡综做督军参与军事，后来吕习的降吴事情败露，吴军只好退兵。而全琮与将军朱桓为部队的后续行动发生了意气之争，全琮为求解脱，就说："主上命令胡综督军，是胡综认为应该这样做的。"朱桓又派人召胡综前来论理。胡综来到军营门口，在朱桓身边人的提醒下设法离开了，应该是想避免直接的冲突。最终朱桓杀了身边的人，他自己随后癫狂病发作（参见 3.7.15《晚年癫狂的良将朱桓》）。这次出军胡综其实没有发挥多大作用，而孙权有意让他在战场立功的心情还是显而易见的。

在皇帝身边撰写颂赋诰文　229 年黄龙出现在夏口，孙权称帝登基，当时制作了用象牙装饰的龙形旌旗，称为黄龙大牙旗，竖立于中军，指引各军进退。孙权命胡综作赋，胡综于是写下了《黄龙大牙赋》，其中用四字为句的赋文颂扬了东吴的顺天应人以及事业的强大昌盛，也表达了美好的祝福。蜀国听说孙权称帝登基，派遣使者陈震前来重修盟好，胡综受命撰写盟约（参见 3.2.16《与蜀汉的盟约》），史家称其文义优美。自孙权执掌江东后，很多诰文、册封任命文书和致邻国的书函都是胡综撰写。胡综生性嗜酒，酒后纵情欢呼，有时推杯换盏，扑打身边人，孙权爱惜其才不忍责怪。

胡综还受命制定专项科律，地方长吏遇到家中丧事，都不能离职奔丧，但多次有人触犯律令。孙权甚为忧虑，让朝臣们就此商议。胡综建议说："应该制定律例，告知犯者会处极刑，只要施于一人，以后就会绝迹。"于是采用胡综的意见（参见 3.2.20《称帝后的内政治理》下），自此离职奔丧的事基本断绝。

离间魏将吴质的三封书信　当时魏国投降过来的人提到，在魏国担任都督的河北振武将军吴质，颇受朝廷猜疑，胡综于是受命以假书信对魏将吴质实施离间，写了吴质投降吴国的三封虚假书信。

>>> 3.9 守成时期的功臣与术士

第一封信假托吴质的名义对孙权表达了如下意思：在天下大乱之时，我吴质处世无方，在家乡所在地为曹氏服役领兵。虽然远在河朔之地，但我倾慕陛下的天命所归，听说陛下与乾坤齐德，与日月同明，有神武英姿，且今年六月已经即位，我特遣同郡亲信黄定奉表前来托降。

吴质早年与曹丕相交颇深（参见 1.4.12《公子哥儿的做派》），他曾做过朝歌（今河南淇县）县长、元城（今河北大名东）县令，因为学识渊博，一直被曹丕器重。曹丕建魏后官至振威将军，都督河北诸军事，封列侯。226 年曹叡掌政，朝中吴质的反对势力有所反弹，胡综显然是根据这些情况大做文章，试图引起魏国内部的政局动荡。

第二封署名吴质的书信以大篇幅表达了多重意思：①我过去与曹氏交接亲密，表面上虽是君臣，实际上情同骨肉，所以授我一方责任，总领河北军队，我当时也想与曹氏同死共生。但后来幼主继位，谗言兴起，同僚们以势相害，招致猜疑，常怕遭受无辜之祸，因而如履薄冰。过去乐毅为燕昭王败齐立功，因惠王继位后心生猜疑，于是去了赵国，他并非德行不纯，而是怕功名不建，遭受灾祸。②我前面派遣魏郡周光以商贩的名义前来江南转达心意，因故未敢写下章表。这里的百姓都伸长脖子盼望吴军前来，如果陛下圣恩稍加河北，就会理解人们的心意，不会有所怀疑。③陛下可能认为我一贯遵循仁义之道，不会做出这样的事情；觉得我如果有罪，应该奔赴鼎镬甘受惩处。但我现在是无罪而横遭谗毁，将有商鞅、吴起那样的灾祸，我死了不合道义，为什么不像乐毅、吴起那样离开呢？④我也曾想到，作为人臣如果有罪，应该像伍员一样自我救赎，不应当侥幸起事，但现在与古代不同，南北相隔悠远，我自己不举事，怎么能够免祸呢？所以顾不了志士之节，而追求立功之义。⑤我觉得曹氏的后裔并非天命所归，现在政弱刑乱，大臣掌权，上下异心，这实在是陛下图谋进取的好时机。如果出兵淮、泗，据有下邳，那荆、扬二州就会闻声响应，我从河北席卷而南，连成一片，情势就非常稳固，其他地方还有谁能前来与陛下相争呢？⑥我们这里本来就产马多，周边羌胡部落常在三四月春草茂盛时节驱马前来，估计今年可能有三千多匹，陛下出军时应多带些骑士来取马。

第三封署名吴质的信比较简短，主要表达说：过去许攸舍袁投曹，于是在官渡大破袁军，确立了曹氏基业。如果曹氏猜疑许攸，心中没有决断，那现在的天下就是袁氏所有。听说边界上将军阎浮、赵楫准备归降南方，因为双方配合不迅速，所以最终败亡。现在我向陛下表达了诚意，如果不能及时行动，会让我孤立无援，遭受大祸，那天下英雄豪士想要建功之人，就再也不敢向陛下托命归诚了。

可以看到，胡综为了离间吴质而撰写的上述三封书信，应是了解了许多情况，颇费了一番心思的，其中表现了他的思绪缜密和文才优长。当这些伪作的书信在社会上流传时，吴质于230年已经入朝担任侍中，他的仕途并没有因此而受到影响，胡综的离间书信显然是没有起到实际作用。

善识人物和协调内部关系　青州人隐蕃230年归附东吴，孙权收到他的上书后召见谈话，隐蕃陈说时务，言辞机敏，仪态大方。胡综当时在座，孙权问他感觉如何，胡综说："看他说大话就像东方朔，巧捷诡辩相似于祢衡，而才情赶不上那两人。"孙权又问可给他什么官职，胡综说："不能让他治民，可以用京都的小职位试试他。"因隐蕃曾大谈刑狱，孙权就任命其为廷尉监，但朱据和郝普认为隐蕃有辅佐国家的大才，后来隐蕃谋叛被杀（参见3.2.17《与魏国的较量》），孙权觉得胡综的看法是对的，随即任命胡综为偏将军，兼任左执法，掌管诉讼事务。孙权为出使辽东之事与张昭闹得很不愉快，胡综尽力协调双方的关系，使他们免除了隔阂。

胡综单在孙权属下就工作了四十多年，一直受到看重和信任，他243年逝世，儿子胡冲继承了爵位。胡冲性情平和有文才，在孙皓执政后期任中书令，虽然不能匡矫时政，也能自守道义而不苟求媚上。胡综作为孙权身边最为亲信的臣属，即便遭遇国家政局的混乱和衰落，他们父子也是吴国职场上最没有受到伤害的人物。

3.9（9）孙权身边的"神算"吴范

传统文化与史料记录中有一种神秘的占卜术，作为古人对社会事务的预测手段，它有理论，有方法，也有不少的史料记录。通过占卜预测某些事情未来的吉凶结果，似乎也是古人对某些军政活动作出决策的依据之

<<< 3.9 守成时期的功臣与术士

一。《三国志·吴范传》及其引注介绍了东吴占卜家吴范的活动事迹，记述了他在孙权身边对诸多军政事件的预测事例以及他个人占卜方法的失传结局，促使人们对这一神秘现象作出更多的思考。

吴范字文则，会稽郡上虞（治今浙江上虞）人，因钻研历数，知晓风气而闻名于郡中。东汉时推举人才，在先前察孝廉举秀才的基础上增加了敦朴、有道、贤能、直言、独行、高节、质直、清白、敦厚的类别，吴范因为自己的名声被荐举为有道，来到京都，这里的京都应该是指东汉都城洛阳。当时政局大乱，吴范到后并没有被任用。后来孙吴政权兴起于江东，正在吴范的家乡，吴范于是来此委身任职。正值孙权执政之初，凡是遇到灾祸、吉祥之事，吴范就推算预测将会发生的状况，他的预测大多应验，因而以此声名显扬。

207年，孙权在吴郡准备讨伐黄祖，吴范说："现在讨伐没有大利，不如明年出兵，明年戊子，荆州刘表也会身死国亡。"孙权不听而发兵征讨黄祖，终于没有完胜。第二年孙权继续出兵，行至寻阳（治今湖北黄梅西南）时，吴范观看天象风气，于是上船祝贺，催促军队赶快行进，军队一到就打败黄祖，黄祖趁黑夜逃走，孙权担心黄祖逃掉，吴范说："他没有逃远，一定能生擒他。"到五更天，果然活捉了黄祖（参见3.2.3《战略目标的推进》），刘表此年也果然去世，荆州被孙权刘备分割。这里通过正反两次验证，是表明吴范对战争胜败和事态变化预测的正确性。

212年吴范又报告说："甲午之岁（214年），刘备一定取得益州。"后来吕岱从蜀地返回，他说在途中遇到刘备，刘备的部队离散流落，死亡近半，一定不能占有益州。孙权以此诘难吴范，吴范说："我所说的是天道，而吕岱所见到的是人事。"刘备果然后来得到蜀地。这里不仅表明了吴范预测的正确，而且表明他的预测根本无视常人观察到的现实，是纯粹以天象做依据的。

219年，孙权与吕蒙设谋袭取关羽，与亲近大臣商量，大多数人都说不行。孙权以此事询问吴范，吴范说："能成功。"后来关羽败走麦城，派人请求投降。孙权问吴范说："他究竟会投降吗？"吴范说："他有逃走的气势，说投降是假的。"孙权派遣潘璋邀截关羽的退逃之路，侦察的人回来报告说关羽已离开麦城出走，吴范说："虽然离开了，也免不了被抓住。"再问抓住的时间，回答说："明天正午。"孙权立表测晷，滴漏计时以等待。到了中午仍无消息，孙权询问原因，吴范说："时刻还没有到正中。"不一会儿，有风掀起帷帐，吴范拍手说："关羽抓到了。"很快，帐外欢呼万岁，传报说抓获了关羽。这里细致描述了吴范在几个重要环节的多次预测，不仅表现了其预测的细致和准确，而且深入到了人物真实的心理层面。

后来孙权与魏国建立友好关系，吴范说："从天象风候看，魏国表面上和好，其实内有图谋，应该对他们做好防备。"刘备大规模出兵西陵（即夷陵），吴范说："后面还会与我们和好。"事情最终都与他所说的相同。他的占卜预测都是这样明白确切地得到应验。

孙权以吴范为骑都尉，兼任太史令。孙权多次访谈询问吴范，想知道他是如何预测判定的，吴范珍惜并保密自己的占卜方法，总是不把最紧要的东西说给孙权，孙权为此忿恨吴范。《吴录》中说，吴范私下在心中盘算，他被世人看重的是自己的预测方法，占卜术丢失了，自己就会被人抛弃，所以终身不说给别人。事实上，如此神奇的占卜效果主要依靠着它的方法，吴范明白这一方法的重要性，他想要挟术自重，自然就不愿把最要害的东西告诉任何人，这就发生了君臣关系上的隔阂。

起初，孙权为将军时，吴范曾报告说江南有帝王之气，在亥、子的年份有大福大喜降临。孙权说："如果真能像你所说那样，就封你为侯。"等到221年孙权受封为吴王，吴范当时陪宴，说："从前在吴中，曾说过此事，大王还记得吗？"孙权说："有这回事。"于是招呼身边侍者拿侯爵的绶带给吴范戴上。吴范知道孙权只是想以这种方式敷衍以前的承诺，便用手推辞不接受。后来论功劳封赏时，孙权以吴范为都亭侯，诏令在公开颁布前，孙权又心怨吴范珍爱道术胜过爱戴君主，便在名单中除掉了吴范的名字。这里的问题是，孙权不是真正想给吴范封侯，按说吴范对此是能早先预知的，不知他何以要如此不知深浅地上前索要，难道碰上个人的功名之事，占卜术就不灵验了么？他早年去洛阳接受功名而不得，也存在同样的矛盾问题。

吴范为人刚烈直率，非常喜欢自夸，然而与亲戚、故友交往有始有终。他一向与曾任鄱阳太守的同乡魏滕相友善，魏滕有次犯罪，孙权发怒斥责十分严厉，敢有劝谏的会被处死，吴范对魏滕说："我与你一道去死。"魏滕说："你死了没有任何好处，何必去死？"吴范说："怎么能考虑那些而看着你死去呢？"于是他剃光了头发将自己绑缚着来到宫门前，让守宫门的侍卫去禀报。侍卫不敢去报，说："报讯必死，我不敢去报告。"吴范说："你有儿子吗？"侍卫说："有。"吴范说："假如你因我而死，你的儿子由我抚养。"侍卫说："好吧。"于是推门而入。话未说完，孙权大怒，准备投戟将其刺死，侍卫一会儿跑了出来，吴范乘机抢入，叩头流血，边说边流泪，好半天后，孙权怒气消解，免去了魏滕死罪。魏滕见到吴范感谢他说："父母能生我养我，不能免除我的死亡。大丈夫相逢知己，像您这样的人一个就足够了，何必要多！"这里表现的是吴范对友人拼死相救的真诚情谊，但如果他早先就预测知道了魏滕不会被杀的结局，这一拼死相救反而成了一场表演式的作秀，这样的作秀可能吗？

226年，吴范因病去世。《吴录》中说，吴范事先知道自己的死亡日期，他对孙权说："陛下某日会丧失军师。"孙权说："我没有军师，怎么会有丧失？"孙权是指东吴的机构中没有设置军师一职，吴范说："陛下出军临敌，总是等我说话后才行动，我就是陛下的军师啊。"到了所说的日期，吴范果然离世。吴范的长子已先去世，小儿子年纪尚幼，于是占卜预测术没有人继承下来。这里的问题是，吴范珍爱自己的预测方法，但他已经知道自己时日不多，而子嗣又不能继承这一绝世仅有的占卜术，为什么不赶在临终献出这一奇技，难道他钻研和掌握这一方法的最终目的就是为了把它带进坟墓！

关于占卜预测的理念与诸多记载总是令人们难以理解和把握。根据天人相通、万物联系的道理，任何事情的发生都会有早先出现的征兆，人们抓住了这一征兆并能作出合理的分剖解析，就有可能对后续出现的事情状况做出提早预计。然而，如果说世间任何大小事情的演变趋势都会通过天象风气等自然现象来提前表现，万事万物的未来变化结果都会毫无例外地通过龟壳、蓍草的种种偶然机缘表征出来，却显得实在有些牵强。在这里，关于占卜事情的书籍载录实际上要后于事情发生许多年，中间经过了多重传说和转述环节，最后的记录尽管神乎其神，但那是多次主观性加工的产物，增加与删略的东西肯定不少，离早先在现实中发生的真实情况其实已相去甚远，不能陷入"尽信书"的误区。

就吴范之事讲，他离世后孙权非常追思这样的占卜家，于是招募境内三州中的人举荐像吴范那样通晓天文术数的预测神算，承诺给举荐者封千户侯，但最终没有得到。这里关键的问题在于真有这样的神算吗？也许史书记载中有意让吴范的占卜术失传，如此就无须接受验证了，这才是表明一种神秘技术曾经真实存在过的最佳叙述方法。

3.9（10）赵达与刘惇的占卜人生

东吴境内能够占卜预测的不止吴范一人，史书上同时记载的还有赵达和刘惇，两人的攻学背景不同，采用的占卜方法也并不相同。他们互不相通，应该是属于各自独立拥有的技术手段。《三国志·吴书十八》用不同的文字篇幅顺次记述了刘惇和赵达的占卜预测活动及其人生事迹，反映了占卜人士技术手段的不同以及思想心理的某些共性。

深通"九宫一算"的赵达 赵达，河南郡（治今河南洛阳）人，他少年时跟随汉朝侍中单甫受学，思虑精细缜密。他认为东南方有帝王之气，可以躲避灾难，因此离开家乡南渡长江。赵达钻研"九宫一算"之术。按照早先的流传，"九宫"即是把九位数字用一定的顺序排列成四方宫形："二四为肩，六八为足，左三右七，戴九履一，五居中央。"这样的排列法，横竖斜偏，三个数的相加都得十五。赵达在传统九宫知识的基础上探究其中的微妙之理，因此能很快计算出凶吉，对答如神。至于计算飞蝗之数，猜测隐藏的东西，没有不灵验的。有人诘难他说："飞走的蝗虫数目本来就不可验证，谁知道算得对不对，这完全是瞎说。"赵达让那人取来几斗小豆，洒于坐席上，他马上算出了豆子的数目，验证后果然正确。

赵达曾经路过老朋友的家，朋友为他准备了饭食，吃完饭后朋友说："仓促间缺酒，又没有好菜，无法表达情意，怎么办呢？"赵达就顺手拿起盘中一只筷子，纵横摆放了两三次，然后说："你家东墙下有美酒一斛，

>>> 3.9 守成时期的功臣与术士

还有鹿肉三斤,怎么说没有?"当时在座的还有其他客人,知道了主人的实情,主人羞愧地说:"因为你善于猜测有无东西,就想试试你,竟然如此灵验。"于是拿出酒来一起畅饮。又有人在书简上写个千万数目,放在一个空仓中密封起来,请赵达测算仓中东西,赵达算出的数目与书简上的一样,并说:"仓中东西有名无实。"他的测算都是如此精准微妙。

赵达珍惜自己的术数,像阚泽、殷礼这些有名望的儒者学士,他们屈尊亲自前来求学,赵达都守秘不告诉他们。太史丞公孙滕少年时就拜赵达为师,勤苦学习了多年,赵达答应把这一术数教给他有些年数了,但每到要讲授时,总又停下不说了。公孙滕有一天准备了酒食,等候赵达脸色很好时跪在地上叩首请求。赵达说:"我的先辈得到这套术数,是想谋求做帝王的老师,从他任职以来已经三世,还没有超过太史郎,我实在不想传授下去了。况且这套术数精微深妙,开始用乘法,结尾用除法,是一次算定的方法,就是父子间都不轻易说知。但因你好学不倦,现在我还是传授给你吧。"饮酒数巡后,赵达就起身拿出两卷帛书,书厚有如手指,赵达说:"如果抄读这书,那就自己明白了。我长时间没看了,有些地方回想不起来,现在先看看思考归纳一下,几天后把书给你。"公孙滕按期前往,到达后,赵达假装寻找那本帛书,又惊呼丢失了,说:"我女婿昨天来过,必定是他偷走了。"终于没有让公孙滕看到那书,两人的关系从此断绝。

起初,孙权出兵征讨时,每次都让赵达进行推算,结果都像他所说的一样。孙权询问他的推算方法,赵达始终不说,因而被孙权疏远,待遇和职位都没有提升。《吴书》中记录,孙权229年称帝后,让赵达推算自己当皇帝会有多少年。赵达说:"汉高祖做皇帝十二年,陛下是他的二倍。"孙权非常高兴,身边的人都连呼万岁。后来孙权到252年去世,按照古代的虚年记岁法,孙权做皇帝果然是二十四年。

赵达经常嘲笑那些观看星象风气搞占卜术的人说:"应当回到帷幕密室里,不出门户就知晓天意才好,现在反而白天黑夜站在露天之下观察气象征候,这不是太难了吗?"他闲居无事,就用术数推算自己,叹息说:"推算出在某年某月某日,我将寿限终了。"他的妻子多次看到他推算灵验,听了这话就哭泣,赵达想消除妻子的悲伤,就重新推算说:"前面算

223

错了，寿限还没到呢！"后来他在推算的日期死去。

孙权听说赵达有书，派人去索求而没有得到，就审问他的女儿，后来还挖开赵达的棺材也无所获得，赵达的九宫一算之术就失传了。

号称"神明"的刘惇 刘惇字子仁，平原（治今山东平原南二十公里）人，因战乱而离开家乡避难，后来到了庐陵（治今江西吉水东北），就在孙权堂兄孙辅手下干事。因刘惇知晓天官懂得占卜而闻名南方，每当有水灾、旱灾或贼寇作乱，他都预先推测出时间地点，没有不被他说中的。孙辅对此感到惊异，于是任命刘惇为军师，全军都尊敬奉侍他，称他为"神明"。

孙权在豫章时听说有星象变化，以此询问刘惇，刘惇回答说："灾难在丹杨郡（治今安徽宜城）发生。"孙权问："情况如何？"刘惇回答："客胜主人，到某天会得到消息。"当时边洪（又作边鸿）作乱，杀死丹杨太守孙翊（参见3.4.3《孙翊与他的寡妻孤子》），结果正如刘惇的预言。

刘惇对各种术数都很精通，尤其知晓太乙占星术，每次都可以将事情推演出来，他深通其中的关键和微妙处。刘惇著书一百多篇，名儒刁玄称道这些书内容新奇。刘惇也十分珍惜他的方术，不告诉他人，所以后世没有人能清楚他的占卜之术。

《吴录》中提到，吴范、赵达、刘惇等八人，世人赞赏他们预测机妙，称他们为"八绝"，即是绝无仅有、失去不会再来的意思。陈寿在介绍了上述占卜人物的活动后议论说，这些占卜的人士对自己掌握的技术非常精通，他们投入的心思极为机妙，然而君子耗费心神，应该投注在大事和久远的事情上；凡是有识之士，应该在事情的大小和远近上有所取舍才好。看来陈氏是赞赏这些人物的技术精深，但对他们的职业选择还是颇有微词的。另外能够看到，这些方士们的技术手段来之不易，他们曾经恃术为生，因而似乎沉迷于自己的精深技术，不愿对外人有丝毫透露，难免有些抉术自重，故弄玄虚之意，反而让自己有限的研究成果淹没在历史的风尘中。

3.9（11）术士引起的神异话题

陈寿在介绍了江南几位占卜人物的活动后议论说，君子在职业选择上还是应该有所取舍，应该把自己的心神和精力投注在大事和久远的事情上才好。他对这些人物的职业选择及其人生境遇看来是颇有微词的。《三国志·吴书十八》在篇末引注了晋朝史家孙盛的一段议论，其中说：一些神秘的事情其实没有确定结论，在这种前提下要预料未来的事情，就是春秋时善推灾祥的裨灶、梓慎也没有绝对把握，何况其他技艺低下的人物。他继续指出：史书上说赵达当时推知东南有帝王之气，所以离开家乡来到江南。但北方魏承汉统，在中原之地接受天命而立国，难道赵达就不能预先看到其征兆，反而要流落到吴越之地；另外，他既然不能知道保守占卜之术的消极后果，以至受到当时人们的鄙薄，怎么能相信他这样的人可以看透天道而识辨帝王的符瑞呢？孙氏认为有些事情在流传中，由于人们追求奇异的心理，所以会把事情渲染得过分神奇。据此孙盛也主张君子应该把自己的关注力投注在重大的事情上，他大约也是借此提醒后世之人不要因迷恋神奇的事情而在人生道路上选错方向。

当然，也有史家对孙盛的议论不以为然，如裴松之本人就认为赵达有他自己特定的人生选择，不能一概否定。裴松之在篇末还引注了几篇资料，其中包含一些更为神奇的事情。无论裴氏选引下面这些事情的用意何在，能够从中看到这类神奇性记录的大量存在，人们可以凭借自己的认知判断力辨析这些记录的真假，看到其与客观真实性的距离大小。

东晋葛洪所撰《抱朴子》中记录，当时有个葛仙公，每饮酒醉后就进入别人家门前的陂水中卧睡，几天后才出来。这位葛仙公曾跟从吴主（指孙权）到浏洲（今江苏南京西南江宁镇西长江中的一洲，也称溧洲），返回时遇到大风，众位官员乘坐的船多被打翻沉没，葛仙公的船也遭沉沦，吴主感到非常怅恨。第二天他派人打捞葛仙公的船，同时自己登高观看。过了很大一会儿，却见仙公从水上蹑步而来，衣服鞋子都不曾沾水，而面有酒色。相见后仙公说："我昨天跟从着您，但伍子胥见面相请，前去后他摆上了酒，一时走不开，所以没赶上和大家在一起。"看来这位葛仙公对前一天发生的沉船之事竟然一无所知，他是和春秋先贤伍子胥一块喝酒去了，而且他在江面上行走如履平地。这里的葛仙公颇有葛洪的影子，他既然有如此神通，但却为何对不在现场的沉船事件也毫无感知。

同一资料中还有记录说，有一位叫姚光的人，身有火术，属于一种避火的技术吧。吴主亲自到场观看，众人聚积起几千束荻草，让姚光坐在上面，又用几千束荻草将他裹住，等到烈风来临时将其点燃。荻草烧尽后，大家都以为姚光已经化为灰烬了，但却见他端坐在灰中，抖抖衣服站立了起来，手里拿着一卷书。吴主取来那本书观看，看不懂上面的内容。看来姚光的避火技术非常了得，他在关键时候能成为烧不烂的钢铁侠，比钢铁还要厉害。如果说这是他肉身修炼的结果，但他身上穿的衣服，手中拿的书本为何也能经受得住烈火而不被焚毁，难道这些死物能一下子变成有灵的修炼物。

又有记录说，吴景帝孙休生病，想请一名巫师来探视检查，后来找了一位巫师前来，景帝想试试他的本领，于是杀了一只鹅，将其埋在花园中，上面架起小屋，里面放置床与桌几，把妇人的鞋子衣物摆在上面，此后请巫师来看视，并告诉他说："如果能说出这坟墓中鬼妇人的形状，就会相信你并加赏。"孙休在这里对巫师的判断有意作出了多方面误导，这位巫师看后当天太阳快下落了仍然没有说话，孙休着急地催问，巫师说："实在看不见有鬼，但见一头白鹅站立在坟墓上，所以不能很快回复，怀疑是鬼神变化扮作这形状，应该等候真形显露出来才能确定，但该形状一直没有发生变化，不知什么原因，我不敢不以实情上报。"孙休于是对其厚加赏赐。

孙休显然是相信了巫师的观察辨识，他在受到误导时仍然能看到坟墓上站立着一只白鹅，与坟中之物相去不远，而资料作者正是借此显示巫师的辨识能耐。然而清代学人何焯就曾针对指出："这事必定是巫师先得到了孙休身边人的提示，等到催问他时方才说出来，进而孙休相信巫师看到了鹅的形状。"他对巫师的判断直接做出了否定。其实这里的关键问题是鹅死后是否有魂灵显示其形状，如果没有，巫师看到站立在坟墓上的白鹅形状就是他编造的谎言；如果有，那巫师对看到的真实状况为何不敢认定并上报，却偏偏要视为其他鬼神演变的形状？这也正好说明了何焯所言的正确性。

葛洪所撰《神仙传》中记录了一事：有一位仙人介象，字元则，会稽人，他有多种方术。吴主听到后征召介象到武昌，对他非常恭敬和看重，

<<< 3.9 守成时期的功臣与术士

称为介君,为他建起了宅第,供给他皇宫用的御帐,前后赐予累计达千金,主要是想跟从介象学习蔽形之术,即能把身体隐蔽起来的神秘方法。一段时间后他想做个尝试,在返还后宫及后来走出殿门时,竟然没有看见他的人。他又让介象作出各种变化,种下瓜菜百果,都可以立即摘下来食用。吴主与介象一块儿议论什么鲙鱼吃起来最美,介象说:"鲻鱼最好。"吴主曰:"只说近处的鱼,鲻鱼出自海中,怎么可能得到呢?"介象说:"可以得到。"他让人在殿庭中围起一个方池,汲满水,找来钓钩,介象施上鱼饵,在池中垂钓。不一会儿果然钓上来一条鲻鱼。吴主非常惊喜,询问介象说:"可以吃吗?"介象说:"专门为陛下钓取来作生鲙的,怎么能钓来不可吃呢!"于是让厨师拿去切鱼。吴主说:"听到前次蜀国来的使者说,用蜀姜调味很好吃,遗憾的是没有蜀姜。"介象说:"蜀姜很容易得到,请派遣一位使者,并交给他钱就行。"孙权命身边一人前去,把五十钱交给他。介象画出一符,将其贴在一竿青竹杖上,让使者骑着杖闭上眼睛,杖停下来,便去买姜,买完后再闭上眼睛。此人按照介象的吩咐骑杖,一会儿就停了下来,已到成都,他不知道是什么地方,就问别人,人说这是蜀地市场中,他就买姜。这时吴国使者张温正在出使蜀国,两人在市场上见面相遇,感到非常惊奇,张温还写信让捎回他家中。这位使者买完姜后,手拿书信背着姜,骑杖闭目,很快又返回吴国,这时厨师切鲙鱼刚结束。这位有方术的介象可以随时种下瓜果摘下来食用,可以在临时建起的水池中钓取大海中才有的鲻鱼,可以为人画符骑杖,送他到想要去的很远地方,真是一位活神仙!

裴松之引注了葛洪所记的上述几件神奇之事后说道:"事情看起来颇为惑众,但因其书文流传于世,所以将其选摘置于篇末。这些神奇之术,怎么能够揣度判断呢,如果要勉强地作出臆断,认为属于惑众之言,那正是所谓'夏虫不知冷冰'。"在对诸多神奇事情的看法以及对占卜术的理解上,陈寿与裴松之两位史家的思想理念迥然不同,前者记述了一些事情,但是基本持否定的态度,并且得到了稍后孙盛的某种倾向性赞同,而后者裴氏则拒绝作出臆断,基本持有不可知的态度,主张允许流传,希望人们自己作出判断。

3.10　衰落国度中的臣僚

后孙权时代是孙吴政治逐渐衰落的时期，在此期间除过孙亮在位时几位权臣专权而迅速致败外，意欲自掌国政的孙休和孙皓身边其实没有真正的国政辅佐人，掌政十六年之久的孙皓更是以暴虐手段破坏了国家政治的正常生态，毒化了贤臣良弼生长的应有土壤，吴国后期的政治氛围中映照着其所以衰亡沉没的因果。

3.10（1）与权臣孙綝抗争的滕胤

252年孙亮执政开启了东吴政权的后孙权时代，因为皇帝孙亮年幼，国家政权相继由权臣诸葛恪、孙峻与孙綝掌控。朝廷中拥有一定权位的人物，都面临一个政治上的选择站队问题，这都是由他们的价值理念和相应的社会关系所决定的。《三国志·滕胤传》及其引注介绍了滕胤的出身与社会关系，记述了他在朝臣与权势人物政治争斗中的行为表现，以及后来与权臣孙綝的正面抗争及其悲惨结局，展现了其时吴国高层政治斗争的复杂性。

滕胤字承嗣，北海剧县（治今山东昌乐西）人。他的伯父滕耽、父亲滕胄都与扬州刺史刘繇为家乡时的世交，因为世道扰乱，于是渡过长江依附刘繇。刘繇大约是194年被东汉朝廷任命为扬州刺史，两年后即被孙策打败而逃亡（参见3.5.1《败于孙策的扬州牧刘繇》），滕氏移居江东避难应该约在195年。孙权在209年被荐举为车骑将军后，滕耽被任用为右司马，他以为人宽厚而受到称赞，不幸早逝，没有后嗣。滕胄善于写文

3.10 衰落国度中的臣僚

章,孙权以宾客之礼相待,大凡有军政方面的文书,孙权总是让他增删和润色,但滕胄也不幸早逝。

孙权在221年被封吴王后追录旧臣之功,特意任用滕胤为都亭侯。滕胤在少年时就颇有节操,他十二岁时成为孤儿,长得白净,为人仪表出众,相貌堂堂。滕胤在孙权身边任职后,每月正朔之日上朝,看见他的大臣们无不叹赏。滕胤二十岁时娶了孙权女儿为妻,孙权因为滕胤的缘故也增加了对公主的赏赐,并多次加以慰问。孙权的这位女儿史书上没有其他记载,她的具体情况人们并不知晓。另有资料说,吕据、滕胤都是孙壹的妹夫(参见3.4.1《孙静及其子孙的多样人生》下),人们据此认为滕胤先后有两位妻子,孙权的女儿是其原配夫人,因为早年离世,史籍中没有记录下她的信息。

滕胤三十岁为丹阳太守,后来调任吴郡、会稽郡太守,他在任职地都受到人们的称赞。滕胤在职任上经常上表陈述时事,论及百姓生活的优劣,他在上表中还多次对朝廷的政策力图作出匡正补救。滕胤每次审听辞讼和断狱判罪,都会察言观色,务必尽于情理,如果诉讼人有冤屈悲苦之事,他会当面流泪。251年孙权病重,滕胤被召到建业留任太常,次年与诸葛恪等人一同受遗诏辅政,太子孙亮即位后加滕胤为卫将军。

诸葛恪在掌政后于253年准备组织大军北伐曹魏,滕胤劝谏说:"您在换代之际接受了伊尹、霍光一样的重托,入则安定国政,出则摧毁强敌,名声传扬海内,天下无不震动,现在百姓的心愿,是期望依靠您得到安宁。如今在大兴劳役之后又兴师出征,百姓疲惫,国力空虚,对方君主有所防备,如果攻城而不能取胜,野战无所斩获,这就会丧失以前的功绩而招致责备。不如按兵息师,伺机而行,况且出兵作战是大事,事情要靠大众才能成功,众人如果都不高兴,您岂能独自安心?"(参见3.3.1《诸葛恪穷兵黩武》)滕胤向刚愎自用的诸葛恪提出了一个非常现实的问题,其中贯穿着以民为本、抚众为安的理念,可见他对孙权选定的辅政人诸葛恪还是以真诚之心相对待的。

诸葛恪认为魏国皇帝曹芳暗弱,而其朝廷执政人心志不一,正是讨伐的好机会,因此拒绝了滕胤的劝谏,并且责备说:"大家说不可出兵,是他们都没有计虑，心怀苟且偷安的心思，而您也这么认为，我还有什么指望？"诸葛恪从少年时就一直自视甚高，这里是把滕胤视作知己和富有计虑的同党看待的；另外，滕胤的女儿嫁给诸葛恪之子诸葛竦为妻，滕胤与诸葛恪为儿女亲家，这更增加了他们间的亲密关系。诸葛恪很快组织起二十万部队进军魏国，同时任命滕胤为都下督，总管留守事宜，这是把后方的留守任务全交给了他。

滕胤的责任越大，他接待宾客就越勤奋，而各种表奏文书都是亲自处理，从不推给下属。他经常在白天接待宾客，晚间处理各类文书，有时候整个晚上都不能睡觉。他是一位对国事高度负责的勤奋谨慎之人。

诸葛恪这次北伐失利后声望大跌，同年冬吴主孙亮与武卫将军孙峻合谋在诸葛恪入宫觐见时将其斩杀，史料中记述了滕胤在当天对诸葛恪行为的影响（参见3.3.2《诸葛恪之死》）。事后孙峻升任丞相，开始独专国政，而滕胤因为与诸葛家的婚亲关系，他在诸葛恪被杀后主动向孙峻提出辞职请求，孙峻说："鲧之罪不会牵连到禹，你何必这样呢？"孙峻和滕胤虽然内心不甚融洽，但处理朝廷事务却能互相包容，于是他晋封滕胤为高密侯，二人像以前一样一起共事，滕胤在孙峻手下表现出了应有的忍耐与和顺。

256年，三十八岁的孙峻在北伐曹魏途中病故，他临终把后事托付给了自己二十五岁的堂弟孙綝。孙峻对国家权力的私相授受引起了吴国君臣内部的争斗，骠骑将军吕据听说孙綝代替孙峻辅佐朝政，心中大怒，就与诸位都督、将领们连名上表推荐滕胤为丞相；而孙綝则改任滕胤为大司马，让他代替不久前逝世的吕岱驻守武昌。吕据立即率军返回，派人通知滕胤，密谋推翻孙綝；孙綝闻知情况后，一方面派出几路部队攻击吕据，另外又派侍中左将军华融、中书丞丁晏去告诉滕胤，让他迅速离开都城前往武昌（参见3.3.3《孙峻孙綝的专权》上）。滕胤自认为灾祸已经来临，就拘留了华融和丁晏，随后整顿军队以自卫，并向典军杨崇及羽林督孙咨说是孙綝作乱，逼华融等人作书驳斥孙綝。孙綝则上表说滕胤造反，派将军刘丞领兵围困滕胤。滕胤逼迫华融、孙咨矫诏发兵协助自己，华融因不从而被杀。

230

滕胤与吕据是联合行动的，他以为吕据会很快返回京都与他会合，于是继续等待，但吕据的部队其实被孙綝派出的几路部队堵在了半路上不得前进。有人劝滕胤领兵到苍龙门，提议说："将士们见您出来，必定离开孙綝而跟从您。"当时已经过了半夜，滕胤觉得自己难以向宫中发兵，就勒令部曲不得散乱，并说吕据的军队已经返回到了附近的路上，因此手下兵士都为滕胤尽死守护，没有一个离散的。滕胤脸不变色，谈笑如常。当时刮起了大风，到了拂晓，吕据仍然没有到来，而孙綝的部队则大举进攻，乱军杀死了滕胤及手下将士数十人，并诛灭了滕胤三族。而吕据也在几路军队的合围中不得已自杀（参见3.7.17《死于非命的吕据与朱异》），同样被灭三族。

史家裴松之对此议论说："孙綝虽然凶残暴虐，但他此前与滕胤并没有任何隔阂，滕胤如果顺从孙綝的安排，离开京都去驻守武昌，自然会免除当时的祸患，保持长久的平安，但是他却临事触祸，自取诛灭，实在是一场悲剧！"然而应该看到的是，由于相同的价值理念，以及特定的政治与婚亲关系，滕胤本来就是诸葛恪的政治盟友，他在孙峻当权时双方一时达成表面的包容谅解，是忍让了权臣的作为，而在孙綝仓促间接掌了国家权力时，他难以继续忍让，加之拥有相当军事势力的连襟吕据已经出面挑头，滕胤要在吕据与孙綝之间作出站队选择，他自然站在了与权臣孙綝公开对抗的立场上。

滕胤的妻兄孙壹当时假节驻守夏口，他的两位妹夫吕据与滕胤同时与孙綝对抗而被杀，孙壹因害怕受到牵连，于是率部曲千余口逃奔曹魏（参见3.3.3《孙峻孙綝的专权》下）。直到孙休258年即位诛杀孙綝后，下诏说："诸葛恪、滕胤与吕据本来无罪，是受到孙峻与孙綝兄弟的残害，我为此感到痛心，应将他们都很快改葬，并加以祭祀；因为他们而牵连被流放的人，都全部召还。"滕胤家族至此才得以平反。

3.10（2）把吴国推向灭亡之路的濮阳兴

后孙权时代二十八年间吴国动乱迭起、政局动荡，孙休在执政后似有推出方案、重振国势的志向，但受其个人格局的限制，没有有效的治国措施，而他所重用的濮阳兴、张布等人也实在缺乏应有的政治素质，在国家权力位置上胡乱作为，错失了挽救国运的最后机会。《三国志·濮阳兴传》及其引注与《三国志·吴书·三嗣主传》等处介绍了濮阳兴在吴国孙休执政期间受到重用后的行为活动，记述了他在孙休死后选择君主问题上的昏聩决策，表现了这一国家掌政人低劣的品质和能耐，他是吴国最终走向死亡之路的一大推手。

濮阳兴，字子元，兖州陈留（治今河南开封）人。他的父亲濮阳逸在东汉末年躲避战乱来到江东，官至长沙太守。濮阳兴年轻时有士人的声名，孙权曾任用其为上虞（治今浙江上虞）县令，后来升任尚书左曹，为有特定分工的尚书；又曾以五官中郎将的身份出使蜀国，返回后被任为会稽郡（治今江苏苏州）太守。濮阳兴此前虽然没有出众的成就，但在职场上还是顺风顺水，平稳进展的。

因结交孙休而入朝受宠　当时孙权的第六个儿子琅邪王孙休被诸葛恪迁往丹阳，因受到丹阳太守李衡的多次侵扰，在本人的请求下朝廷安排孙休迁居会稽。时任会稽太守的濮阳兴与他交结深厚，等到孙休在258年即位后，即征召濮阳兴入朝担任太常、卫将军，负责军国事务，封爵外黄侯。外黄（治今兰考东南二十公里）为陈留郡下属之县，濮阳氏就出自该县，孙休是有意将濮阳兴封为本县之侯，可见对他的看重和宠幸。濮阳兴当时在朝中成了皇帝孙休最亲近的臣属，与他同时受到信任的还有先前担任会稽王督将的左将军张布。

在内政决策上招致民怨　260年，吴国都尉严密提议修建丹杨湖田，筑浦里塘，这是在今安徽当涂东与江苏高淳、溧水交界处的石臼湖。孙休诏令百官相聚商议严密的提议，大家都认为工程费工太多而湖田不能保证造成，只有濮阳兴认为可以成功，濮阳兴是新皇帝最信任的人物，事情大概就顺着他的意思决定下来了，于是朝廷召集众多兵士和百姓前往修建，工程大约是建成了（参见3.8.8《逆鳞谏君的陆凯》中），但耗费人力财力不可胜数，士卒死亡逃跑和自杀的很多，百姓为此非常怨恨濮阳兴。

262年，孙休任命濮阳兴为丞相，濮阳兴和张布二人受到尊崇而执掌朝政：张布主管朝内官署，濮阳兴主管军国之事，二人在朝廷内外相互勾结、阿谀欺蒙。孙休曾宣称要君臣共担荣辱，共同为国家兴盛而努力，而他在治国实践中却一味偏重过去与自己相好的官员，君臣一体完全成了一句空话。他们君臣实是逆民情而行事，吴国人为此非常失望。

对待交州叛乱的偷安心态 263年二月，吴国交趾（治今越南河内东北）有人因为劳役加重而图谋作乱，郡中吏员吕兴等人借此煽动士兵和百姓，招诱各少数民族部落反叛，九真（治今越南青化）、日南（治今越南广平美丽县）二郡也都起而响应。丞相濮阳兴从南方屯田的人众中选取了一万人组成军队，又从武陵郡（治今湖南常德）中划分地盘设置天门郡（治今湖南慈利东北），准备据守险要，截断南方叛军向北的进路。面对南部交州出现的叛乱，他并未派出出征平叛的部队，也未实行有效的安抚，而是堵住叛军进击之路，只想保持中心地区的安全，这是一种放弃交州的消极退避的处置方式，作为丞相的濮阳兴在此显示了严重的偷安心态（参见3.3.8《孙休执政的终结》），也显示了他治国上的无能。

在孙休身后的昏聩决策 264年五月，孙休卧病在床，他口中说不出话，于是手写便条叫丞相濮阳兴入内，又让太子孙𩅦出来拜见濮阳兴。孙休拉着濮阳兴的手臂，手指着孙𩅦托付给他，几天后三十岁的孙休去世。孙休生前明显是想把权力交给儿子，他是把濮阳兴作为托孤之臣对待，想必濮阳兴也是当面应诺了的。孙休去世后，大臣们提出上一年蜀国刚刚灭亡，交趾的吕兴又聚众反叛，国家形势十分严重，应该选定一位年长的君主来执政。当时左典军万彧曾经担任过乌程（治今浙江吴兴南十二公里）县令，与乌程侯孙皓相友善，就向濮阳兴极力推荐说："孙皓的才识和明断能力，可以和长沙桓王孙策相类比；同时又非常好学，遵奉法度。"濮阳兴和张布于是认可了孙皓。

在这里，孙休在世时因为信任和重用濮阳兴两人而与臣民们存在隔阂，他死后大臣们想要改变孙休安排的继位人选，这是可以理解的；但濮阳兴和张布两人是孙休执政和用人方针的受益人，他们竟然也同意了大臣们关于改变孙休继位人选的意见，对孙休临终时的托孤承诺就根本没有打算兑现。濮阳兴显然不明白自己在朝政关系中的政治站位，也缺乏传统文化中一直崇尚的忠诚和信用。当然，大臣们关于选择年长者为君主的意见是以为国运考虑的借口提出来的,似乎也不无道理,濮阳兴同意了这一提议,好像也有些为了国家而不顾私情的情怀,但根本的问题是,他与张布并没有考察到的理想人选,同时对万彧所荐举的孙皓并无丝毫了解,也并不准备作出必要的打探,就决定改变孙休的继位安排而迎接孙皓为君主。濮阳兴本来是在决定国家命运和个人命运的问题上掌控着关键性的权力,而他在并不知情的情况下因为轻信而作出了草率的选择。

决定作出后他又劝说孙休的夫人朱太后,提出想要立孙皓为继位皇帝。朱太后说:"我是个寡妇,怎能考虑国家的大事,只要吴国不遭陨灭,宗庙有所依赖,就可以了。"于是群臣们就迎立孙皓继位(参见3.3.9《孙皓继位》),在濮阳兴的主持下孙皓被推上了皇帝之位。事实表明孙皓是吴国历史上最昏庸残暴的皇帝,正是这一推举窒息了吴国最后的振兴机会,最终把国家导入了难以逆转的灭亡之路。

个人的悲剧性结局 孙皓即位后加授濮阳兴为侍郎,又任命其兼任青州牧,算是给了功臣应有的奖赏。而孙皓在自己地位逐渐巩固后,开始变得粗暴骄横,他沉湎于酒色,在政治上胡作非为,全国上下大失所望,濮阳兴、张布也暗自后悔。不久万彧谮毁说濮阳兴、张布悔恨原先迎立孙皓为帝。当年十一月初一上朝时,孙皓借机收捕了濮阳兴与张布,将他们流放到广州,又派人在半路上将两人追杀,并夷灭了他们三族。

史家陈寿在篇末评论说:"濮阳兴身居宰辅之位,不考虑治国的大略,与张布勾结为非,采纳了万彧的一面之词,受到诛杀和夷族正是当然的结局。"政治人物的结局和国家的命运往往是联系在一起的,一度执掌国家权柄的濮阳兴并非有意毁灭吴国,但他推举孙皓为皇帝的昏聩作为无异于把国家推向了灾难的深渊,最终也导致了自己悲剧性的人生结局,这也是德才不堪之人占居高层权力位置后胡乱作为而难以避免的下场。

3.10(3) 孙皓迫害致死的王蕃与楼玄

推举孙皓为帝本是吴国群臣试图避免少主执政引起亡国之祸的努力,但未料却让国家蒙受了巨大的政治灾难。孙皓即位时二十三岁,的确不像孙亮那样年少难掌国事，不需要有大臣代替他做出决策，但他处政荒唐，同时采用残酷暴虐的手段对待臣僚。《三国志·吴书二十》及其引注分别记述了吴国高官才士王蕃与楼玄的事迹以及他们的不幸结局，介绍了孙皓对二人的残酷迫害过程，表现了当时吴国政治的昏暗不堪及其走向灭亡的必然性。

被虐杀的天文学家王蕃 王蕃字永元，庐江（治今安徽庐江西南）人，生于228年。他博览多闻，兼通多项术艺，包括数学、天文，开始在吴国为尚书郎，后来去官辞职。孙休即位时，他与贺邵、薛莹、虞汜等同为散骑中常侍，加授驸马都尉，这些都是二千石的皇帝侍从亲近之职，当时人们认为他很清廉。朝廷派遣他出使蜀国，受到蜀国人的称赞，返还后担任夏口监军，监督吴国夏口各路部队。

264年孙皓即位之初，王蕃又入朝担任常侍，为侍从皇帝左右随事谏言的二千石三品高官，与万彧职务相同。万彧与孙皓是旧交，他仗着与皇帝的关系，常粗俗地欺辱王蕃，说王蕃自我轻贱；另有中书丞陈声是孙皓宠幸的近臣，多次在孙皓面前谗言毁谤王蕃。王蕃为人气质高亮，不能看人脸色而行事，有时或违忤孙皓的意旨，时间长了即受到责备。

266年丁忠出使晋国回国，孙皓设宴大会群臣，王蕃饮酒大醉，倒在地上，孙皓怀疑王蕃有意不敬，很不高兴，让人把他抬到了外面。不一会儿王蕃请求回来，酒醉尚未全醒。但王蕃因为平时就气势威严，所以此时举动自若，孙皓大怒，他是怀疑王蕃此前故意装醉，于是要处死王蕃。卫将军滕牧、征西将军留平求情，孙皓没有答应（参见3.3.11《荒唐的治政》），他喝令手下人将王蕃斩杀于殿下。

《江表传》中有不同的记录说：孙皓听从了巫史之言，认为建业城的宫殿不吉利，于是西巡武昌，有迁都之意，他恐怕群臣不服从，于是设宴大会群臣，给各位将吏赐酒。席间询问王蕃说："'比射箭，主要不看是否射穿箭靶，因为各人力气大小不同。'孔子说这话是什么意思？"王蕃正在考虑，还没有回答，孙皓就呵令在殿上斩杀了王蕃。其后他出殿登上不远处的来山，让左右亲随在山间抛掷王蕃的首级，又让他们像虎狼那样将其争抢啃咬，以此作为游戏，直到首级碎裂。孙皓想以这种方式展示自己的威严，使群臣不敢触犯他。

根据《晋书·天文志》等资料所记，王蕃深通天文，他根据张衡的浑天说和自己长期观察天象的体会，经过周密设计，在张衡原来的基础上重新制作了浑天仪。这个浑天仪比张衡的灵巧，移动方便；可标明日月星辰的运行，由此可以制订历法。王蕃还在数学方面修改并发展了张衡的天文数学，修正了张衡球体积公式中取用 π 的圆周率，他的圆周率更为精确些。

王蕃被虐杀时三十九岁，推算为228年出生。在他逝后孙皓将他的家属流放到了广州。丞相陆凯后来上奏说："常侍王蕃内修美德外明事理，知晓天道了解万物，侍奉朝廷正直忠心，是社稷的重臣，大吴的龙逢啊！从前他侍奉景帝（指孙休），进谏献策于左右，景帝钦佩赞赏他，赞叹他卓越超群。而陛下恼恨他说话刺耳，厌恶他直言对答，将他斩首于殿堂，抛尸于野外，国内人民为他伤心，有识之士为他悲悼。"（参见3.8.8《逆鳞谏君的陆凯》下）陆凯的上奏基本上是客气地表达了当时王蕃被虐杀时的民情舆论。

流放交趾而自杀的楼玄 楼玄字承先，沛郡蕲县（今安徽宿州东南）人。吴景帝孙休在位时楼玄担任监农御史，这是协助御史中丞掌管农业经济的属官。264年孙皓即位后，楼玄与王蕃、郭逴、万彧共同担任散骑中常侍，出朝担任会稽太守，又入朝担任大司农，这是掌管国家财政收支的二千石三品官员。过去皇宫中主事官员都是选用皇帝亲信担任，万彧向孙皓陈说了这事，孙皓就命令有关官员，让寻找忠诚清正的人以符合选用，于是任用楼玄为宫下镇（京都建业所属的一处城镇）禁中候，负责殿中诸事。楼玄以九卿身份持刀侍卫孙皓，以自己的行为为众人做表率，奉守法律行事，应对恳切忠直。但他多次违背孙皓的心意，渐渐受到责怪恼怒。后来有人诬告说楼玄和贺邵相遇，停下车低声耳语后大笑，谤讪政事，孙皓遂下诏对楼玄责问追究，并送交到了广州，属于贬徙。

东观令华覈上疏说："臣私下认为治国的道理就像治家。负责田间劳作的人都应贤良诚信，另外应找到一人总管各项事务，定出纲领，才好治理各种事务。《论语》说：'无为而治的人，大概只有舜吧，自己恭谨端正看着别人就行了。'是说任用的人称职，自己就悠闲安逸。如今海内尚未安定，天下事情繁多，如果事情无论大小都去过问，做事都要经过陛下同意，会使陛下劳损圣虑。我日夜思考，众位官吏中，能承担重要的事务，足以委用信任的，没有人比得上楼玄。楼玄清正忠诚而敬奉公事，是当下最出色的，众人都佩服他的操行，没有人在他之前。请求陛下赦免楼玄先前的罪过，让他改过自新，提拔他主管朝廷各部门，让他按照官职选择人才，根据才能授予职位，那么像舜那样只要端正自己就能得到天下大治的情况，我们现在很快就能得到。"华覈是执掌国家图书典籍和国史修撰的官员，他的上疏是希望孙皓放手任用人才以便更好地治理国家事务，也是想借此以免除对楼玄的流放。

但孙皓顾忌楼玄的名声，反而将楼玄和他的儿子楼据流放到交趾郡（辖境为今越南北部），这是岭南交州更为偏远的地域。孙皓将楼氏父子交给交趾将领张奕，让他们在作战中自己效力，又暗中命令张奕杀死他们。楼据到交趾后因病去世，楼玄一人跟随张奕讨伐贼寇，持刀步行，见到张奕就叩拜，张奕不忍心杀他。后来张奕暴病去世，楼玄收殓安葬张奕，在他的遗物中看到了孙皓的诏令，随即自杀而死。他大概是从孙皓的诏令中看到了皇帝对他的真正态度，对国家的振兴和自己返回故土失去了最后的希望，也为儿子的离世而伤痛，为此而丧失了生活的信心。楼玄死后，孙皓在275年贺邵被杀时同时下令诛杀了楼玄的子孙。

《江表传》中有另外的记录说，孙皓派遣将军张奕赐给楼玄鸩酒，张奕觉得楼玄是个贤良之人，不忍心向他宣诏送药，楼玄后来私下知道了这事，他对张奕说："如果把事情早告知，我楼玄还有什么可珍惜的？"当即服药而死。无论如何，受到多位官员敬慕和荐举的楼玄因为忤逆孙皓的意旨而受贬，又因为他的良好名声而受到孙皓的特意迫害，最终自杀而亡。孙皓统治下的吴国已经没有了正值有为之士奋斗与生存的空间。

3.10（4）上疏谏言而遭忌杀的贺邵

吴国朝廷在后孙权时代也不乏忠诚救国的人士，但在昏庸皇帝孙皓的暴虐统治之下，他们挽救时局的一切努力都毫无例外地受到打击迫害。

《三国志·贺邵传》记述了贺邵向孙皓陈述吴国政治现状及民间疾苦的一封上疏，从上疏中能看到贺邵许多正确的治国理念，以及孙皓统治下吴国社会政治中的许多问题，从贺邵遭受迫害的结局中也能看到吴国政治在后期无可救药的衰败。

贺邵字兴伯，会稽山阴（治今浙江绍兴）人，是贺齐的孙子，贺景的儿子（参见3.9.1《境内平叛的不败将军贺齐》）。孙休258年即位时，贺邵由中郎改任散骑中常侍，应是受到提拔升职，贺邵后来出朝担任吴郡太守。《世说新语·政事篇》中记述，贺邵任吴郡太守，刚到任时足不出门，吴中诸家强族颇为轻视他，就在官府大门上写下："会稽鸡，不能啼。"贺邵听说后故意外出，走出门后回头观看，于是要来笔在句下补写上："不可啼，杀吴儿。"于是到豪门望族的宅邸，查核顾姓、陆姓家族中奴役官兵和藏匿的逃亡人口，然后把事情全部报告朝廷，获罪的人非常多。其时担任江陵都督的陆抗也受到牵连，便特意往建业请求朝廷相助，事情才得以了结。这事情表明贺邵做事和为政的某种方式，他处事能抓住要害，对艰难的事情果决而无畏。264年孙皓为帝执政时，贺邵入朝担任左典军，后升任中书令，兼任太子太傅。

孙皓凶狠残暴，骄横自负，国家政事日益衰败。贺邵于是上疏直言，其中就国家政务谈论了多方面问题，他是怀着扭转国家衰退之势的真诚愿望而对新任皇帝作出规劝的。

提出了国家重用贤才的紧迫性　贺邵上疏说："古代圣明的君王，他们深居宫闱而能知晓境内万里之情，就是任用贤才的功效。陛下以杰出的德行和美好的资质统承帝业，应当率先履行道义，褒扬贤能，以做好国家各项事务。而近年以来，朝廷官列错乱纷杂，文武官员不尽职守，外面没有山岳般的守将，内部没有拾遗补阙的良臣，奸佞之徒干弄朝柄，而忠诚贤良却被排挤贬抑。故此方正被削去棱角，而庸臣却苟且献媚，于是清流变浊，忠臣噤声。陛下身处九天之位，居于百重深宫，言出而风靡，令行则影从，亲近献媚取宠的臣子，每天听到顺合心意的言辞，会认为这类人真的贤明，而天下已经太平。为臣心感不安，怎敢不把实情上报给陛下。"贺邵不回避吴国在任用官员上现存的严重问题，从而也表明了自己上疏的中心意指。

要求孙皓乐于闻过推崇忠诚 上疏中表示："我听说兴国之君乐意听到自己的过错，荒乱之君喜欢听到赞誉；乐意听到过错的，其过错日益消减而福运增加；喜欢听到赞誉的，其声誉会日益减损而祸患必至。所以古代的君王，恭敬进贤，虚己求过，而陛下现在加重刑罚以禁绝直言，罢黜贤良以拒绝谏臣，看不清毁谤与赞誉的实质，沉迷于宠臣的虚假之言。从前殷高宗思念良佐，梦中都想着得到贤士，而陛下却遗忘了求贤。原常侍王蕃对公事忠诚恭谨，才干胜任辅弼，却在他酒醉时施以极刑。近来鸿胪（执掌诸侯与四方蛮夷事务的九卿之一）葛奚，为先帝旧臣，偶尔有些违忤，不过是昏醉时说的话而已，陛下却猝发雷霆，说他轻侮傲慢，逼他饮下酖酒而亡。自此国士人人伤心，朝臣失望，为官的以退职为幸，在朝者以外任为福，这确实不是宏大伟业、兴隆德化的行为。"贺邵直接指出了孙皓在思想上未分清毁谤与赞誉，因而沉迷谄媚假言的缺失，他也提出了杀害王蕃与葛奚的错误行为以及引起的消极后果，这里至少是希望孙皓能对这些问题有清醒的认识。

揭露宠臣何定的祸国殃民行为 贺邵说："另外何定本是奴仆小人，自身没有半文钱的德行，也没有鹰犬般的才用，而陛下喜爱他奸佞媚言，就交给威权，使其恃宠放纵，擅作威福，他口定国家大计，手中玩弄权柄，上损陛下日月般的光明，下塞君子上进之路。他妄自兴起百姓劳役，发动长江沿岸的守卫部队驱赶麋鹿，在山上布置网罗，想把各处山野之兽驱集在重围中，这不能补益天时，又损耗财用，兵士们运送疲惫。我私下观察天象，近年来阴阳错乱，四时易节，日食地震，仲夏降霜，参阅典籍，这都是阴气凌阳、小人弄权所致。希望陛下能敬畏皇天告示的谴责，借鉴前代任用贤能的功德，省悟当今错授权柄的过失，驱退奸佞的小臣，广延被埋没的人才，接受直率的言辞，以此止息上天和下民的怨望。"贺邵在这里明白无误地指出了何定的问题，希望孙皓对其驱退罢黜，但他没有想到对何定的任用是出自孙皓特定的价值理念，在蛇鼠一窝的臭味相投中，他们是互相赏识利用的（参见 3.3.15《忠奸不分的昏乱作为》），贺邵的劝谏其实起不到什么作用。

指出朝政衰落带给民间的种种疾苦　贺邵表示:"《易传》中说:'国家将兴旺,视百姓如赤子;国家将衰亡,待百姓如草芥。'陛下从前在东部潜修德行,以卓茂的风采龙飞应天,四海民众延颈盼望,认为成、康之世的教化会在短期内兴隆。而自陛下登基以来,法禁变得苛刻,赋税征调更为繁杂;宫廷内的宦官小人,在州郡各处随便兴起劳役,竞相贪求暴利。百姓遭受困扰,民众疲惫于无限度的索求。地方官吏因怕担负罪责,便施以严法酷刑,折磨百姓求得供应。故此民力不堪承受,家户妻离子散。又长江沿岸的守卫部队,本应当守疆防敌并拓土开疆,而现在对他们乱加赋税,以至衣不能遮全身,食不能供早夕,所以导致父子相弃,叛逃者成群。希望陛下宽缓赋税除去烦苛,赈济穷困而抚恤贫乏,减省那些不急需的劳役,消除禁令恢复简约之法,以使人们安居乐业。民为国本,食为民之命,现在国家没有一年的储备,百姓家中没有一月可食的积蓄,而后宫闲坐而食的一万多人。宫内有离家旷守之怨,朝外有无端损耗的花费,使国库被无益的事情用尽,百姓因糠菜不足而受饿。"贺邵明白为政的根本在抚民,为此列举了荒唐治政带给民众的种种疾苦,以及国家守卫上的异常空虚状态,希望能引起孙皓的警觉。

说明国家的兴衰存亡完全在自我努力　贺邵最后说:"北方强敌一直窥伺我国的盛衰,陛下不依靠自己的威严德行,而期望敌人不来侵犯,这实在不是谋求长久克敌制胜的措施。从前大皇帝(指孙权)勤劳辛苦,在南方创下基业,开拓万里疆土,虽说承蒙上天相助,其实主要靠人的努力。现在福祚传到陛下,陛下应勉力崇尚德行操守,爱民养士,保全先人制定的治国方式,怎么可以轻视难以取得的大业,看不到国家的虚弱,忘记王朝更替兴衰的巨变呢?我听说吉凶变易无常,祸福都在于人,长江的险阻不可长久依恃,如果我们不加强防守,则皮船都可以渡过。从前秦国创建皇帝的称号,据守崤山、函谷关的险要,但不修德行教化,法律政令苛刻残酷,伤害了百姓,而忠臣闭口无言,故此陈胜振臂一呼,社稷即刻倾覆。近代蜀中刘氏占据三关险隘,坚守重山之固,可称金城石室,但因授任不依贤能,很快丧国灭亡,君臣一起成为俘虏。希望陛下强固基业的根本,割弃私情而遵循道义,如是则成康之世的政治局面就会形成,福运就会隆盛。"贺邵最后把国家存亡的问题摆在了面前,并认为这一问题完全由执政者的主观努力而决定,他是想以此警醒孙皓对国家的政治治理和任用贤能绝不可马虎对付。

贺邵的章表呈上后,孙皓非常忌恨,孙皓的亲近之臣都畏惧贺邵,于是他们将贺邵与楼玄一起谮毁,有人诬告说他们两人相遇时停下车低声耳语,然后大笑,这是谤讪政事。贺邵和楼玄二人都被孙皓诘难指斥,楼玄被押送广州,贺邵被原谅官复旧职,后来偶然中风,口不能言,离职数月,孙皓怀疑他是假装有病,将他收捕关在酒窖里,拷打千余下,贺邵始终没说一句话,他在275年被杀死,时年四十九岁,家属被流放到临海(治今浙江临海东南)。一心挽救国家命运的贺邵抱着真诚的态度上疏谏君,没有起到任何积极作用,反而遭到了孙皓的忌恨诛杀,全家受到迫害。

3.10(5)"东吴司马迁"的人生遭际(上)

三国史书中记录吴国的历史大多取材于东吴史官韦曜所撰的《吴书》,韦曜为江南著名学者,长期在江东朝廷任职,与吴国历任皇帝均有交集,主持了东吴当代史的编撰,生前即被同代臣僚称为"汉之史迁"。《三国志·韦曜传》记述了韦曜在吴国四位皇帝(孙权、孙亮、孙休、孙皓)属下任职干事的经历与为人心性,重点介绍了他受命而作的《博弈论》,以及与孙皓的矛盾演化过程,表现了一位耿直士人在国家政治衰落境遇中的不幸遭际。

韦曜,又名韦昭,字弘嗣,吴郡云阳(今江苏丹阳)人。年少时喜好学习,善于撰写文章,最初在孙权的朝廷担任丞相助手,后来被调任西安(治今江西武宁西二十公里)县令,又回到京城任尚书郎,242年孙和被立太子后升任太子中庶子,为太子侍从亲近之臣。当时蔡颖也在太子身边任职,他喜好围棋。孙和认为此事没有益处,就让几位属官著文论说此事,韦曜撰写的文论被孙和拿给宾客传阅(参见3.4.7《被陷害的太子孙和》),应该是颇能代表孙和与当时主流舆论的理念。史书载录了全文:

"听说君子会因年轻时没有建功立业而羞耻,痛恨自己到死而没有取

241

得名声，所以说'学习起来就像老赶不上一样，生怕把学到的东西又丢掉了。'所以古代有志之士，总是伤痛于年岁的流失，担心没有得到应有的名声，为此会勉励精神磨炼情操，早起晚睡，从来没有安宁休息之时，经过这样岁月的勤苦，积累起每天的进步，就像春秋末宁越那样勤奋，汉时董仲舒那样踏实，逐渐会进入道德礼义的深处，走进学问才艺的领域。即便以周文王那样的圣人，周公那样的才能，尚且需要日头偏西的勤劳和坐以待旦的思虑才可兴隆周室，留名后世，况且一般的臣民，怎么可以停息下来呢？遍观古今立下功名之人，都有不同一般的事功积累，他们劳身苦体，努力勤思，平常时节不放松事业，途穷困难时不改变一贯的心性，故此汉时的卜式立志于耕牧，而黄霸在监牢中受道，最终能得到荣显的福分，成就了他们不朽的名声。所以周人山甫夙夜勤劳，而汉人吴汉不离公门，哪里还有游玩放纵之时？

"现在社会上的人大多数不专心于经典和才艺，而喜好博弈，荒废了事业，抛弃了功业，为了博弈忘记了睡觉和吃饭，从白天玩到黑夜，点上火炬。当他们为一局博弈而争夺，胜负未决之时，会精神专注地锐意相争，内心劳损而身体怠倦，人事荒废无暇修整，远方来客顾不上接待，即便有上等的饭菜，有《韶》《夏》那样的美乐，也顾不上食用和欣赏。甚至还会押赌上衣物，在棋盘上改变所行棋路，放任廉耻意念，发作忿戾脸色，而其心中所求不过是在棋盘之内，活动也未越过对弈方格之间，战胜对手没有封爵之赏，获取地盘没有兼土之实，其技能不属六艺（指礼乐射御书数）之列，使用它不能治国。立身于世的人并不靠这种技艺，获得征召选任的人也不是通过棋盘上的路径，把它用在战阵上，那和孙子、吴起完全不是同一类型；从道艺上考察，则不属于孔子的学问；其中一味追求变化和诈术，做的不是忠信之事；声称要吃掉对方的棋子，则绝非仁者之意；只是白白耗费时日废弃事业，到头来没有任何好处。这与设立木头而攻击，放置石头而投掷有什么两样呢！况且君子居于家室中，躬身勤恳而致养父母；如果身在朝廷，则竭尽生命奉献忠诚，遇到事情尚且不能按时饮食，哪儿有功夫以博弈增加乐趣？正因为这样，孝敬友善的品行才得以树立，忠贞纯正的名声才受彰显。

3.10 衰落国度中的臣僚

"方今大吴承受天命,而海内尚未平定,朝中君臣勤恳自强,务在得到人才,勇略之士接受征战之任,儒雅之人则在府署任职。各行业相互兼容,文武人才各显其能,朝廷广选贤良,择取才俊,开设多种类别的考试,颁布钱财和爵位作奖赏,这实在是千年来的嘉会,百世间的良机。当世的人们,就应该努力追求高尚道义,热爱功名,珍惜自我精力,用以推动国家事业,使自己的名字书写在史籍,功勋记录在王室官府,这才是君子的上等事务,是今天的当务之急。

"木质的棋盘怎么能比得上方国的封土?棋子三百怎么能比得上万人之将?皇帝赐予的衮龙之服,朝廷的金石之乐,完全可以兼容并超越棋局博弈。如果当今的人把下棋的精力用在诗书上,那就是有颜渊、闵子骞的志向;如果用在智计上,就是有张良、陈平的思虑;如果用在货殖上,那就会有春秋时猗顿的富有;如果用于射御,就是具有了将帅的准备。这样,就会功名立而远鄙贱了。"

韦曜的这篇文论是受命而作,述说了君子在世应该把功名事业放在最高位置,为此就应该放弃毫无实际意义的博弈下棋行为。其中一概否定下棋娱乐的生活意义,其偏颇性的观点并非完全正确,但所持之论基本上代表了传统文化中的主流思想理念,当然也是韦曜本人所赞同的主张。后世学人将其题名《博弈论》而采编入《文选》,史家认为这是以文美而得以载录和广传的。

太子孙和250年被废黜后,韦曜任黄门侍郎。252年孙亮继位为帝后诸葛恪辅政,荐举韦曜任太史令,韦曜撰著《吴书》,华覈、薛莹等人一并参与。258年孙休登基后,韦曜为中书郎,又被任命为博士祭酒,该职位一般是由学识上最有威望的人担任,执掌国子学等文化教育事务。孙休命令韦曜依照刘向的学术风格,校核审定各类书籍,又准备请韦曜为自己侍讲经典。而左将军张布是孙休的亲近宠臣,他做事很不检点,因为韦曜生性明察精准,张布害怕韦曜为孙休侍讲先儒事迹时用古今事情警戒孙休,就坚决争辩说韦曜不能担任此职。孙休为此深恨张布,然而韦曜最终还是没有入宫(参见3.3.8《孙休执政的终结》)。韦曜在孙亮、孙休的朝廷历时十二年,其间权臣争夺,政局动荡,而韦曜似乎只是真诚履行自

243

己的职责并撰述国史，个人生活并未发生重大的变故。

3.10（5）"东吴司马迁"的人生遭际（下）

在吴国权臣掌政、国家政局动荡不定的年代，作为吴国知识界最有名望的韦曜并没有参与权力高层残酷的政治争斗，为皇帝孙休作经典侍讲的事情也最终流产，他在太史令、中书郎和博士祭酒的职位上勤恳供职十多年。《三国志·韦曜传》介绍了韦曜在孙皓执政十年间受到的异常对待及其经历的诸多事情，记述了君臣关系转变后韦曜遭受到的迫害，也表现了他在生存危机之时为挽救学术和生命俯首哀求，而最后终被残杀的悲苦世情。

264年孙皓即位后，封韦曜为高陵亭侯，升任中书仆射，不久改任侍中，长期兼任左国史，执掌国史记述事务，韦曜的职务在向权力中枢靠拢，表明君主对他的亲近。其时孙皓身边的人迎合孙皓旨意，多次称说出现祥瑞征兆，孙皓以此询问大学问家韦曜，韦曜大概是对谶纬之类现象不感兴趣吧，他回答说："这只是家人箱匣中的东西而已。"他是认为这类东西可以聊以自慰，但不能作为治国的依据。孙皓又想在国史中为自己父亲孙和作"纪"。"纪"是传统史书中记述帝王活动事迹的文体形式，韦曜坚持认为孙和未登帝位，只宜按照史学界公认的体例，以其事迹作"传"。这些事情并非一次，渐渐地韦曜受到孙皓的责备和怨怒，韦曜为此非常忧惧，自己表示说年已衰老，请求辞去侍中、左国史的职位，并说希望完成自己以前所撰的书籍，而把现在所承担的事情交给其他人，孙皓没有答应。韦曜其时生病，孙皓不断地为他请来医生并送上药物，经常有人在身边监护。

孙皓每次设宴总是一整天，座席中人不管能否饮酒都要饮够七升量，即便不是全部入口，也都要强灌喝完。韦曜平时饮酒不过三升，最初相见时孙皓对他的礼节优异，经常为他减少饮量，或者暗地里送给他茶荈以代替酒，荈是茶的老叶，属于一种粗茶，孙皓这里是私下安排韦曜以茶代酒，显示了对韦曜的特殊礼遇。后来因为对韦曜产生了怨恨，所以在宴饮喝酒时就像对其他臣僚一样强逼，不够七升之量则视为罪错。另外孙皓在酒后经常让侍臣诘难折辱众位公卿，使他们嘲弄相侵，以互相揭短作为乐趣。如果有谁发生过失，或者误犯孙皓的忌讳，就遭到拘捕，甚至被诛杀。韦曜认为朝臣相互谤毁伤害，内心会滋生怨恨，大家难以和衷共济，这并非好事，所以他出示难题只是提问经典的辞义言论而已。孙皓认为韦曜不遵守诏命，有意对君主不尽忠，于是联系对韦曜前后不满的各种怨恨，在273年收捕了韦曜并关进监狱。

韦曜通过狱吏向孙皓上书说："囚犯我身负皇恩，所蒙受的关爱无人可比，而我自己对主上没有丝毫回报，独自有辱陛下的恩宠而深陷死罪。想到自己将化成灰烬永远被弃置黄泉之下，就心情凄苦，私下有所怀恋，所以冒犯禁令而向陛下呈报。囚犯我过去发现古代历法的注释，上面记载有许多虚假不实之处，书籍上的记载也有错谬。我寻查考究经传所记，考核异同，选取我亲身查询得来的材料，撰成《洞纪》一书，起自伏羲，直到秦汉，共为三卷；将自黄武以来再另写一卷，此事尚未完成。我又看见刘熙所作的《释名》，确实有许多很好的地方，然而物类繁多，难得详细考究，所以不时出现错失，而关于爵位一事，又有解释不对之处。我以为官爵乃是现在急需弄清楚的，不应当乖谬失误，囚犯我顾不得自己卑贱至微，又作了《官职训》与《辨释名》各一卷，想呈献陛下。新作刚完成，正逢我因无礼犯罪而被囚禁，临死之时，遗憾未能呈献陛下，谨于死前将这些著述开列出来，请求陛下告知秘府，让他们在外面取来，呈献给陛下审阅。回想这些著述浅陋壅蔽，不合陛下旨意，心怀恐惧，请陛下垂恩省察！"韦曜其实是无辜的，但他为了保全自己的生命，也是为了完成手头的某些撰述之作，不得已承认自己的罪过，恳请孙皓给予宽容谅解；他也向君王耐心解释了几部著作的内容和特征，希望孙皓能够多少明白这些著作的学术价值，给予应有的珍重。

孙皓收到了韦曜在狱中写来的上书，但他责怪奏章上有垢污，又以此诘问韦曜，韦曜回书说："囚犯我撰述此表，确实想上呈陛下，害怕内有错谬，所以反复检查阅读，没想到弄脏了。受到诘问时心惊胆战，口中说不出话来，谨此谢罪叩头五百下，两手自我抽打。"韦曜实在没有想到，自己非常认真撰写并谨慎检查过的上书，君王看过后不谈内容，却抓住上书的墨迹垢污来斥责，真是节外生枝，他只好为此再做些解释，并以叩头和自我羞辱式的惩罚表达歉意，至于能得到什么结果，实在不好预料了。

其时担任东观令、主持右国史的同僚华覈接连上奏营救韦曜，其中说："韦曜愚昧迷惑而不通达，不能宣扬陛下大舜那样的美德，而是拘泥于史官的先例，使陛下的圣趣得不到表述，崇高的品行得不到彰显，实在是韦曜愚昧浅陋的该死之罪。然而韦曜自小就勤奋为学，至老不倦，对各种经典都探究融通，熟知古今所发生的重大事件，能够温故而知新，朝外官员能超过他的人很少。从前李陵为汉朝大将，军队被打败没有返回而投降匈奴，司马迁并不痛恨，为李陵说情，汉武帝因为司马迁有良史之才，想让他完成所撰的史书，所以忍恨未加诛杀，史书最终撰成，流传千古。现在韦曜在吴国，也是汉朝的史官司马迁啊！已经看到先后祥瑞的征兆，我们统一天下的时间大概不会很久。平定天下后，还要根据时势的要求建立典章制度，三王互不因循旧礼，五帝不沿袭前朝乐制，内容与形式的选取途径各有不同，具体条例会有增减，应当有韦曜这类人才依据古制作出修改创新，汉代承续秦制，而有叔孙通制定新朝礼仪，韦曜的才识可以成为叔孙通的后继。另外《吴书》虽然已有了眉目，但《叙赞》尚未撰就，从前班固作《汉书》，文辞典雅，后来刘珍、刘毅等人所作的《汉记》，就远不及班固，叙传部分尤其拙劣，如今《吴书》应当流传千载，按次并列在史书之间，后代学者评判优劣，非得有韦曜那样的人，才可补缺这部不朽之书，像为臣这样的浅陋之人，实在不能胜任。韦曜年已七十，剩下的时间不多了，希望陛下赦免他的头等大罪，改判他终身为囚，使他完成著书的事业，以便让《吴书》能流传百世。谨此奉表，叩头百下。"

华覈仍然违心地认可了韦曜的罪责，但他实事求是地介绍了韦曜的学识与著述，以汉武帝对待司马迁为史例，希望孙皓能宽容韦曜，放其一马，保全一位旷世才士的生命。他还有意奉承吴国当时所看重的瑞祥征兆，指出了韦曜本人及其几部著述在吴国统一天下后的实际用场，自然是有糊弄对方的心机，总之是想在关键时候挽救韦曜的生命。但孙皓不准许华覈的请求，下令诛杀了韦曜，将他家属流放至零陵。胸无点墨的孙皓大概根本不了解华覈所强调的那些学问用场，弄不清学问家与学术文化在国家建设中的意义，只情愿向拂逆君王的人施展淫威，借以显示皇帝至高无上的权威。

裴松之在注释中提出："韦曜本名韦昭，史书为避晋朝之讳（司马昭）而改写为韦曜。"这一说法似乎很有道理，但陈寿所著《三国志》对许多人名中有"昭"字的都未避讳，如张昭、董昭、胡昭等，所以这里不存在避讳之事，有些史料中把韦曜记作韦昭，史家认为韦曜应该另外还有韦昭的名子。韦曜有多种著作传世，其中《国语注》是集两汉三国《国语》研究成果的集大成之作，他的儿子韦隆，亦有文采学问。被称"汉之史迁"的韦曜终究还是以他对吴史的未了记述而影响了民族的史学承传。

3.10（6）数献良规而免祸的华覈

在暴虐君主孙皓身边负有谏言事务的多位官员都因违逆君主而被迫害致死，这是吴国政治衰落时期忠直官员最有可能的结局，然而与这些官员同时在朝的华覈却有幸避免了这一结局。作为吴史最末篇章的《三国志·华覈传》记述了华覈在朝廷的活动事迹，记录了他的若干上疏篇章，表现了他对国家事业的忠诚和在君主面前卑谦恭敬的态度。华覈有他自己不同的处事风格，所以能成为吴国朝廷谏言最多而有幸免祸的少有之人。

华覈字永先，吴郡武进（治今江苏丹徒）人。起初任上虞（治今浙江上虞）县尉，后任典农都尉，为掌管本郡农业生产和民政田租的地方官员，因有文才学问被征入朝担任秘府郎，负责宫中所藏图书祕记事务，升任为中书丞，为中书令的属官。这些任职应该都是在孙休为帝之时。

263 年蜀汉被曹魏吞并，华覈到宫门送上表章说："听说敌寇的兵马像蚂蚁一样聚结进入益州，蜀汉地势艰险，人们都认为没有忧虑，很快收到陆抗的表章，报告成都没有守住，蜀国君臣流亡，国家覆灭。春秋时卫国被翟人攻灭，齐桓公恢复了卫国，现在道路遥远，不能援救复兴蜀国，我们失去了依附的土地，丢弃了奉献贡品的国家，为臣以为即便草芥平民也会私下心中不安。陛下圣明仁爱，恩泽抚慰远方，突然听到这消息，一定会哀伤悲痛。为臣不能抑制忧伤惆怅的心情，谨此呈上表章以告知。"华覈在这里只是述说了蜀汉亡国时的状况，表达了同盟国大臣应有的哀伤之情，没有提出什么具体的设想，史书上也未记录孙休朝廷对其上奏的反应。

孙皓264年即位为帝，华覈被封为徐陵亭侯，他的待遇有所提升。267年孙皓重新营建新宫殿，规模宏大，用珠玉装饰，费用极多。工程正好在盛夏动工，为此废弃了很多农业和守卫事务，华覈向孙皓上疏，用很长的文字劝谏君主：①他把吴国当时的形势与汉文帝治国时期相比较，说当年贾谊向汉文帝分析国家形势危急，相当于柴草下面有火种马上要燃烧，而人睡在柴草上还认为相当平安，后来事实说明贾谊的比喻是对的；而现在吴国的形势比汉文帝时期的危机明显要大得多，主要是北方强大的敌人占据了九州土地，拥有大半的民众，熟悉各种攻战方法，想要吞并我们国家，就像楚、汉势不两立一样。贾谊当时所说的情况，比起今天要缓和得多，他那抱火卧薪的譬喻，在今天更为急迫。②虚赞了吴国大皇帝（指孙权）当年的治国功绩，描述了后孙权时代权臣掌政，多次发动战争，耗尽国库资财和给民众带来的苦难，指出了蜀国灭亡、交州数郡反叛后国家在北方、西方、南方所面临的战争危机，以及海上贼寇对东部各县的骚扰威胁，摆出了国家防卫上的实际困难。③提出了国家应该顾及当务之急，停止营建宫殿的劳役，鼓励开荒种植事业，预先制定防卫的策略；并指出如果用尽力量营建劳作，一旦发生战争，民众就会因为怨恨痛苦而难以掌控，关键时候可能成为敌人可以利用的资源。④用历史事件说明君王的德行可以为国家消除灾异的道理，认为吴国已经有多次吉祥福瑞的征兆发生，无须再相信旧宫殿会出现灾祸的谎言；并说自己察看了《月令》，夏末的月份，不能兴建土木工程，不能聚会诸侯，不能兴师动众。华覈在这里用孙皓一直相信的那种灾异理念来说明近期不能动土修建宫殿，意在不耽误百姓农忙月份的收种活动。⑤华覈还指出了聚集起百姓会出现疾病流行的风险，民众劳苦就有反叛投敌的可能，这样就是削弱自己而强大了敌人；他指出了眼下百姓从事农业的种种繁杂事务，说明了国家储蓄粮食的极其重要与非常不易，希望孙皓看重民力，除掉冗员，尽量储备更多的粮食。

华覈用了极大篇幅说明国家面临的形势，希望孙皓认清危机，未雨绸缪,尤其是主张放弃大规模的修建,让人力投入到不违时令的农业生产上,以便储蓄起更多的粮食,做好日后战争的准备。他的想法非常不错,而书表呈报上去后,孙皓并没有采纳。华覈后来升任东观令,兼任右国史,他上疏推辞该职务,孙皓答复说:"收到你的奏表,我认为东观是儒林学者集中的官府,经常讲习校阅经典,解决文献中的疑难,汉代时都是著名的学者大儒才担任该职务。你请求另选用贤能的人,考虑了此事,认为你精通典籍,博览多闻,可以说是热爱礼乐和熟悉诗书的人,应当发挥运用文学之才,助益时政,这样可以超越扬雄、班固、张衡、蔡邕等人,奇怪你却谦让推辞,自我菲薄。你应勉力做好这项职事,以超越前代先贤,不要再多说了。"从这一答复看来,尽管君臣两人的治国理念上存在较大差异,华覈在孙皓身边任职也有内心恐惧的情景,但孙皓对他还是一片坦直的信任态度。

当时仓库没有储备,社会风气日益奢华,华覈又有一份上疏,其中表达了他的许多想法:①指出了百姓贫困的某些根源。他提出京城许多官员不考虑百姓的疾苦,总是根据自己掌管的职责向下征调;而地方官员催逼百姓,有时为赶上约定日期则放弃农田事务,其后又规定缴纳赋税,侵占了播种的农时,所以导致家家贫困,衣食不足。②述说了君民相互生怨的原因。他说君主要求百姓有两条:要求民众为自己劳作,要求为自己献身。而百姓期望君主的有三条:让饥饿的人有饭吃,让劳累的人能够休息,让有功的人得到奖赏。百姓做到了君主要求的两件事,而君主却失掉了百姓的三条希望,那么怨恨的心情就会产生。他认为现在仓库储备不充实,百姓劳役繁杂,君主的两个要求已经齐备,而百姓的三个希望还没有实现。③提出了充实国库的一点设想。针对当时社会上流行的奢靡之风,华覈建议认为,如今的官吏士卒人家很少没有子女,多的有三四个,少的有一两个,假使每家有一个女子,十万家就有十万人,每个人每年纺织一束,就有十万束了。假如整个国家同心协力,几年的时间,布帛一定就有积蓄,由此就可以广开生财的途径,充实国库的积蓄。华覈对问题的论证在文字上并不精练,但其中却表述了一些积极的思想,表达了他关心时局、同情百姓和心系国家的情怀。对华覈这一上疏,仍然没有看到朝廷的任何反应行动。

孙皓认为华覈年纪老,敕令华覈可以呈送不经誊写的草表,华覈表示不敢如此。孙皓又敕令他草拟文章,站立着等他。华覈立马写就了一篇带韵的精美短文,其中表达了自己的渺小低微以及所受到的皇恩之重,叙述自己对国家和朝廷没有什么报效,而皇帝经常宽容自己的罪过,因而内心十分惭愧,受命撰文也是诚惶诚恐。这篇短文基本上能代表华覈在孙皓朝廷的行事风格。陈寿称赞华覈的"文赋之才",最有可能是基于此文。

韦曜、华覈论述政事的表章奏疏,都在社会上流传。史书上说,华覈前后针对国家时政陈述建议,以及推荐优秀人才,为无端获罪的人如韦曜、薛莹等人进行辩解,呈报书表一百多份,对时事都有补益,文章不能全部记载。275年他因为小的过失被免官,几年后去世。

华覈是《三国志·吴书》的最后一篇传主,陈寿说他多次向君王献出良策,称得上是一位忠臣,和王蕃、楼玄、贺邵、韦曜等谏臣相比较,他能免于受害算是非常幸运的。后世史家认定他是在278年去世,享年六十岁,推算他为219年出生。人们认为和其他几位在孙皓身边做事的官员比较,华覈的说话与表达气息静下,态度更为诚恳,所以能免于受害,华覈撰写典诰的文才不是最高的,但处事上有他的过人之处。

结语：关于孙吴衰亡的议论

江东名将孙坚因为攻破黄巾和凉州平叛有功而被封为长沙太守，他由此建立组织了一支由自己控制的武装力量。191年因袁术的引导，孙坚在地方争战中不幸阵亡。儿子孙策194年在袁术那里借来部队，重新掌控了这支武装力量并做了扩充，他率兵进军江东，以凌厉手段迅速攻取了吴郡、会稽、豫章、庐江等大片土地，同时逐步撇清了与袁术的关系，又与许都东汉朝廷积极联系，获得认可，随之建立了以会稽为中心几乎占尽扬州之地的地方政权。雄心勃勃的孙策正想利用200年曹操与袁绍官渡之战的时机进军北方，获取更大战果，不幸被仇家暗算，中箭身亡。孙吴政权直线上升的趋势随之中断。

接替孙策而掌控江东政权的孙权，没有兄长那样率军统众攻城略地而不失手的阵战才能，但他谦和待众，善于纳谏和用人，在统领江东吏民保守孙吴基业的长久活动中，团结凝聚了新老群臣，接纳和制定了立定江南伺机发展的政治战略，发现并提拔了一批政治军事上的干练之才，又经过了与曹操军队的赤壁交锋、与蜀汉部队的荆州争夺战，先后把南方交州和西部荆州纳入管辖版图，孙吴的土地在稳健的保守中得到了扩张。229年孙权称帝建国，确立了和蜀汉的同盟关系，坚定地实施联蜀抗魏的方针，孙吴事业在孙权治理时期以守成为主，但仍然得到了巨大发展。

252年后孙亮继位，辅佐孙亮掌政的诸葛恪一上台就穷兵黩武，连续率领大军进击曹魏，253年他二次出征兵败后被孙峻联合孙亮设置宫廷"鸿门宴"而处死；孙峻掌政后因暴虐而激起群臣怨愤，他病逝前把权力移交给堂弟孙綝，先后引起过桓虑、吕据、滕胤等人的反抗以及诸人被杀的结局。皇帝孙亮欲杀孙綝未能成功，反而被孙綝所废黜。被新立为帝的孙休联合心腹大臣杀掉了孙綝，表现出了恢复国势的雄心，但没有切实可行的措施和良臣谋士的支持，最终也是平庸而无所作为。

孙休235年死后，大臣们选定乌程侯孙皓为帝，没有料到这是一位昏聩无能和凶狠残暴的君主，他妄自尊大，胡作非为，又不愿意接受任何劝谏，在皇帝的职位上干尽了一系列荒唐的事情，也激化了与臣僚的内部矛盾，终于把国家引导到了不堪一击的虚弱状态。280年，司马氏代魏建晋十多年后已经稳定了到手的政权，他们组织兵力发动进攻，于是上演了"王濬楼船下益州"和"一片降幡出石头"的场面，腐朽透顶的孙吴政权立刻崩溃。

考察孙吴政权的盛衰兴亡，应该留意如下几个方面：一是对集团的考察既要看主政人物的作为和影响，也要看身边主要辅助人物的特殊贡献，还要看普通将官对决策的执行以及对事情的承受。孙吴集团前期，尤其是在孙权初掌政权之时，无论孙权是怎样的最后拍板决策人，而其时周瑜、鲁肃、吕蒙、陆逊及张昭、张纮等都对江东的安全和发展做出了重要贡献，离开了他们的主张和活动，就不能真正理解主政人的决策行为及其依据；不了解普通将官对孙权诸多行为的心理感受，就不知道孙权前期对部属的和善亲切，以及他后期对国政治理的失误和混乱。

二是要把吴国建政立国及其采取的政治外交战略放置在更大的社会背景中来考察认识。因为三国鼎立的局面和魏强吴弱的现实状况，孙吴在与蜀汉不相和睦之时就是不能挺直腰杆与曹魏进行公开对抗，尤其是在与蜀汉双方剑拔弩张的特定时期，又是要向北方送还俘虏，又是要向曹丕贡物称臣；只有在夷陵之战中证实了自身的力量，曹丕三临江北多次无奈感叹后，他们才增长了自身的自信；只有在蜀相诸葛亮主持下建立了稳固的吴蜀同盟后，孙吴才更加频繁地展开了对北方的进攻争夺。某种外交关系影响到国家的政治战略，这常是弱国略不得已的行为方式。

三是对人既要看到他的主要方面，也要看到另外方面。比如孙权总体上是一位称职的帝王，但在他称帝治国的后期，也发生了轻信佞臣、辽东买马以及伤及无辜和耗费国力的事情，尤其是因为宠爱孙霸和孙亮的缘故，在242年确立了孙和为太子后又摇摆不定，相继发生了南鲁党争和对孙和的囚禁，造成了朝政一片混乱的局面。孙权身后八岁的少子孙亮继位为帝，国家政治导入了权臣掌政、相互仇杀和动荡不定的局面，后孙权时代的孙吴政治无可奈何地走向衰落，这实在是孙权执政后期的一系列错误造成的。对各位文臣武将的考察认识均是如此，他们都有自己的人生闪光点，也有思想行为乃至个人心性上的缺失。

四是孙吴政权在军事斗争上实际面临着内外两重任务。几乎在整个吴国的历史发展中，孙吴执政者在与曹魏集团军事争夺的同时，始终面临着平定山越反叛的任务，这是由境内多山湖的特殊地理状况和其他政治与历史原因造成的，吕岱、诸葛恪、贺齐等许多大臣都曾有过统兵进入山区平定反叛的战功。同时还要看到，在对付内外两重打击对象的活动中，孙吴君臣常常不限于军事斗争一种形式。其中有周鲂、张布那样诈降诱敌的手段，有胡综那样以假书信离间的手段，也有派出间谍实行刺杀的手段，而魏国也曾派出间谍隐蕃来吴国卧底策反。对抗的双方都使用多种灵活手段，试图以较小代价实现战争目标。

五是腐败的国度并非没有社会生活的正向变化。国家政治的腐败似乎并不会在社会生活的各方面立即显现出来，不排除一些积极的现象会在其间发生。孙皓执政使孙吴集团滑入了逐步败落的境地，但这期间仍然有过交州分离七年之后的重新回归，也有272年陆抗在西陵抗击晋军围攻的重大胜利。这类貌似国势兴盛的现象，其实是其他另外因素促成的，只是暂时没有受到腐败政治的拖累而已。这些现象不能扭转腐败的政治，并且迟早会受到腐败政治的消融。翻阅孙吴盛衰兴亡的过程，以及各位君臣曲折成功的人生经历，能够体悟出不少人生经验，这是孙吴历史留给世人的一笔财富。

顺便应该提到，吴国群臣在皇帝孙休离世后要重新推荐一位君主，他们鉴于刚刚失国的蜀帝刘禅无能，也考虑到本国前任皇帝孙亮的少年懦弱，商议选定一位年长的君主，他们听了大臣万彧的介绍，于是就说服了宗亲和太后，把远在乌程的二十三岁青年孙皓迎请来推上皇帝之位。在这里，吴国群臣们好不容易获得了推举君主的机会，但却把选择的标准仅仅确定为可以亲理朝政的年龄方面，而对品格才能以及其他方面既没有一个确定的想法，又轻信他人夹带私情的随意介绍，也根本没有稍做考察的意识，结果抬上来了一位昏庸凶残的暴君，孙吴集团和整个国家旋即被带入了万劫不复的深渊。这一恶果是由孙吴主事群臣亲手酿成的，事情的发生表明当时江南政权主事人人生经验的缺失和政治上的不成熟。

参考文献

《三国志》（上下册）

（晋）陈寿撰，（南朝宋）裴松之注，岳麓书社 1990 年 7 月第 1 版。

《三国志集解》（全八册）

卢弼集解，钱剑夫整理，上海古籍出版社 2009 年 6 月第 1 版。

《后汉书今注今译》（三册）

（南朝宋）范晔撰，章惠康、易孟醇主编，岳麓书社 1998 年 7 月版。

《晋书》（第 1-5 册）

（唐）房玄龄等撰，中华书局 1974 年 11 月版。

《中国历史大事年表·古代卷》

上海辞书出版社 2001 年 1 月第 1 版。

《资治通鉴》（全二册）

（宋）司马光编著，（元）胡三省音注，上海古籍出版社 1987 年 5 月第 1 版。

《文白对照资治通鉴》（全二十册）

（宋）司马光编撰，李伯钦主编，北京联合出版公司 2016 年 3 月第 1 版。

《三国志辞典》

张舜徽主编，山东教育出版社 1992 年 4 月版。

《晋书辞典》

刘乃和主编，山东教育出版社 2001 年 1 月版。

《世说新语》

（南朝宋）刘义庆著，曹瑛、金川注释，华夏出版社 2000 年 5 月版。

《周易全译》

徐子宏著，贵州人民出版社 1991 年 5 月第 1 版。

《诗经全译》

袁愈荌译诗，唐莫尧注释，贵州人民出版社 1981 年 6 月第 1 版。

《礼记》（上下）

钱玄、钱兴奇、徐克谦注译，岳麓书社 2001 年 7 月第 1 版。

《辞源》（修订本 1-4 册）

商务印书馆 1980 年 8 月修订版。

后　记

　　《三国职场探迹》系本人对公元180年至280年一百年间汉末三国时代真实历史人物活动与社会政治演变作出的全面性翻译陈述及分析议论，其中也表达了自己对社会历史的一些认识，反映着本人对这段历史学习和探索的阶段成果。整个书系在表达形式上有一些新的尝试，思想内容上也力图作出更多的拓展和提升。该书系的撰述过程及其特征在《前言》中已做了说明，现当八个分册要一并推出，同时接受广大读者朋友的鉴赏评价和时间光阴的洗磨检验时，内心仍然有些惶恐之感，我是希望该书能像作者以前其他撰著一样经受起两方面的考验，并希望能为三国文化、职场文化和中华历史文化拓展空间、增添色彩。

　　本人自2019年5月开始做三国人物与历史解读以来的两年半时间内，除过参加广东省教育系统一个月的集中活动外，基本上坚持每天有所进展，中间经历了全民抗疫的曲折反复历程，同时也有个人、学界及单位的诸多事务，不能说没有遇到困难和阻力，但客观环境毕竟是提供了很多有利的条件，促进了原初设想的实现。这里要衷心感谢原供职单位广东省社会科学院提供的保障条件，感谢夫人杨春霞所给予的积极协助以及各位家人的理解支持。中联华文（北京）社科咨询中心的樊景良、张金良经理十年前协助出版发行了本人关于春秋至西汉武帝八百多年间历史解读的七本论著，在今年出版业面临巨大困难的前提下，仍然本着兴盛文化事业的强

孙吴落花　>>>

烈使命感，一如既往地鼓励支持了《三国职场探迹》的选题；中国书籍出版社的领导和编辑积极支持了书系的出版，全书的面世成果中凝结着他们的劳动，在此一并表示感谢！

作者

2022 年 5 月 8 日